PATMOS-SYNOPSE

PATMOS-SYNOPSE

*Übersetzung der wichtigsten synoptischen Texte
mit Parallelen aus dem Johannesevangelium,
den apokryphen Evangelien und der frühchristlichen Literatur*

VON

FRANZ JOSEPH SCHIERSE

Neubearbeitete und
erweiterte Auflage

PATMOS VERLAG DÜSSELDORF

Als Beiheft genehmigt
Der Kultusminister des Landes Nordrhein-Westfalen
II A 3.82-16 L.Nr.43/68
Imprimatur, Coloniae, die 5 m. Martii a. 1968
Jr.Nr.59858 I/68,Jansen vic.glis.

Einbandentwurf Ralf Rudolph
Satz: Genreith & Gerards, Kaarst
Druck: Lengericher Handelsdruckerei, Lengerich
ISBN: 3-491-75143-8

Einführung

von Werner Trutwin

Die literarische und theologische Eigenart der synoptischen Evangelien

I. Synopse und Evangelienharmonie

a) Die Evangelien nach Matthäus, Markus und Lukas sind eng miteinander verwandt. In Wortwahl und Aufbau des Stoffes stimmen sie weitgehend überein. Darum kann man die Texte spaltenweise nebeneinanderstellen, um sie miteinander zu vergleichen. Übereinstimmungen und Unterschiede lassen sich so bequem feststellen. Eine solche parallele Zusammenstellung der Texte nennt man „*Synopse*" (gr.=Zusammenschau). Die drei ersten Evangelisten heißen darum „Synoptiker", ihre Schriften „synoptische Evangelien". Die erste Synopse wurde 1774 von dem protestantischen Theologen Griesbach in Halle herausgegeben.

b) Während eine Synopse die Eigenheiten der einzelnen Evangelien ganz genau hervortreten läßt, verbindet eine *Evangelienharmonie* die vier Evangelien zu einem einheitlichen Zusammenhang. In einer Evangelienharmonie (etwa der Schulbibel) werden die biblischen Texte ohne Berücksichtigung ihres Verfassers miteinander verbunden, der unterschiedliche Wortlaut einer Perikope bei den verschiedenen Evangelisten tritt nicht hervor, unausgeglichene Stellen werden miteinander harmonisiert. So werden zum Beispiel die beiden Kindheitsgeschichten des Matthäus und Lukas ineinander verwoben, johanneische Reden in den Rahmen des Markusevangeliums eingebaut oder die vier Passionsgeschichten zu einer einzigen Erzählung vereinheitlicht. Das Interesse an einer solchen Evangelienharmonie ist verständlich. Sie scheint ein lückenloseres Bild von „Leben Jesu" bieten zu können als ein einzelnes Evangelium. Aber die Evangelien sind nicht in erster Linie verschiedene und voneinander unabhängige Geschichtsquellen für ein „Leben Jesu". Sie bieten Texte, die aus dem Leben der frühen Kirche (Mission, Predigt, Kult, Liturgie, Auseinandersetzung mit dem Judentum u. a.) stammen und der Glaubensverkündigung dienen wollen. So ist der Wert einer Evangelienharmonie fragwürdig. Die Einheitlichkeit der Darstellung, die hier gewonnen wird, ist um einen teuren Preis erkauft. Die verschiedenen Aussagen der einzelnen Evangelisten sind kaum mehr erkenntlich. Ihre Eigenheiten, die sich aus der jeweiligen kirchlichen Situation (Leserkreis, Abfassungszeit, aktuelle Fragen) sowie aus ihrem verschiedenen Stil und theologischen Verständnis ergeben, treten nicht mehr hervor.

c) Gerade diese Eigenheiten sind von größter Bedeutung. Sie werden erst durch eine Synopse deutlich in den Blick gerückt. Dabei ist zunächst die *literarische Gestalt* der drei ersten Evangelien zu betrachten. Die auffälligen Gemeinsamkeiten und Unterschiede müssen herausgestellt und erklärt werden. Sodann wird sich zeigen, daß im synoptischen Vergleich deutlicher als bei der Betrachtung eines einzelnen Evangeliums die *theologischen Aussagen* der verschiedenen Evangelisten erkannt werden. Darum dient eine synoptische Schriftlesung letztlich nicht einem speziellen literarischen Interesse, sondern einem genaueren Verständnis des Evangeliums.

II. Der literarische Befund

Eine genaue Textuntersuchung hat unter anderem folgende Übereinstimmungen und Unterschiede zwischen den drei synoptischen Evangelien festgestellt:

1. Übereinstimmungen

a) Von den 661 Versen des Markusevangeliums (1,1-16,8) finden sich über 600 auch bei Matthäus, über 350 auch bei Lukas, wenn auch nicht dieselben, die Matthäus hat. Matthäus und Lukas haben etwa 240 Verse gemeinsam, die Markus nicht kennt. Es handelt sich dabei vorwiegend um Worte Jesu. Außerdem haben die drei Evangelien jeweils eigenes Sondergut (Abkürzung „S"), und zwar Markus 35, Matthäus 350 und Lukas 548 Verse.

Folgendes Schema gibt einen *Überblick* über die *Zahl* der Verse:

	Mk	Mt	Lk	insgesamt
Mk hat gemeinsam mit	– (35 S)	ca. 600	ca. 350	661
Mt hat gemeinsam mit	ca. 600	– (350 S)	ca. 240	1060
Lk hat gemeinsam mit	ca. 350	ca. 240	– (548 S)	1149

Die Zählung ist nur annähernd genau, weil manche Verse nur teilweise miteinander übereinstimmen. Es fragt sich dann, ob man sie zu den Übereinstimmungen zählen soll oder nicht.

b) Der *Aufriß des öffentlichen Lebens* Jesu weist ebenfalls größte Entsprechungen auf. So ist das Markusevangelium folgendermaßen aufgebaut:

Einleitung: (1,1-13)	Gottes Offenbarung über Jesus (Auftreten des Täufers, Taufe Jesu, Versuchung)
Erster Hauptteil: (1,14-6,6a)	In Galiläa. Zustimmung – Auseinandersetzung – Ablehnung (Erste Verkündigung, Streitgespräche, Jüngerberufung, Gleichnisse, Wunderberichte, Verwerfung in Nazaret)

Zweiter Hauptteil:	Wanderung durch Galiläa und benachbartes Gebiet. – Der
(6,6b–10,52)	Messias und seine Jünger (Aussendung, Brotwunder, Trennung vom jüdischen Gesetz, Wunder im Heidenland, Messiasbekenntnis des Petrus, Jüngerunverständnis, Leidensvoraussagen, Jüngerbelehrungen u.a.)
Dritter Hauptteil:	In Jerusalem. Letzte Auseinandersetzungen – Kreuz und
(11,1–16,20)	Auferstehung (Einzug in Jerusalem, Tempelreinigung, Streitgespräche, Rede von der Endzeit, Leidensgeschichte mit der Verkündigung von Abendmahl, Prozeß, Tod und Auferstehung)

Den geographisch und zeitlich geordneten Markusrahmen haben Matthäus und Lukas beibehalten. Allerdings wurde er von ihnen durch wichtige Ergänzungen bereichert. – Dieser Aufbau ist keineswegs selbstverständlich. Das Johannesevangelium weicht erheblich davon ab. Es kennt beispielsweise mehrere Aufenthalte Jesu in Jerusalem.

c) Selbst im *Wortlaut* finden sich oft Übereinstimmungen bis in die kleinsten Einzelheiten. Man vergleiche etwa:

Mk	Mt	Lk	
2,13–17	9,9–13	5,27–32	Die Berufung des Levi/Matthäus
11,27–33	21,23–27	20,1–8	Vollmachtsfrage
13,5–8	24,4–8	21,8–11	Rede von der Endzeit
—	3,7–10	3,7–9	Bußpredigt des Täufers

2. Verschiedenheiten

a) Markus bietet bis auf wenige Ausnahmen fast nur Taten Jesu. Sein *Sondergut* ist gering. Matthäus und Lukas haben zusätzlich gemeinsame Herrenworte, zum Beispiel die Bergpredigt (bei Mt) bzw. die Feldrede (bei Lk). Hinzu kommt bei beiden ein umfangreiches Eigengut. So gibt es bei ihnen jeweils eine Kindheitsgeschichte und einen Stammbaum Jesu, die nun am Anfang dieser beiden Evangelien stehen. Erscheinungsberichte des Auferstandenen, die Markus nicht bringt, bilden den Abschluß dieser beiden Schriften. So wird der Markusrahmen nach vorn und hinten ausgeweitet. Eine wichtige Ergänzung gegenüber dem Markusevangelium ist auch der „lukanische Reisebericht" (Lk 9,51–18,14), in dem unter anderem viele Gleichnisse Jesu erzählt sind.

b) Bisweilen weichen die Synoptiker selbst im *Wortlaut* wichtiger Herrenworte voneinander ab, zum Beispiel:

Mk	Mt	Lk	
14,22–25	26,26–29	22,19–20	Eucharistieworte (Vgl. auch 1 Kor 11,23–25)
—	6,9–13	11,2–4	Vaterunser
15,34	27,46	23,34.43.46	Worte am Kreuz (vgl. auch Joh 19,25–30)

Angesichts dieses Befundes entsteht die *synoptische Frage.* Sie lautet: Wie erklären sich diese auffälligen Gemeinsamkeiten? Wie kommen selbst in wichtigen Texten die vielen Unterschiede zustande?

III. Lösungsversuche

a) Innerhalb der beiden letzten Jahrhunderte wurden mehrere Erklärungen vorgeschlagen. So nahm G. E. Lessing (1778) ein nicht erhaltenes aramäisches *Urevangelium* an, von dem aus die drei Synoptiker übersetzt hätten. Aber von einem Urevangelium ist aus der Überlieferung nichts bekannt. Auch blieben bei unabhängiger Übersetzung die vielen wörtlichen Übereinstimmungen unerklärt. – Schleiermacher (1817) ging von der Annahme aus, daß ursprünglich viele *Fragmente* (Einzelgeschichten) umliefen, die von den Evangelisten unterschiedlich zusammengesetzt worden seien. Gegen diese These spricht der weitgehend gleiche Aufbau der Evangelien. – Herder (1797) rechnet mit der *mündlichen Tradition,* in der sich allmählich festgeprägte Sprechformen ausgebildet hätten. Die Evangelisten hätten dann aus dieser mündlichen Tradition geschöpft. Aber so wichtig auch die mündliche Überlieferung zu Beginn der Kirchengeschichte war, so wenig erklären sich daraus allein die schriftlichen Übereinstimmungen im Wortlaut der Evangelien.

b) Die heute am meisten auch von katholischen Exegeten anerkannte Lösung der Frage bietet die *Zweiquellentheorie,* die von den protestantischen Forschern C. Lachmann (1835), H.J. Holtzmann (1863) und B. Weiß (1886) entwickelt wurde. Sie nimmt eine literarische Abhängigkeit der Evangelien voneinander an. Danach hat am Anfang das kurze *Markusevangelium* gestanden. Es ist die erste Quelle für Matthäus und Lukas. Da diese beiden „Großevangelien" aber zusammen noch viel Redegut Jesu gemeinsam haben, das Markus nicht kennt, schloß man auf eine zweite Quelle, die sogenannte *Redequelle* (Abkürzung „Q", von „Quelle"), die hauptsächlich Jesusworte enthalten haben muß. Einige Forscher nehmen an, diese Quelle stamme von dem Apostel Matthäus. Hinzu kommen für diese beiden Evangelien Sonderquellen, aus denen sie ihr Eigengut bezogen haben. Eine Abhängigkeit zwischen dem Matthäus- und Lukasevangelium besteht nicht, da sich diese beiden Schriften, abgesehen von ihrer Gemeinsamkeit mit dem Markusevangelium, zu sehr voneinander unterscheiden. Ein noch nicht ganz geklärtes Problem bilden allerdings die immerhin recht häufigen Fälle, in denen Matthäus und Lukas innerhalb einer Markusüberlieferung vom markinischen Text *gleichlautend* abweichen. Ein Teil solcher Übereinstimmungen mag auf sogenannte „harmonisierende" Lesearten zurückzuführen sein, das heißt auf die oft unwillkürliche Neigung vieler Abschreiber, die Evangelientexte einander anzugleichen. Doch bleibt ein beträchtlicher Rest von Stellen, an denen diese Erklärung versagt. Vielleicht hatten Matthäus und Lukas neben ihrer Markusvorlage auch in einzelnen Fällen noch Zugang zu der oder den Quellen, aus denen Markus seinen Stoff geschöpft hat.

Folgendes Schema kann die Zweiquellentheorie veranschaulichen:

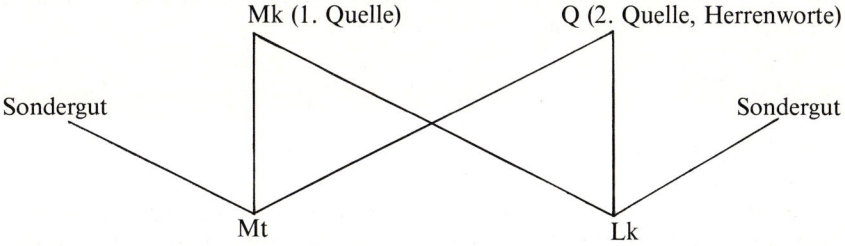

Mk (1. Quelle) Q (2. Quelle, Herrenworte)

Sondergut Sondergut

Mt Lk

IV. Die theologische Bedeutung der synoptischen Frage

1. Die Zweiquellentheorie kann auf einleuchtende Weise die Übereinstimmung der Evangelien in Aufbau und Wortlaut erklären. Es bleibt aber die Frage, woher die Abweichungen und Unterschiede kommen. Diese haben ihren Grund in der Bearbeitung *(Redaktion)* der Markusvorlage durch die Evangelisten. Matthäus und Lukas übernahmen nicht einfach jedes Wort, sondern sie ließen sich bei der Zusammenstellung ihrer Evangelien von ihren eigenen *theologischen* Ideen leiten. Sie nahmen Rücksicht auf ihren Leser-kreis und zeichneten ein Christusbild, das ihrem geschichtlichen Wissen und ihrem theologischen Verständnis entsprach. Auch sprachliche und stilistische Eigentümlichkeiten treten in den Evangelien deutlich zutage.

a) *Markus* hat kurz vor dem Jahr 70 erstmals ein Evangelium zusammengestellt. Er entnahm dazu der christlichen Überlieferung eine Reihe von alten Texten, die bis dahin wohl nur unzusammenhängend in den einzelnen Gemeinden verwendet wurden. Die Einzeltexte ordnete er nach geographischen, zeit-lichen und sachlichen Gesichtspunkten. Jesu Heilswirken beginnt in seiner Darstellung in Galiläa und endet in Jerusalem. Es beginnt mit Gottes Offen-barung über Jesus bei der Jordantaufe und führt über den Kreuzestod bis zur Auferstehung. Das Einmalige dieser Geschichte liegt darin, daß Jesus „Gottes Sohn" ist. Die besondere Sicht des Markus kommt in seiner Lehre vom „Mes-siasgeheimnis" zum Ausdruck. Wie kein anderer Evangelist betont er, daß Jesu Messianität selbst seinen Jüngern lange unverständlich blieb, obwohl sie durch seine Worte und Taten ständig offenbar wurde. Jesus selbst erteilt häufig „Schweigegebote", mit denen er verbietet, von seinem messianischen Wirken zu reden. Die Jünger begreifen nicht, daß er der Messias ist und den Weg des Leidens und Sterbens gehen muß. Durch das „Messiasgeheimnis" kommt eine große Spannung in das Evangelium. Die kraftvoll und herb gezeichnete Gestalt Jesu steht beständig im Wechsel zwischen Offenbarung und Verborgenheit. Mit dieser theologischen Lehre vom Messiasgeheimnis hat Markus verdeutlicht, daß das Wirken Jesu erst nach der Auferstehung ver-ständlich wurde. – Der Stil des ältesten Evangeliums ist kunstlos. Manche Formulierung erschien den späteren Evangelisten mißverständlich. Doch war die erstmalige Abfassung eines Evangeliums eine hervorragende Tat. Markus hat damit nicht nur alte Traditionen gesammelt und für die Kirche erhalten.

Er hat damit auch später Nachfolger gefunden. Nirgends ist der Kirche die Gestalt Jesu so nahegekommen wie in der von Markus erstmals geschaffenen Literaturform „Evangelium".

b) Das *Matthäusevangelium,* das sich auf das Markusevangelium stützt, ist einige Jahre nach der Zerstörung Jerusalems entstanden. Es zeigt die Kirche in der heftigen Auseinandersetzung mit dem Judentum. Der Evangelist betont, daß Jesus der im Alten Bund angekündigte Messias ist. Dazu bedient er sich häufig des „Schriftbeweises", mit dem er die Verheißungen des Alten Testaments auf Jesus bezieht. Israel hat den Messias abgelehnt und verworfen. Anstelle Israels ist darum als neue Gottgemeinschaft die Kirche erwählt worden. Sie ist zu allen Völkern gesandt. – Wie Markus sieht auch Matthäus in der Gestalt Jesu den Sohn Gottes und Messias. Darüber hinaus hebt er hervor, daß Jesus der endzeitliche Lehrer und Verkünder des neuen Gesetzes (Bergpredigt) ist. – Wie kein anderer Evangelist hat Matthäus zusammenhängende Themen geordnet. Sein Evangelium enthält allein sechs große Reden, in denen sich Worte Jesu in einer systematischen Ordnung zusammengestellt finden. Gelegentlich ändert der Evangelist die Markusvorlage, um Jesu Hoheit für seine Leser noch mehr herauszustreichen.

c) Das *Lukasevangelium* ist in der griechisch-römischen Welt entstanden und für heidenchristliche Leser bestimmt. Was diese Leser von jüdischer Überlieferung und Jesu Auseinandersetzung mit dem Judentum nicht mehr verstehen können, läßt der Evangelist weg. Statt dessen hebt er hervor, daß Jesus der Heiland und Herr ist. Er zeigt in einer Sprache, die seinen Lesern verständlich war, wie Jesus sich voll Güte der Armen und Sünder erbarmt. In seinen Taten (etwa bei der Erweckung des Jünglings von Naim) und Gleichnissen (etwa in dem vom verlorenen Sohn) leuchtet Gottes Liebe auf. – Lukas schreibt das beste Griechisch im Neuen Testament. Rauhe Stellen der Markusvorlage werden von ihm geglättet. Äußerungen, die Jesu Würde zu beeinträchtigen scheinen, sind weggelassen. Wie ein Geschichtsschreiber der damaligen Zeit versucht Lukas, das Heilsgeschehen verständlich zu machen und seinen Lesern verläßliche Aussagen zu bieten (1,1-4). Allerdings bietet er, indem er Geschichte erzählt, Verkündigung.

2. Die Perikope vom *Einzug Jesu nach Jerusalem* kann *beispielhaft* die Arbeitsweise und die theologischen Absichten der Evangelisten veranschaulichen.

Mt 21,1–9	Mk 11,1–10	Lk 19,28–40	Joh 12,12–19
			[12]Am folgenden Tag, als die große Volksschar, die gekommen war zum Fest, hörte, es
		[28]Und nachdem er dies gesagt hatte, zog er vorwärts, hinaufsteigend	komme Jesus nach
[1]Und da sie sich näherten	[1]Und da sie sich nähern		
nach	nach	nach	
Jerusalem (zu) und gekommen waren	Jerusalem (zu),	Jerusalem. [29]Und es geschah, wie er sich	Jerusalem,
		näherte	
nach Betfage nach	nach Betfage und	nach Betfage und	

10

Spalte 1

dem Berg

der Ölbäume, da entsandte Jesus zwei Jünger, ²ihnen sagend: Zieht in das Dorf, das gegenüber von euch (liegt), und gleich

werdet ihr finden eine Eselin angebunden und ein Füllen bei ihr.

(Sie) losbindend führt (sie) mir her. ³Und wenn jemand (zu) euch was spricht,

sollt ihr sagen, daß der Herr ihrer nötig hat. Gleich aber wird er sie zurücksenden. ⁴Dies aber ist geschehen, damit erfüllt werde, was geredet wurde durch den Propheten, der da sagt: ⁵„Sprecht der Tochter Sion: Siehe, dein König kommt (zu) dir, sanftmütig und reitend auf einer Eselin und auf einem Füllen, (dem) Jungen eines Zugtiers." (Sach 9,9) ⁶Als aber hingezogen waren die Jünger und getan hatten, wie ihnen Jesus aufgetragen hatte,

Spalte 2

Betanien (zu) am Berg

der Ölbäume, entsendet er zwei seiner Jünger ²und sagt ihnen: Geht hin, in das Dorf das gegenüber von euch (liegt), und gleich, wenn ihr hineinzieht in es, werdet ihr finden

ein Füllen angebunden, auf dem noch kein Mensch gesessen. Bindet es los und bringt (es) her! ³Und wenn jemand (zu) euch spricht: Was tut ihr da?, sprecht, (daß) der Herr seiner nötig hat und: Gleich sendet er es wieder hierher zurück.

⁴Und sie gingen hin und fanden ein Füllen angebunden an einer Tür, außen, an der Straße, und binden es los. ⁵Und einige der dort Stehenden sagten (zu) ihnen: Was tut ihr, bindet ihr los das Füllen? ⁶Die aber sprachen zu ihnen, wie Jesus gesprochen hatte. Und sie ließen

Spalte 3

Betanien (zu) am Berg, der da heißt „(der) Ölbäume", entsandte er zwei der Jünger, ³⁰sagend: Geht in in das gegenüber(liegende) Dorf, in dem, wenn ihr hineinzieht, ihr finden werdet

ein Füllen angebunden, auf dem noch nie ein Mensch gesessen, und es losbindend führt (es) her. ³¹Und wenn jemand euch fragt: Weswegen bindet ihr es los?, so sollt ihr sagen, daß der Herr seiner nötig hat.

vgl. V. 15

³²Als aber hingegangen waren die Abgesandten, fanden sie, wie er gesprochen hatte (zu) ihnen. ³³Als sie aber das Füllen losbanden, sprachen seine Herren zu ihnen: Was bindet ihr los das Füllen? ³⁴Die aber sprachen, daß der Herr seiner nötig habe.

[7]führten sie die Eselin und das Füllen und luden auf sie die Gewänder, und darauf setzte er sich, oben auf sie.

[8]Die sehr große Volksschar aber, (sie) breiteten ihre Gewänder auf den Weg, andere aber hieben Zweige ab von den Bäumen und breiteten (sie) auf den Weg.

[9]Die Volksscharen aber, die ihm vorangingen und die nachfolgten, riefen,

sie sagten:

„Hosanna", dem Sohn Davids!

„Gepriesen, der da kommt
im Namen des Herrn."

Hosanna in den Höhen!

vgl. V. 7

vgl. V. 5

---

sie. [7]Und sie bringen das Füllen zu Jesus, und legen ihm ihre Gewänder auf, und er setzte sich auf es.

[8]Und viele breiteten ihre Gewänder auf den Weg, andere aber Blumenbüschel, die sie abhieben von den Feldern.

[9]Und die vorangingen und die nachfolgten riefen:

„Hosanna!"

[10]„Gepriesen, der da kommt
im Namen des Herrn." Gepriesen die kommende Königsherrschaft unseres Vaters David

Hosanna in den Höhen!

vgl. V.4.7

---

[35]Und führten es zu Jesus, und werfend ihre Gewänder auf das Füllen, ließen sie Jesus aufsitzen.

[36]Als er aber dahinzog, breiteten sie unter (ihm) ihre Gewänder auf den Weg. [37]Als er sich aber schon näherte dem Abhang des Berges der Ölbäume, begann(en) die ganze Menge der Jünger, Gott freudig zu loben mit lauter Stimme für all die Krafttaten, die sie gesehen, [38]sie sagten:

„Gepriesen, der da kommt",
der König, „im Namen des Herrn."

Im Himmel Friede und Herrlichkeit in Höhen!

vgl. V.32.35

---

[13]nahmen sie die (Palm)zweige der Dattelpalmen und gingen hinaus ihm entgegen,

und (laut) riefen sie:

„Hosanna!"

„Gepriesen, der da kommt
im Namen des Herrn", und der König Israels.

[14]Es fand aber Jesus ein Eselchen und setzte sich darauf, wie geschrieben ist: [15]„Fürchte dich nicht, Tochter Sion! Siehe, dein König kommt, sitzend auf (dem) Füllen einer Eselin." [16]Dies erkannten seine Jünger zuerst nicht, aber als Jesus verherrlicht war, da erinnerten sie sich, daß dies auf ihn geschrieben war und sie ihm dies getan hatten. [17]Es zeugte nun (für ihn) die Volksschar, die bei

| | ³⁹Und einige der Pharisäer von der Volksschar sprachen zu ihm: Lehrer, droh deinen Jüngern! ⁴⁰Und antwortend sprach er: Ich sage euch, wenn diese schweigen, werden die Steine schreien. | ihm war, als er den Lazarus aus dem Grab gerufen und ihn aus (den) Toten erweckt hatte. ¹⁸Deswegen ging ihm auch die Volksschar entgegen, weil sie gehört hatten, er habe dieses Zeichen getan.

¹⁹Die Pharisäer nun sprachen zueinander: (Da) schaut, daß ihr nichts ausrichtet! Sieh die Welt, hinter ihm ging sie her. |

39Und einige der Pharisäer von der Volksschar sprachen zu ihm: Lehrer, droh deinen Jüngern! 40Und antwortend sprach er: Ich sage euch, wenn diese schweigen, werden die Steine schreien.

ihm war, als er den Lazarus aus dem Grab gerufen und ihn aus (den) Toten erweckt hatte. 18Deswegen ging ihm auch die Volksschar entgegen, weil sie gehört hatten, er habe dieses Zeichen getan.

19Die Pharisäer nun sprachen zueinander: (Da) schaut, daß ihr nichts ausrichtet! Sieh die Welt, hinter ihm ging sie her.

a) Die Darstellung des *Markus* weist folgende Besonderheiten auf: Einige nebensächlich erscheinende Einzelzüge werden bei ihm genannt, etwa Jesu Sorge um das Eigentum (3), das „Füllen, angebunden an einer Tür, außen, an der Straße" (4), die „Blumenbüschel, die sie abhieben von den Feldern" (8).– Theologisch bedeutsam ist der Ruf der Menge „Gepriesen die kommende Königsherrschaft unseres Vaters David" (10). Dieses Wort kann auf ein irdisch-politisches Königtum hinweisen, das von vielen Juden erwartet wurde. Um den Sinn der ganzen Szene von allen Mißverständnissen zu befreien, ist das Wort von Matthäus und Lukas weggelassen bzw. stark abgeändert worden.

b) Im *Matthäusevangelium* ist die Perikope vom Weissagungsbeweis geprägt, der bei Markus und Lukas fehlt. Matthäus sieht die Szene ganz im Licht von Sach 9,9 (5). Von diesem alttestamentlichen Prophetenwort aus wird die Markusvorlage sogar umgestaltet. Weil Matthäus irrtümlich meint, Sacharia spreche von einem Esel und einem Füllen, gibt es in der Matthäusperikope zwei Tiere (2.3.7). Nun holen die Jünger den Esel und das Füllen und Jesus setzt sich auf diese (!). Dabei meint das parallel aufgebaute Sachariawort gar nicht zwei Tiere. Das „Füllen" ist im hebräischen Text nur ein nähere Erläuterung (Apposition) der „Eselin". Offensichtlich ist es für Matthäus sehr wichtig, daß sich die alttestamentliche Verheißung bis in den kleinsten Einzelzug erfüllt. So bezeugt er auf seine Weise den Glauben, daß das Geschehen dem Willen Gottes entspricht. – Auffallend ist ferner, daß der Ruf der „sehr großen Volksschar" (8;bei Markus waren es nur „viele"; Steigerungstendenz!) nur bei Matthäus dem „Sohn Davids" gilt (9). Darin liegt ein messianisches Bekenntnis, das in der Auseinandersetzung mit dem Judentum seinen Platz hatte (vgl. auch Mt 1,1). Doch ist der Vers der Markusvorlage (11,10), der von einer irdisch-politischen Messianität Jesu verstanden werden konnte, weggelassen.

13

c) *Lukas* hat mit Sinn für sprachliche Form den Markustext stilistisch geglättet, indem er eine Reihe von Details wegließ, die ihm unverständlich waren oder nebensächlich erschienen (Haustür, Blumenbüschel). Schon zu Beginn (29) erhält der Text eine größere Feierlichkeit: „Und es geschah...". Statt der „Umstehenden" läßt er die Besitzer nach dem Jüngerauftrag fragen (33). – Bedeutsam ist, daß beim Abstieg vom Ölberg nicht die jüdische Volksmenge, sondern die Jüngerschar Gott preist (37). Sie allein weiß, was das Geschehen bedeutet, weil sie schon vorher all die Wundertaten Jesu gesehen hatte. Deutlich verklammert hier Lukas das Geschehen mit den vorangegangenen Ereignissen und versucht so, die historische Linie sichtbar zu machen. – Den Jubelruf hat Lukas stark geändert. Sein nichtjüdischer Leserkreis versteht das „‚Hosanna" und den Hinweis auf den „König David" nicht. Darum läßt Lukas diese Worte weg. Nun ist die Ovation für Jesus weniger politisch und mehr auf das bezogen, was Lukas wesentlich ist: „Im Himmel Friede und Herrlichkeit in Höhen"! (Vgl. die Botschaft der Engel in der Kindheitserzählung Lk 2,14!) Jesus ist der Heiland, durch den allen Bedrängten im „Himmel"(das heißt vor Gott, der in der „Höhe" lebt) Heil geschenkt wird. Dadurch wird Gott Ehre zuteil. Diese Begriffe von Frieden und Herrlichkeit, die bei Markus und Matthäus fehlen, waren auch in der hellenistischen Welt verständlich.

d) Im *Johannesevangelium* (12,12-19) wird der Einzug Jesu zu einer gewaltigen Offenbarung in der Auseinandersetzung mit den Pharisäern. Hier wird auch klar gesagt, daß den Jüngern das ganze Geschehen erst im Licht des Osterglaubens verständlich wurde (16). Die Volksmenge, in der der Evangelist hier die gläubige Kirche dargestellt hat, bereitet Jesus die Huldigung, weil sie ihn als den Herrn über den Tod (Lazarus) erfahren hat (17). Sie steht in der Auseinandersetzung mit den Pharisäern, die im Johannesevangelium die Vertreter des Unglaubens sind.

3. In den synoptischen Evangelien finden sich viele Texte, aus denen man die unterschiedlichen Auffassungen der Evangelisten erschließen kann. Einige *kleinere Beispiele* dafür:

Mk	Mt	Lk	
1,34	8,16	4,40	Nach Mk heilt Jesus „viele", nach Mt und Lk „alle". – Steigerungstendenz
2,26	12,4	6,4	Die historisch falsche Angabe des Mk „unter Abiatar" fällt weg. – Verbesserung.
3,20	–	–	Die harte Aussage von Jesu Verwandten fehlt bei Mt und Lk. – Hoheitsvolleres Christusbild
13,32 15,34	24,36 27,46	– } – }	Die leicht mißdeutbaren Jesusworte fehlen bei Lk
3,17;5,41 } 7,34;14,36 }	– –	– –	Die aramäischen Wörter fehlen bei Mt und Lk. – Rücksicht auf die Sprache der Leser.

Die Unterschiede im Wortlaut des „Vaterunser" und der Einsetzungsworte (vgl.S.7) erklären sich aus der Praxis des Gottesdienstes. Die Evangelisten haben diese Texte so in ihr Evangelium übernommen, wie sie in ihren Gemeinden gesprochen wurden. – Die „letzten Worte Jesu am Kreuz" verraten die theologische Absicht der Evangelisten. Markus und Matthäus lassen den Herrn den messianischen Psalm 22 beten, um so seine Messianität zu bekunden. Lukas dagegen zeigt für seine Leser Jesus voll Milde und Vergebungsbereitschaft auch noch im Tod. – Für Johannes ist der Tod Jesu die Vollendung seines Offenbarungswerkes.

V. Das Verhältnis der Synoptiker zum Johannesevangelium

Weil das vierte Evangelium sich stark von den drei älteren Evangelien unterscheidet und nur bei wenigen Abschnitten eine vergleichende Zusammenschau (Synopse) möglich ist, zählt es nicht zu den synoptischen Evangelien. Die wenigen Übereinstimmungen fallen gegenüber den vielen Unterschieden nicht ins Gewicht.

1. Übereinstimmungen

Dazu gehören folgende Abschnitte: 1,19-36 (Johannes der Täufer); 2,13-22 (Tempelreinigung, allerdings hier zu Beginn des Wirkens Jesu, nicht am Ende wie bei den Synoptikern); 6,1-21 (Brotwunder, Seewandel); 12,1-19 (Salbung in Betanien; Einzug in Jerusalem); 13,1-30 (das letzte Mahl; mit großen Abweichungen); 18,1-20,29 (Passion, Auferstehung; mit großen Abweichungen).

2. Unterschiede

a) Der Ablauf des öffentlichen Lebens. Nach Johannes unternimmt Jesus vier Reisen zwischen Galiläa und Jerusalem (2,13;5,1;7,10;12,12). Jesus weilt an drei Osterfesten dort (2,13;6,4;11,55). Das entspricht wahrscheinlich dem historischen Verlauf. – Täufergeschichte und Tempelreinigung haben einen anderen Platz. – Selbst der Termin des letzten Mahles und der Kreuzigung ist nicht übereinstimmend. Nach den Synoptikern (Mk 14,12ff.) hält Jesus am „ersten Tag der ungesäuerten Brote", das heißt am Paschafest (nach jüdischer Zählung: am 15. Nisan) mit seinen Jüngern das Mahl. Nach Johannes (19,30f.) aber stirbt Jesus schon einen Tag früher, am „Rüsttag" (dem 14. Nisan), zu der Stunde, in der im Tempel die Paschalämmer geschlachtet werden. Beide Termine haben ihren Sinn. Der Termin der Synoptiker weist auf das „neue Paschamahl". Das christliche Abendmahl ist bei ihnen an die Stelle des jüdischen Paschamahles getreten. Johannes dagegen zeigt mit seinem Termin auf Christus als das Opferlamm (vgl. auch Joh 1,29; 1 Kor 5,7).

b) Johannes bietet viele Erzählungen, fünf Wundergeschichten und eine Fülle von Herrenreden, die die Synoptiker nicht kennen. Insbesondere läßt er Jesus in einer Weise sprechen, die sich bei den Synoptikern nur vereinzelt findet.

c) Auch das *Christusbild* des Johannesevangeliums trägt alle Anzeichen einer späteren kirchlichen Glaubenserfahrung.

Man hat gemeint, Johannes habe mit seinem Evangelium die drei anderen Evangelien ergänzen oder überbieten wollen. Heute vertreten viele Forscher die *Unabhängigkeitshypothese,* wonach Johannes zwar die Synoptiker kannte, aber ein eigenständiges Werk schaffen wollte, in dem er die Gestalt Christi neu darstellte und deutete.

VI. Hinweise für die Arbeit mit dieser Synopse

Die vorliegende *Übersetzung* von F.J. Schierse versteht sich als Arbeits- und Verständnishilfe. Darum folgt sie dem griechischen Wortlaut so eng wie möglich. Sprachliche Glätte oder leichte Lesbarkeit waren nicht um jeden Preis angestrebt. Andererseits ging es auch nicht darum, den Leser durch ungewöhnliche oder gar modische Effekte zu schockieren. Die getreue Anlehnung an den griechischen Text war oberster Leitsatz der Übersetzung. Gleiche Worte des Originals werden stets mit dem gleichen deutschen Ausdruck wiedergegeben. Vor allem lehnt sich die Satzstellung eng an den griechischen Satzbau an. Dadurch entstehen oftmals Wendungen, die unserem Sprachgefühl fremd erscheinen. Diese Fremheit kann den Leser bei der Arbeit mit der Synopse auf das Gesagte aufmerksam machen. Oft wird er eine leicht eingängige oder gewohnte Übersetzung vermissen. Wenn er dann die Stelle mit dem griechischen Original vergleichen kann, wird er bald feststellen, wie sehr sich diese Übertragung daran anschließt.

Die vorliegende Synopse ist nicht vollständig. Aber die *Auswahl* ist so umfangreich, daß eine solide und zusammenhängende Arbeit mit ihr möglich ist. Ihr Leitfaden ist das *Markusevangelium,* das als das älteste Evangelium vollständig und mit allen Parallelen dargeboten wird. Im Anschluß daran finden sich einige Beispiele aus der *Q-Überlieferung* (vgl. Schema S. 9), die nicht von Markus, wohl aber von Matthäus und Lukas benutzt wurde. Aus dieser altkirchlichen „Quelle", die hauptsächlich Jesusworte enthielt, sind hier einige Beispiele geboten, die für die Bibelarbeit wichtig sind, so die Bergpredigt, Jüngerbelehrungen und einige Gleichnisse. Gelegentliche Hinweise auf weitere Stellen des Alten und Neuen Testaments, auf Texte der frühen Patristik und apokryphe Evangelien[1] sind als weitere Anregungen für ein besseres Verständnis der jeweiligen Perikopen gedacht. Es versteht sich von selbst, daß in einer Synopse die Aufteilung der Perikopen – abgesehen vom Evangelium, das den Leitfaden abgibt – anders erfolgen muß als im gewohnten Text.

Für die *Arbeit mit der Synopse* sind im vorhergehenden Text schon einige Beispiele gegeben worden. Es empfiehlt sich, bei der Auslegung mit dem Markustext zu beginnen, da er dem ältesten Evangelium zugehört. Die Abweichungen im Matthäus- und Lukasevangelium lassen zumeist die Leitgedanken dieser Schriften deutlich hervortreten. Man muß sich jedesmal fragen, ob die Ände-

---

[1] Die apokryphen Texte sind aus: *Hennecke-Schneemelcher,* Neutestamentliche Apokryphen, Verlag J. C. B. Mohr (Paul Siebeck), Tübingen ³1959. Die Texte der Apostolischen Väter aus: *J. A. Fischer,* Die Apostolischen Väter, Kösel-Verlag, München 1956.

rung, Ergänzung oder Auslassung nur aus stilistischen Gründen erfolgte oder ob sie auch einen theologischen Sinn hatte. Hilfreich können folgende Fragen sein: Warum genügt dem Evangelisten die vorgegebene Textstelle nicht? Weshalb sieht er in seiner neuen Formulierung eine Verbesserung oder Verdeutlichung der Aussage? Welche Steigerung liegt gegenüber dem ursprünglichen Text vor? Warum hat er eine Aussage nicht übernommen? Dabei sollte man den Leserkreis (Juden- oder Heidenchristen) und vor allem das Christusbild der Evangelisten vor Augen haben. Der Vergleich zeigt oft, wie Gottes Wort jeweils in einer anderen Situation neu verstanden wurde, ohne daß es dabei seinen ursprünglichen Sinn verlor. Gottes Wort ist in der Auslegung der Evangelien immer ein lebendiges und schöpferisches Wort gewesen. Darum kann die Krönung einer synoptischen Evangelienauslegung nur darin bestehen, Gottes Wort auch für unsere heutige Zeit verständlich zu machen.

VII. Zur Verwendung der außerkanonischen Texte[1]

Die im Kleindruck angeführten Texte aus der christlichen Literatur des 2. Jahrhunderts können folgende Funktionen haben:
1. In seltenen Fällen stellt sich die Frage nach einer vielleicht ursprünglichen Überlieferung (etwa Thomasevangelium Spruch Nr. 25.47 bei Synopse Nr. 73.13.130).
2. Viele Texte veranschaulichen das legendäre Weiterwachsen der Überlieferung bzw. ihre rhetorische Ausschmückung in Predigt und Katechese (etwa Nazaräerevangelium zu Mt 12,13; 19,16-26; die Passionsgeschichte des Petrusevangeliums).
3. Von anderen Texten wird die rituelle Praxis der Urkirche bezeugt (etwa Didache 8,1 bei Synopse Nr.127; Justin, Apologie 1,66,3 bei Synopse Nr. 91).
4. Es finden sich auch Beispiele für die exegetische Erklärung der betreffenden Abschnitte (etwa Thomasevangelium Spruch Nr. 107 zu Synopse Nr. 145; Nazaräerevangelium zu Mt 25,14-30 bei Synopse Nr. 148).
5. Eine große Zahl von Texten dokumentiert die häretische Umdeutung von Jesusworten in gnostische Geheimlehren (etwa Thomasevangelium Nr. 4.67 bei Synopse Nr. 129.48; Ägypterevangelium bei Synopse Nr.117).

---

[1]Nähere Angaben zu den außerkanonischen Schriften finden Sie auf S. 165 und ausführlicher in: *Franz J. Schierse,* Einleitung in das Neue Testament, Patmos Verlag, Düsseldorf 1978, 152-160.

Vorwort zur erweiterten Auflage

Mit der 12. Auflage erscheint die Patmos-Synopse in einer neuen, erweiterten und überarbeiteten Form.

Autor und Verlag haben sich bemüht, die Synopse für die Zwecke des Religionsunterrichts, des Theologiestudiums und der Erwachsenenbildung noch brauchbarer zu gestalten, ohne Umfang und Preis wesentlich zu erhöhen. Leider konnte dem mehrfach geäußerten Wunsch nach einer vollständigen deutschen Synopse nicht Rechnung getragen werden, weil eine solche Ausgabe den Rahmen eines Schulbuches gesprengt hätte. Wir hielten es auch nicht für vertretbar, die Beispieltexte aus der Q-Überlieferung zu erweitern, weil im Patmos Verlag demnächst eine vollständige Q-Synopse erscheinen soll (W. Schenk, Synopse zur Redenquelle der Evangelien).

Die zusätzlich aufgenommenen Perikopen stammen vielmehr aus Bereichen, die wegen ihrer zentralen theologischen Bedeutung im Unterricht, in Vorlesungen und Seminaren oder auf biblischen Tagungen häufiger gefragt sind. So enthält die Patmos-Synopse jetzt die fast vollständigen Passions-, Oster- und Himmelfahrtsgeschichten der vier Evangelien sowie die Kindheitserzählungen von Matthäus und Lukas nebst einer alttestamentlichen Parallele.

Die neuen Perikopen sind so eingefügt worden, daß die bisherige Zählung einigermaßen beibehalten werden konnte. Dadurch wird eine gleichzeitige Verwendung der alten Auflagen mit der neuen Ausgabe erleichtert. Eine größere Verschiebung hat sich nur bei den Stammbäumen des Matthäus- und Lukasevangeliums ergeben. Sie stehen jetzt zusammen mit den Kindheitsgeschichten am Schluß und erwecken nicht mehr den falschen Eindruck, zur zweifachen Überlieferung der Q-Quelle zu gehören.

Am wichtigsten schien es uns, die sprachliche Form der Texte zu verbessern. In der neuen Ausgabe sind nicht nur die bisher übersehenen Druckfehler, Ungenauigkeiten und Mißverständnisse korrigiert worden, vor allem wurden die zahlreichen sprachlichen Härten geglättet. Wo solche Unebenheiten im Markusevangelium stehengeblieben sind, sollen sie den Benutzer der Synopse zur Nachfrage anregen, ob nicht vielleicht schon Matthäus oder Lukas den Anstoß empfunden und eine stilistische Verbesserung durchgeführt haben.

Der synoptische Vergleich erfüllt im Bibelunterricht auch schon der Sekundarstufe I und II eine unersetzliche Aufgabe. Er ist keine modische Spielerei, und noch weniger will er Schüler zu kritisch-aufgeklärten Mini-Exegeten erziehen. Was junge Menschen am Beispiel synoptischer Texte lernen können, das ist die Ehrfurcht vor dem Wort, das sorgfältige Achten auf scheinbar geringfügige Unterschiede und Gemeinsamkeiten. Sicher darf man kein Interesse für komplizierte Quellenscheidungshypothesen erwarten, aber literarkritische Probleme sind auch in der exegetischen Wissenschaft kaum mehr gefragt. Dagegen ist es sinnvoll und angebracht, mit Hilfe des synoptischen Vergleichs die sprachlichen und theologischen Eigenheiten der einzelnen Evangelien selbständig zu erarbeiten.

Gerade weil Schüler und Studenten die Evangelientexte (wenn überhaupt) nur noch in einer modisch verfremdeten oder sprachlich völlig geglätteten Form kennen, kommt der synoptischen Arbeit eine fast therapeutische Bedeutung zu. Sie wehrt der Gefahr, Bibeltexte als Schlagworte zu mißbrauchen, die nicht heilen, sondern Wunden aufreißen, die nicht versöhnen, sondern Konflikte schüren. Ein Rückzug also in die Idylle einer heilen Bibelwelt? Keineswegs, sondern ein Angebot, Gerechtigkeit und Frieden, Glauben und Zuversicht aus den Quellen selbst zu schöpfen.

Franz Joseph Schierse

Zeichen und Abkürzungen

(....)   Worte in runden Klammern sind zum besseren Verständnis des Textes hinzugefügt; im Fall des *(daß)* ist die im Griechischen vor einer direkten Rede stehende Konjunktion aus stilistischen Gründen eingeklammert.

[....]   Worte oder Verse, die in eckige Klammern gesetzt sind, fehlen in wichtigen alten Handschriften und gelten deshalb als textkritisch unsicher.

LXX   Septuaginta, die griechische Übersetzung des hebräischen Alten Testaments.

*   Verweis auf alttestamentliche Textstellen.

\+   Verweis auf andere Übersetzungsmöglichkeiten oder Parallelstellen.

1. Das Auftreten Johannes des Täufers

| Mt 3,1-6 (11,10) | Mk 1,1-6 | Lk 3,1-6 (7,27) |

Mk 1,1-6

¹Anfang des Evangeliums Jesu Christi [des Sohnes Gottes].

Mt 3,1-6 (11,10) — ¹¹,¹⁰Dieser ist, von dem geschrieben steht:
Siehe, ich sende meinen Engel vor deinem Angesicht her, der herrichten soll deinen Weg vor dir her.*

²Wie geschrieben steht bei Jesaja dem Propheten:
Siehe, ich sende meinen Engel vor deinem Angesicht her, der herrichten soll deinen Weg.*

Lk 3,1-6 (7,27) — ⁷,²⁷Dieser ist, von dem geschrieben steht:
Siehe, ich sende meinen Engel vor deinem Angesicht her, der herrichten soll deinen Weg vor dir her.*

³Stimme eines Rufenden in der Wüste:
Bereitet den Weg des Herrn, gerade macht seine Pfade!**

vgl. V.3

¹In jenen Tagen aber

vgl. V. 4

¹Im fünfzehnten Jahr aber der Herrschaft des Kaisers Tiberius, als da herrschte Pontius Pilatus über Judäa und Vierfürst über Galiläa Herodes war, Philippus aber, sein Bruder, Vierfürst über Ituräa und die trachonitische Landschaft und Lysanias über Abilene Vierfürst, ²unter dem Hohenpriester Hanna und Kajafas, geschah Gottes Wort an Johannes, des Zacharias Sohn, in der Wüste. ³Und er kam in die ganze Gegend um den Jordan (und) predigte eine Taufe der Sinnesänderung zur Freilassung von Sünden,

tritt auf
Johannes der Täufer, predigt in der Wüste Judäas

⁴Es geschah,
daß Johannes, der Taufende, in der Wüste

²(und) sagt: Ändert den Sinn!

eine Taufe der Sinnesänderung predigte zur Freilassung von Sünden.

Denn nahegekommen ist die Königsherrschaft der Himmel!
³Denn dieser ist, von dem geredet wurde durch Jesaja den Propheten, der sagt:
Stimme eines Rufenden in der Wüste: Bereitet den Weg des Herrn, gerade macht seine Pfade!

⁴wie geschrieben steht im Buch der Worte Jesaja des Propheten:

Stimme eines Rufenden in der Wüste: Bereitet den Weg des Herrn, gerade macht seine Pfade!
⁵Jede Schlucht soll ausgefüllt und jeder Berg und Hügel eingeebnet werden, und das Krumme soll zu geraden und die beschwerlichen zu ebenen Wegen werden. ⁶Und scheuen wird alles Fleisch das Heil Gottes.***

⁴Er, Johannes, aber hatte sein Kleid von Kamelhaaren und

einen ledernen Gürtel um seine Hüfte. Seine Nahrung aber waren Heuschrecken und wilder Honig.

⁵Da zog zu ihm hinaus Jerusalem und ganz Judäa und das ganze Land um den Jordan, ⁶und sie ließen sich taufen im Jordanfluß von ihm, bekennend ihre Sünden.

vgl. V. 4

vgl. V. 6

⁵Und hinaus zog zu ihm das ganze Land Judäa und alle Jerusalemer, und sie ließen sich taufen von ihm im Jordanfluß, bekennend ihre Sünden. ⁶Und Johannes war bekleidet mit Kamelhaaren und einem ledernen Gürtel um seine Hüfte, und er aß Heuschrecken und wilden Honig.

*Mal 3,1. **Jes 40,3. ***Jes 40,3-5.

Joh 1,23: Er sprach: Ich (bin) Stimme eines Rufenden in der Wüste. Richtet gerade den Weg des Herrn!, wie gesprochen hat Jesaja der Prophet.

2. Messianische Verkündigung des Täufers

Mt 3,11-12	Mk 1,7-8	Lk 3,15-18
		¹⁵Als aber in Erwartung war das Volk und alle hin und her überlegten in ihren Herzen über Johannes, ob nicht er etwa der Messias sei, ¹⁶antwortete allen Johannes: Ich zwar, mit Wasser taufe ich euch;
	⁷Und er verkündigte: vgl. V. 8	
¹¹Ich zwar, ich taufe euch in Wasser zur Sinnesänderung; der aber nach mir kommt, ist stärker als ich, dem bin ich nicht wert, die Sandalen zu tragen.	Es kommt der stärker ist als ich nach mir, dem bin ich nicht wert, gebückt, zu lösen den Riemen seiner Sandalen.	es kommt aber der stärker ist als ich, dem bin ich nicht wert, zu lösen den Riemen seiner Sandalen.
Er, euch wird er taufen in heiligem Geist und Feuer: ¹²Seine Worfschaufel in seiner Hand, und er wird reinigen seinen Ausdrusch und zusammenbringen seinen Weizen in die Scheuer, die Spreu aber wird er verbrennen in unauslöschlichem Feuer.	⁸Ich, ich taufte euch mit Wasser, er aber, er wird euch taufen mit heiligem Geist.	Er, euch wird er taufen in heiligem Geist und Feuer: ¹⁷Seine Worfschaufel in seiner Hand, zu reinigen seinen Ausdrusch und zusammenzubringen den Weizen in seine Scheuer, die Spreu aber wird er verbrennen in unauslöschlichem Feuer. ¹⁸Vieles zwar nun noch anderes mahnend, kündete er Frohbotschaft dem Volk.

Joh 1,26-27: ²⁶Antwortete ihnen Johannes: Ich, ich taufe in Wasser. Mitten unter euch steht, den ihr nicht kennt, ²⁷der nach mir Kommende, dem ich nicht würdig bin, daß ich ihm löse den Riemen der Sandale.

3. Die Taufe Jesu

Mt 3,13-17	Mk 1,9-11	Lk 3,21–22
¹³Da begibt sich Jesus von Galiläa an den Jordan zu Johannes, um getauft zu werden von ihm. ¹⁴Der aber hinderte ihn, sagte: *Ich* hätte nötig, von dir getauft zu werden, und *du* kommst zu mir? ¹⁵Antwortete aber Jesus, sprach (zu) ihm: Laß doch! Denn so ziemt es sich für uns, zu erfüllen jede Gerechtigkeit. Da ließ er ihn.	⁹Und es geschah: In jenen Tagen kam Jesus von Nazaret in Galiläa und wurde getauft in den Jordan von Johannes.	²¹Es geschah aber, als getauft ward das ganze Volk und während Jesus getauft wurde und betete,
¹⁶Als aber getauft ward Jesus, gleich stieg er auf vom Wasser. Und siehe, auftaten sich die Himmel, und er sah den Geist Gottes herabsteigen wie eine Taube, kommen über ihn. ¹⁷Und siehe, eine Stimme aus den Himmeln sagt: Dieser ist mein Sohn, der geliebte, an dem habe ich mein Wohlgefallen.*	¹⁰Und gleich aufsteigend aus dem Wasser, sah er sich spalten die Himmel und den Geist wie eine Taube herabsteigen auf ihn. ¹¹Und eine Stimme [geschah] aus den Himmeln: Du bist mein Sohn, der geliebte, an dir habe ich mein Wohlgefallen.*	daß sich auftat der Himmel ²²und herabstieg der Geist, der heilige, in leiblicher Gestalt wie eine Taube über ihn, und eine Stimme aus dem Himmel geschah: Du bist mein Sohn, der geliebte, an dir habe ich mein Wohlgefallen.*

*Vgl. Ps 2,7; Jes 42,1; Gen 22,2

Joh 1,32-34: ³²Und es bezeugte Johannes: Geschaut habe ich den Geist herabsteigen wie eine Taube aus dem Himmel, und er blieb über ihm. ³³Und ich kannte ihn nicht, aber der mich gesandt hatte, zu taufen in Wasser, jener sprach zu mir: Auf wen du sehen wirst den Geist herabsteigen und bleiben über ihm, dieser ist, der tauft in heiligem Geist. ³⁴Und ich habe gesehen und habe bezeugt: Dieser ist der Sohn Gottes.

Nazaräerevangelium: Siehe, die Mutter des Herrn und seine Brüder sagten zu ihm: Johannes der Täufer tauft zur Vergebung der Sünden; laßt uns hingehen und uns von ihm taufen lassen. Er aber sprach zu ihnen: Was habe ich gesündigt, daß ich hingehe und mich von ihm taufen lasse? Es sei denn das, was ich gesagt habe, Unwissenheit (Unwissenheitssünde) (Hieronymus, adv. Pelag. 3,2).

Ebionäerevangelium: Als das Volk getauft war, kam auch Jesus und wurde von Johannes getauft. Und wie er vom Wasser heraufstieg, öffneten sich die Himmel, und er sah den heiligen Geist in Gestalt einer Taube, die herabkam und in ihn einging. Und eine Stimme (erklang) aus dem Himmel, die sprach: Du bist mein geliebter Sohn, an dir habe ich Wohlgefallen gefunden. Und abermals: Ich habe dich heute gezeugt. Und sofort umstrahlte den Ort ein großes Licht. Als Johannes dies sah, heißt es, spricht er zu ihm: Wer bist du, Herr? Und abermals (erscholl) eine Stimme aus dem Himmel zu ihm: Dies ist mein geliebter Sohn, an dem ich Wohlgefallen gefunden habe. Und da, heißt es, fiel Johannes vor ihm nieder und sprach: Ich bitte dich, Herr, taufe du mich. Er aber wehrte ihm und sprach: Laß; denn so ziemt es sich, daß alles erfüllt werde (Epiphanius, Haer. 30,13,7-8).

Hebräerevangelium: Es geschah aber, als der Herr aus dem Wasser heraufgestiegen war, stieg die ganze Quelle des heiligen Geistes auf ihn herab und ruhte auf ihm und sprach zu ihm: Mein Sohn, in allen Propheten erwartete ich dich, daß du kämest, und ich in dir ruhte. Denn du bist meine Ruhe; du bist mein erstgeborener Sohn, der du herrschest in Ewigkeit (Hieronymus, Comm. in Jes 11,2).

Ode Salomos 24, 1-2: ¹Die Taube flog auf das Haupt unseres Herrn Christus, weil er ihr Haupt war. ²Und sie sang über ihm, und gehört wurde ihre Stimme.

4. Versuchung in der Wüste

Mt 4,1-11	Mk 1,12-13	Lk 4,1-13
¹Da wurde Jesus hinaufgeführt in die Wüste vom Geist, um versucht zu werden vom Teufel. ²Und nachdem er gefastet hatte vierzig Tage und vierzig Nächte,	¹²Und gleich treibt der Geist ihn hinaus in die Wüste. ¹³Und er war in der Wüste vierzig Tage, versucht vom Satan, und er war mit den Tieren,	¹Jesus aber voll heiligen Geistes kehrte zurück vom Jordan und ließ sich führen im Geist in der Wüste ²vierzig Tage, versucht vom Teufel. Und er aß nichts in jenen Tagen, und als sie vollendet waren, hungerte ihn.
da schließlich hungerte ihn.		
³Und es kam herbei der Versucher, sprach zu ihm: Wenn du Sohn Gottes bist, sprich, daß diese Steine Brote werden!		³Sprach aber zu ihm der Versucher: Wenn du Sohn Gottes bist, sprich (zu) diesem Stein, daß er Brot werde.
⁴Er aber antwortete, sprach: Es steht geschrieben: Nicht vom Brot allein wird leben der Mensch, sondern von jedem Wort, das hervorgeht aus dem Mund Gottes.*		⁴Und antwortete ihm Jesus: Es steht geschrieben, daß nicht vom Brot allein leben wird der Mensch.*
		(V.5-8 siehe unten)
⁵Da nimmt ihn der Teufel mit in die heilige Stadt und stellt ihn auf die Zinne des Heiligtums ⁶und sagt (zu) ihm: Wenn du Sohn Gottes bist, stürze dich hinab! Denn geschrieben steht: Seinen Engeln wird er befehlen deinetwegen, und auf Händen werden sie dich tragen, damit du nicht stoßest an einen Stein deinen Fuß.**		⁹Er führte ihn aber nach Jerusalem und stellte (ihn) auf die Zinne des Heiligtums und sprach zu ihm: Wenn du Sohn Gottes bist, stürze dich von hier hinab! ¹⁰Denn geschrieben steht: Seinen Engeln wird er befehlen deinetwegen, dich zu behüten, ¹¹und auf Händen werden sie dich tragen, damit du nicht stoßest an einen Stein deinen Fuß.**
⁷Sprach zu ihm Jesus: Wiederum steht geschrieben: Nicht versuchen sollst du den Herrn, deinen Gott!***		¹²Und antwortete, sprach zu ihm Jesus, daß gesagt ist: Nicht versuchen sollst du den Herrn, deinen Gott!***
⁸Wiederum nimmt ihn der Teufel mit auf einen sehr hohen Berg und zeigt ihm alle Königreiche der Welt und ihre Herrlichkeit ⁹und sagt zu ihm: Dies alles will ich dir geben,		⁵Und er führte ihn hinauf und zeigte ihm alle Königreiche der Erde in einem Augenblick. ⁶Und sprach zu ihm der Teufel: Dir geben will ich diesen ganzen Machtbereich und ihre Herrlichkeit, denn mir ist er übergeben, und wem ich will, gebe ich ihn. ⁷Du nun, wenn du anbetest vor
wenn du fußfällig mich anbetest.		mir – gehören soll dir alles.

<table>
<tr><td>

[10]Da sagt (zu) ihm Jesus: Hinweg, Satan! Denn geschrieben steht: Den Herrn, deinen Gott, sollst du anbeten und ihm allein dienen.****
[11]Da verläßt ihn der Teufel,

</td><td></td><td>

[8]Und antwortete Jesus, sprach (zu) ihm: Geschrieben steht: Anbeten sollst du den Herrn, deinen Gott, und ihm allein dienen.****
[13]Und nachdem der Teufel jede Versuchung vollendet hatte, stand er von ihm ab bis zu einer gewissen Zeit.

</td></tr>
<tr><td>

und siehe, Engel kamen herbei und bedienten ihn.

</td><td>

und die Engel

bedienten ihn.

</td><td></td></tr>
</table>

*Dtn 8,3.   **Ps 91,11-12   ***Dtn 6,16   ****Dtn 6,13

Joh 1,51: Und er sagt zu ihm: Wahrlich, wahrlich, ich sage euch: Sehen werdet ihr den Himmel geöffnet und die Engel Gottes hinaufsteigen und hinabsteigen zum Menschensohn hin.

5. Jesus predigt in Galiläa

Mt 4,12-17	Mk 1,14-15	Lk 4,14–15
[12]Nachdem er aber gehört hatte, daß Johannes überliefert sei, entfernte er sich nach Galiläa. [13]Und er verließ Nazaret, kam (und) wohnte in Kafarnaum, der am See im Gebiet von Zabulon und Neftalim gelegenen (Stadt), [14]damit erfüllt werde, was gesprochen wurde durch Jesaja den Propheten, der da sagt: [15]Land Zabulon und Land Neftalim, gegen den See zu, jenseits des Jordans, Galiläa der Heiden, [16]das Volk, das da saß in Finsternis, sah großes Licht, und denen, die da saßen im Land und Schatten des Todes, Licht ging ihnen auf.* [17]Von da an begann Jesus zu predigen und zu sagen: Ändert den Sinn! Denn nahegekommen ist die Königsherrschaft der Himmel.	[14]Und nachdem überliefert ward Johannes, kam Jesus nach Galiläa predigte das Evangelium Gottes, [15]sagte, daß erfüllt sei die Zeit und nahegekommen die Königsherrschaft Gottes. Ändert den Sinn und glaubt an das Evangelium!	[14]Und Jesus kehrte zurück in der Kraft des Geistes nach Galiläa. Und die Kunde von ihm ging aus im gesamten benachbarten Land. [15]Und er lehrte in ihren Synagogen, gepriesen von allen.

*Jes 8,23-9,1.

Joh 4,1-3: [1]Wie nun der Herr erkannte, daß die Pharisäer gehört hatten, daß Jesus mehr Jünger mache und taufe als Johannes – [2]obwohl doch Jesus selbst nicht taufte, sondern seine Jünger –, [3]verließ er Judäa und ging wieder fort nach Galiäa.

6. Jesus beruft Simon, Andreas und die Söhne der Zebedäus

Mt 4,18-22	Mk 1,16-20	Lk 5,1-11

[Lk column, top:]

[1]Es geschah aber, während das Volk sich um ihn drängt, um das Wort Gottes zu hören, und er selbst am See Gennesaret stand, [2]da sah er zwei Boote am See (-ufer) liegen. Die Fischer aber waren aus ihnen ausgestiegen und wuschen die Netze. [3]Da stieg er in eines der Boote, das dem Simon gehörte, und bat ihn, vom Land ein wenig hinauszufahren. Dann setzte er sich und lehrte vom Boot aus die Volksscharen. [4]Als er aber aufgehört hatte zu reden, sprach er zu Simon: Fahr hinaus ins tiefe Wasser und legt eure Netze zum Fang aus! [5]Und antwortete Simon, sprach: Meister, die ganze Nacht hindurch haben wir uns gemüht und nichts gefangen. Auf dein Wort hin aber will ich die Netze auslegen. [6]Und als sie dies taten, fingen sie eine große Menge Fische; es zerrissen aber (schon) ihre Netze. [7]Und sie winkten den Gefährten in dem anderen Boot, daß sie kämen und mitanpackten. Und sie kamen, und sie füllten beide Boote, daß sie fast versanken. [8]Als aber Simon Petrus (dies) sah, fiel er Jesus zu Füßen und sagte: Geh weg von mir, denn ein sündiger Mensch bin ich, Herr! [9]Denn Schauder hatte erfaßt ihn und alle, die mit ihm waren, wegen des Fischfangs, bei dem sie mitangepackt hatten, [10]ebenso aber auch den Jakobus und Johannes, Söhne des Zebedäus, die Genossen des Simon waren. Und sprach zu Simon Jesus: Fürchte dich nicht! Von jetzt ab wirst du Menschen fangen.

[Mt column, bottom:]

[18]Während er aber am Meer von Galiläa einherwandelte, sah er zwei Brüder, Simon, der Petrus heißt, und Andreas, dessen Bruder, wie sie ein Rundnetz auswarfen ins Meer; waren sie doch Fischer. [19]Und er sagt zu ihnen: Auf, mir nach!, und ich will euch zu Menschenfischern machen. [20]Die aber ließen sogleich

[Mk column, bottom:]

[16]Und während er am Meer von Galiläa vorüberging, sah er Simon
und Andreas, den Bruder des Simon, wie sie (ein Rundnetz) auswarfen im Meer; waren sie doch Fischer. [17]Und sprach zu ihnen Jesus: Auf, mir nach!, und ich will machen, daß ihr Menschenfischer werdet. [18]Und

die Netze (liegen) und folgten ihm. [21]Und als er weiterging von dort, sah er zwei andere Brüder, Jakobus, den (Sohn) des Zebedäus, und Johannes, dessen Bruder, im Boot mit Zebedäus, ihrem Vater, beim Zurechtmachen ihrer Netze. Und er rief sie. [22]Die aber ließen sogleich das Boot und ihren Vater und folgten ihm.

gleich ließen sie die Netze (liegen) und folgten ihm. [19]Und als er weiterging ein wenig, sah er Jakobus, den (Sohn) des Zebedäus, und Johannes, dessen Bruder, auch sie im Boot, beim Zurechtmachen ihrer Netze. [20]Und gleich rief er sie. Und sie ließen ihren Vater Zebedäus im Boot mit den Lohnknechten, weg gingen sie, hinter ihm her.

vgl. V. 10

[11]Und sie brachten die Boote ans Land, ließen alles (liegen) und folgten ihm.

Joh 1,40-42: [40]Andreas, der Bruder des Simon Petrus, war einer von den zweien, die (es) gehört hatten von Johannes und ihm gefolgt waren. [41]Dieser findet zuerst seinen Bruder Simon und sagt zu ihm: Gefunden haben wir den Messias (das ist verdolmetscht: Christus). [42]Er führte ihn zu Jesus. Jesus blickte ihn an und sprach: Du bist Simon, der Sohn des Johannes, du wirst Kefas gerufen werden (das wird verdolmetscht: Petrus).

Joh 21,1-14: [1]Danach offenbarte sich wiederum Jesus den Jüngern am See von Tiberias. Er offenbarte sich aber so: [2]Es waren zusammen Simon Petrus und Thomas, der Didymus heißt, und Natanael, der aus Kana in Galiäa, und die (Söhne) des Zebedäus und andere zwei aus seinen Jüngern. [3]Sagt zu ihnen Simon Petrus: Ich gehe fischen. Sagen sie zu ihm: Wir kommen auch mit dir. Sie gingen hinaus und stiegen in das Boot, und in jener Nacht fingen sie nichts. [4]Als es aber schon Morgen wurde, stand Jesus am Strand. Freilich wußten die Jünger nicht, daß es Jesus ist. [5]Sagt nun zu ihnen Jesus: Kinder, ihr habt wohl keinen Fisch? Sie antworten ihm: Nein. [6]Er aber sprach zu ihnen: Werfet auf der rechten Seite des Bootes das Netz aus, und ihr werdet finden. Sie warfen nun aus und vermochten es nicht mehr zu ziehen wegen der Menge der Fische. [7]Sagt nun jener Jünger, den Jesus liebte, zu Petrus: Der Herr ist es! Als nun Simon Petrus hörte, daß es der Herr ist, gürtete er sich das Oberkleid um – er war nämlich nackt – und warf sich in den See. [8]Die anderen Jünger aber kamen im Boot, denn sie waren nicht weit vom Land, sondern nur etwa zweihundert Ellen entfernt, und schleppten das Netz mit den Fischen hinter sich her. [9]Als sie nun an Land steigen, sehen sie ein Kohlenfeuer und einen Fisch darauf liegen und Brot. [10]Sagt zu ihnen Jesus: Bringt von den Fischen, die ihr jetzt eingefangen habt! [11]Da stieg Simon Petrus (ins Boot) und zog das Netz ans Land, voll von großen Fischen, 153 (an der Zahl). Und obwohl es so viele waren, zerriß das Netz nicht. [12]Sagt zu ihnen Jesus: Auf, haltet das Frühmahl! Niemand aber wagte es von den Jüngern, ihn auszufragen: Wer bist du? Wußten sie doch, daß es der Herr ist. [13]Da kommt Jesus und nimmt das Brot und gibt es ihnen und den Fisch ebenso. [14]Damit offenbarte sich Jesus schon zum drittenmal den Jüngern, nachdem er von den Toten erweckt worden war.

7. Jesus lehrt und heilt in der Synagoge von Kafarnaum

Mt 7,28-29	Mk 1,21-28	Lk 4,31-37
	[21]Und sie ziehen ein in Kafarnaum. Und gleich (an) den Sabbaten ging er hinein in die Synagoge (und) lehrte.	[31]Und er kam herab nach Kafarnaum, einer Stadt Galiläas, und lehrte sie an den Sabbaten.

[28]Und es geschah, als Jesus diese Worte beendet hatte, außer sich gerieten die Volksscharen über seine Lehre; [29]denn er lehrte sie wie einer, der Macht hat, und nicht wie ihre Schriftgelehrten.	[22]Und außer sich gerieten sie über seine Lehre; denn er lehrte sie wie einer, der Macht hat, und nicht wie die Schriftgelehrten. [23]Und gleich war in ihrer Synagoge ein Mann (gefangen) in einem unreinen Geist, und er schrie auf: [24]Was (ist zwischen) uns und dir, Jesus von Nazaret? Kamst du, uns zu verderben? Ich weiß, wer du bist, der	[32]Und außer sich gerieten sie über seine Lehre, weil in Macht war sein Wort. [33]Und in der Synagoge war ein Mann, der einen Geist eines unreinen Dämons hatte, und er schrie auf mit lauter Stimme: [34]Nanu! Was (ist zwischen) uns und dir, Jesus von Nazaret? Kamst du, uns zu verderben? Ich weiß, wer du bist: der Heilige Gottes.
	Heilige Gottes [25]Und drohte ihm Jesus: Verstumme und fahre aus von ihm! [26]Und hin und her zerrte ihn der Geist, der unreine, und laut aufheulend fuhr er aus ihm aus. [27]Und es erschauderten alle, so daß sie sich befragten und sagten: Was ist das? Eine neue Lehre (ausgestattet) mit Macht; und (sogar) den Geistern, den unreinen, gebietet er, und sie gehorchen ihm. [28]Und hinaus ging sein Ruf gleich überallhin ins gesamte umliegende Land von Galiläa.	[35]Und drohte ihm Jesus: Verstumme und fahre aus ihm! Und es schleuderte ihn der Dämon in die Mitte, fuhr von ihm aus, ohne ihm irgendwie zu schaden. [36]Und Schauder kam über alle, und sie besprachen sich untereinander und sagten: Was (bedeutet) dieses Wort? Denn in Macht und Kraft gebietet er den unreinen Geistern, und sie fahren aus. [37]Und hinaus drang Kunde von ihm in jeden Ort des umliegenden Landes.

Joh 7,46: Antworteten die Diener (den Hohepriestern und Pharisäern): Noch nie redete so ein Mensch, wie dieser Mensch redet.

8. Jesus heilt die Schwiegermutter des Petrus

Mt 8,14-15	Mk 1,29-31	Lk 4,38-39
[14]Und als Jesus in das Haus des Petrus ging, sah er dessen Schwiegermutter bettlägrig und fiebernd.	[29]Und gleich, als sie aus der Synagoge gingen, gingen sie in das Haus des Simon und des Andreas, mit Jakobus und Johannes. [30]Die Schwiegermutter Simons aber lag fiebernd darnieder, und gleich sagen sie ihm ihretwegen.	[38]Als er aber aufgestanden (und) von der Synagoge (weggegangen war), ging er hinein in das Haus des Simon. Die Schwiegermutter des Simon aber war befallen von einem heftigen Fieber, und sie baten ihn ihretwegen. [39]Und er trat zu ihren Häuptern, drohte dem Fieber, und es verließ sie. Sofort aber stand sie auf und bediente sie.
[15]Und er berührte ihre Hand, und es verließ sie das Fieber; und sie richtete sich auf und bediente ihn.	[31]Und er ging hinaus und richtete sie auf, ihre Hand fassend; und es verließ sie das Fieber, und sie bediente sie.	

9. Erster Sammelbericht

¹⁶Als es aber Abend geworden war, brachten sie ihm herbei

viele Besessene.

Und er trieb aus die Geister mit einem Wort, und alle, die übel daran waren, heilte er;

¹⁷damit erfüllt werde, was gesprochen wurde durch Jesaja den Propheten, der da sagt: Er hat unsere Krankheiten weggenommen, und die Leiden hat er fortgetragen.*

³²Als es aber Abend geworden war, da die Sonne unterging, brachten sie zu ihm alle, die übel daran waren, und die Besessenen. ³³Und es war die gesamte Stadt versammelt an der Tür. ³⁴Und er heilte viele, die übel daran waren mit mancherlei Leiden, und viele Dämonen trieb er aus

und ließ nicht reden die Dämonen, weil sie von ihm wußten.

⁴⁰Als aber die Sonne unterging, führten alle, die Kranke mit mancherlei Leiden hatten, sie zu ihm.

Er aber, einem jeden von ihnen die Hände auflegend, heilte sie. ⁴¹Es fuhren aber auch Dämonen von vielen aus, die schrien und sagten: Du bist der Sohn Gottes! Und er drohte und hinderte sie zu reden, weil sie wußten, daß er der Messias sei.

³⁵Und in der Morgenfrühe, als es noch ganz dunkel war, stand er auf, ging hinaus und ging hinweg an einen abgelegenen Ort, und dort betete er. ³⁶Und eilends folgten ihm Simon und die mit ihm waren, ³⁷und fanden ihn und sagen ihm: Alle suchen dich. ³⁸Und er sagt (zu) ihnen: Ziehen wir anderswohin, in die benachbarten Marktflecken, damit ich auch dort predige; denn zu diesem (Zweck) bin ich ausgegangen. ³⁹Und er ging und predigte in ihren Synagogen in ganz Galiläa und trieb die Dämonen aus.

⁴²Als es aber Tag geworden war, ging er hinaus und zog an einen abgelegenen Ort.

Und die Volksscharen suchten nach ihm, und sie gingen bis zu ihm und hielten ihn zurück, daß er nicht (fort)ziehe von ihnen. ⁴³Er aber sprach zu ihnen: Auch den anderen Städten muß ich das Evangelium von der Königsherrschaft Gottes verkündigen, weil ich dazu gesandt wurde. ⁴⁴Und er predigte in den Synagogen Judäas.

⁴,²³Und er zog umher in ganz Galiläa, lehrte in ihren Synagogen, predigte das Evangelium von der Königsherrschaft und heilte jedes Leiden und jedes Gebrechen im Volk.

*Jes 53,4.

10. Jesus heilt einen Aussätzigen

¹Als er aber vom Berg herabstieg, folgten ihm viele Volksscharen. ²Und siehe, ein Aus-

⁴⁰Und kommt zu ihm ein Aus-

¹²Und es geschah, während er in einer der Städte war, und siehe, (da war) ein Mann voll

sätziger kam herbei, warf sich vor ihm nieder und sagte:

Herr, wenn du willst, kannst du mich rein machen. ³Und er streckte die Hand aus, rührte ihn an und sagte: Ich will, werde rein! Und sogleich wurde rein sein Aussatz.

⁴Und sagt ihm Jesus: Sieh zu, daß du zu niemand (etwas) sagst. Vielmehr begib dich hinweg, „zeige dich dem Priester"* und bringe dar die Gabe, die Mose angeordnet hat, zum Zeugnis für sie.

---

sätziger, ruft ihn zu Hilfe, fällt auf die Knie und sagt (zu) ihm (daß):
Wenn du willst, kannst du mich rein machen. ⁴¹Und** zornerfüllt streckte er seine Hand aus, rührte ihn an und sagt (zu) ihm: Ich will, werde rein! ⁴²Und gleich wich von ihm der Aussatz, und er wurde rein. ⁴³Und ihn zornig anfahrend, trieb er gleich ihn hinweg,
⁴⁴und sagt ihm: Sieh zu, daß du zu niemand etwas sagst.
Vielmehr begib dich hinweg, „zeige dich dem Priester"* und bringe dar für deine Reinigung, was Mose angeordnet hat, zum Zeugnis für sie.
⁴⁵Der aber ging hinaus und begann eifrig zu predigen und zu verbreiten das Wort, so daß er nicht mehr öffentlich in eine Stadt hineingehen konnte, sondern draußen, an abgelegenen Orten, war er.
Und sie kamen zu ihm von überallher.

---

von Aussatz. Als er aber Jesus sah, fiel er auf das Angesicht, bat ihn und sagte:
Herr, wenn du willst, kannst du mich rein machen. ¹³Und er streckte die Hand aus, rührte ihn an und sagte: Ich will, werde rein! Und sogleich wich der Aussatz von ihm.

¹⁴Und er gebot ihm, zu niemand (etwas) zu sagen.
Vielmehr geh hin, „zeige dich dem Priester"* und bringe dar deine Reinigung, wie Mose angeordnet hat, zum Zeugnis für sie.
¹⁵Aber (überall) hin kam noch mehr das Wort über ihn, und zusammenkamen viele Volksscharen, (ihn) zu hören und geheilt zu werden von ihren Krankheiten. ¹⁶Er aber war zurückgezogen an den abgelegenen (Orten) und im Gebet.

---

*Lev 13,49; 14,2-32.   **Viele alte Handschriften lesen: „von Mitleid gerührt".

11. Jesus heilt einen Gelähmten

Mt 9,1-8	Mk 2,1-12	Lk 5,17-26
¹Und er stieg in ein Boot, setzte über und ging in seine Stadt.	¹Und er ging wiederum hinein nach Kafarnaum, einige Tage darauf, da hörte man, daß er im Haus sei. ²Und es versammelten sich viele, so daß kein Platz mehr war, nicht einmal vor der Tür, und er redete ihnen das Wort.	¹⁷Und es geschah an einem der Tage, und er lehrte gerade, und es saßen da Pharisäer und Gesetzeslehrer, die gekommen waren aus jedem Dorf Galiläas und Judäas und von Jerusalem. Und Kraft des Herrn war (in ihm), daß er heile.
²Und siehe, herbei brachten sie ihm einen Gelähmten, auf einem Bett liegend.	³Und sie kommen und bringen ihm einen Gelähmten, getragen von vieren.

⁴Und da sie (ihn) nicht zu ihm herbeibringen konnten wegen der Volksschar, deckten sie das Dach ab, wo er (Jesus) war, und, | ¹⁸Und siehe, Männer bringen auf einem Bett einen Menschen, der war gelähmt, und sie suchten ihn hineinzubringen und hinzulegen vor ihm. ¹⁹Und da sie nicht fanden, wie sie ihn hineinbrächten, wegen der Volksschar, stiegen sie auf das |

Und als Jesus ihren Glauben sah, sprach er zum Gelähmten: Mut, Kind, vergeben sind deine Sünden! ³Und siehe, einige der Schriftgelehrten sprachen bei sich selbst:
Dieser da
lästert!
⁴Und Jesus wußte um ihre Gedanken

und sprach:
Warum denkt ihr Böses in euren Herzen? ⁵Denn was ist einfacher, zu sagen: Vergeben sind deine Sünden!, oder zu sagen: Steh auf
und geh einher?
⁶Damit ihr wißt, daß Macht hat der Menschensohn, auf Erden Sünden zu vergeben – da sagt er zum Gelähmten: Steh auf, trage dein Bett und begib dich in dein Haus!

⁷Und als er aufgestanden war,

ging er fort in sein Haus. ⁸Als (dies) aber die Volksscharen sahen, fürchteten sie sich und priesen Gott, der da gegeben hat solche Macht den Menschen.

nachdem sie (ein Loch) gegraben hatten, senken sie die Bahre hinunter, auf der der Gelähmte lag. ⁵Und als Jesus ihren Glauben sah, sagt er zum Gelähmten: Kind, vergeben sind deine Sünden! ⁶Es waren aber einige von den Schriftgelehrten dort, die saßen da und überlegten in ihren Herzen: ⁷Was dieser da so redet? Er lästert! Wer kann Sünden vergeben außer einem, Gott! ⁸Und gleich erkannte Jesus in seinem Geist, daß sie so überlegen bei sich selbst, da sagt er ihnen: Was überlegt ihr da in euren Herzen? ⁹Was ist einfacher, dem Gelähmten zu sagen: Vergeben sind deine Sünden!, oder zu sagen: Steh auf und trag deine Bahre und geh einher? ¹⁰Damit ihr aber wißt, daß Macht hat der Menschensohn, Sünden zu vergeben auf Erden – sagt er zum Gelähmten: ¹¹Dir sage ich, steh auf, trage deine Bahre und begib dich in dein Haus!

¹²Und er stand auf und, gleich die Bahre tragend, ging er hinaus vor aller (Augen),

so daß alle
sich entsetzten und Gott priesen und sagten: So etwas haben wir noch nie gesehen!

Dach, und durch die Ziegel ließen sie ihn herab samt dem Bettzeug, (genau) in die Mitte, vor Jesus hin. ²⁰Und als er ihren Glauben sah, sprach er:
Mensch, vergeben sind dir deine Sünden! ²¹Und es begannen zu überlegen die Schriftgelehrten und Pharisäer, und sie sagten: Wer ist dieser da, der Lästerungen redet? Wer kann Sünden vergeben außer Gott allein? ²²Es erkannte aber Jesus ihre Überlegungen, antwortete und sprach zu ihnen:
Was überlegt ihr in euren Herzen? ²³Was ist einfacher, zu sagen: Vergeben sind dir deine Sünden!, oder zu sagen: Steh auf
und geh einher?
²⁴Damit ihr aber wißt, daß der Menschensohn Macht hat, auf Erden Sünden zu vergeben – sprach er zum gelähmten (Mann): Dir sage ich, steh auf und, dein Bettzeug tragend, zieh in dein Haus!
²⁵Und sofort sich in ihrer Gegenwart erhebend (und) tragend, worauf er gelegen hatte, ging er fort in sein Haus, Gott preisend. ²⁶Und Entsetzen ergriff alle, und sie priesen Gott und wurden erfüllt von Furcht und sagten: Wir sahen wunderbare Dinge heute!

Joh 5,8-9: ⁸Sagt zu ihm (dem Kranken am Teich Betesda) Jesus: Steh auf, trag deine Bahre und geh einher. ⁹Und sogleich wurde gesund der Mensch und trug seine Bahre und ging einher.

12. Jesus beruft Zöllner und Sünder

Mt 9,9-13	Mk 2,13-17	Lk 5,27-32
	¹³Und er ging wiederum hinaus am See entlang; und die ganze Volksschar kam zu ihm, und er lehrte sie.	²⁷Und danach ging er hinaus

⁹Und als Jesus von dort weiterging, sah er einen Menschen am Zollamt sitzen, Matthäus geheißen, und sagt (zu) ihm: Folge mir! Und
er stand auf und folgte ihm. ¹⁰Und es geschah, als er zu Tische lag in dem Haus, und siehe, viele Zöllner und Sünder kamen und lagen zu Tische mit Jesus und seinen Jüngern.

¹¹Und als (dies)
die Pharisäer sahen,

sagten sie seinen Jüngern:
Warum mit den Zöllner und Sündern ißt euer Lehrer? ¹²Als er aber (das) hörte, sprach er: Nicht nötig haben die Kräftigen einen Arzt, sondern die, welche übel daran sind. ¹³Zieht von dannen und lernt doch, was das heißt: Barmherzigkeit will ich und nicht Opfer.* Denn ich bin nicht gekommen, Gerechte zu berufen, sondern Sünder.

*Hos 6,6.

---

¹⁴Und als er weiterging, sah er Levi, den (Sohn) des Alphäus, am Zollamt sitzen
und sagt (zu) ihm: Folge mir! Und
er stand auf und folgte ihm. ¹⁵Und es geschieht, daß er sich zu Tische niederlegt in seinem Haus, und viele Zöllner und Sünder lagen zu Tische mit Jesus und seinen Jüngern; denn (ihrer) waren viele, und sie folgten ihm. ¹⁶Und die Schriftgelehrten der Pharisäer – als sie sahen, daß er mit Sündern und Zöllnern ißt – sagten seinen Jüngern: Mit den Zöllnern und Sündern ißt er! ¹⁷Und als Jesus (das) hörte, sagt er ihnen: Nicht nötig haben die Kräftigen einen Arzt, sondern die, welche übel daran sind.

Ich bin
nicht gekommen, Gerechte zu berufen, sondern Sünder.

---

und erblickte einen Zöllner mit Namen Levi
am Zollamt sitzen
und sprach zu ihm: Folge mir! ²⁸Und alles zurücklassend, stand er auf und folgte ihm. ²⁹Und es veranstaltete Levi ein großes Gastmahl für ihn in seinem Haus! und es war viel Volk von Zöllnern und anderen da, die sich mit ihnen zu Tische niedergelegt hatten.
³⁰Und murrten die Pharisäer und ihre Schriftgelehrten gegen seine Jünger und sagten:

Warum mit den Zöllnern und Sündern eßt und trinkt ihr? ³¹Und antwortete Jesus und sprach zu ihnen: Nicht nötig haben die Gesunden einen Arzt, sondern die, welche übel daran sind.

³²Ich bin
nicht gekommen, Gerechte zu berufen, sondern Sünder zur Sinnesänderung.

13. Die Fastenfrage

Mt 9,14-17	Mk 2,18-22	Lk 5,33-39

¹⁸Und es waren die Jünger des Johannes und die Pharisäer am Fasten. Und sie kommen und sagen ihm:

¹⁴Da kommen zu ihm die Jünger des Johannes und sagen:
Warum fasten wir und

die
Pharisäer,
deine Jünger aber
fasten nicht? ¹⁵Und sprach (zu) ihnen Jesus: Können etwa die Söhne des Brautgemachs* trauern, solange bei ihnen ist der Bräutigam?

Es werden aber Tage kommen,
da hinweggenommen sein

Warum fasten die Jünger des Johannes und die Jünger der Pharisäer,
die deinigen Jünger aber
fasten nicht? ¹⁹Und sprach (zu) ihnen Jesus: Können etwa die Söhne des Brautgemachs*, während der Bräutigam bei ihnen ist, fasten? Solange (Zeit), als sie den Bräutigam bei sich haben, können sie nicht fasten.
²⁰Es werden aber Tage kommen, da hinweggenommen sein

³³Die aber sprachen zu ihm:
Die Jünger des Johannes fasten oft und verrichten Gebete, desgleichen auch die der Pharisäer, die deinigen aber essen und trinken! ³⁴Jesus aber sprach zu ihnen: Könnt ihr etwa die Söhne des Brautgemachs*, während der Bräutigam bei ihnen ist, zum Fasten bewegen?

³⁵Es werden aber Tage kommen, und da hinweggenommen sein

wird von ihnen der Bräutigam, und dann werden sie fasten.	wird von ihnen der Bräutigam, und dann werden sie fasten, an jenem Tag.	wird von ihnen der Bräutigam, dann werden sie fasten, an jenen Tagen.

Mt	Mk	Lk
[16]Niemand aber setzt einen Flicken ungewalkten Tuches auf ein altes Kleid. Denn es reißt sein Geflicktes von dem Kleid ab, und schlimmer wird der Riß. [17]Auch füllt man nicht neuen Wein in alte Schläuche. Sonst werden ja die Schläuche gesprengt, und der Wein wird verschüttet, und die Schläuche gehen zugrunde. Sondern man füllt neuen Wein in neue Schläuche, und beide bleiben erhalten.	[21]Niemand näht einen Flicken ungewalkten Tuches auf ein altes Kleid. Sonst reißt das Geflickte von ihm ab, das neue vom alten, und schlimmer wird der Riß. [22]Und niemand füllt neuen Wein in alte Schläuche. Sonst wird der Wein die Schläuche sprengen, und der Wein geht zugrunde und die Schläuche. Sondern neuen Wein in neue Schläuche!	[36]Er sagte aber auch ein Gleichnis zu ihnen: Niemand schneidet einen Flicken von einem neuen Kleid ab und setzt ihn auf ein altes Kleid. Sonst wird er ja auch das neue zerschneiden, und zum alten wird nicht passen der Flicken, der vom neuen. [37]Und niemand füllt neuen Wein in alte Schläuche. Sonst wird ja der junge Wein die Schläuche sprengen, und er selbst wird verschüttet werden, und die Schläuche werden zugrunde gehen. [38]Sondern neuen Wein muß man in neue Schläuche füllen. [39]Und niemand, der alten (Wein) getrunken hat, will neuen: denn er sagt: Der alte ist gut!

*Söhne des Brautgemachs = Hochzeitsgäste, die dem Bräutigam am nächsten stehen und bei den Festzeremonien mithelfen.

Thomasevangelium Spruch Nr. 47: ... Kein Mensch trinkt alten Wein und begehrt sofort zu trinken neuen Wein. Und keiner gießt neuen Wein in einen alten Schlauch, damit er ihn nicht zerreißt, und man gießt nicht alten Wein in einen neuen Schlauch, damit er ihn nicht verdirbt. Man legt nicht einen alten Lappen auf ein neues Kleid, weil es einen Riß geben wird.

Thomasevangelium Spruch Nr. 104: Sie sprachen (zu ihm): Komm, laß uns heute beten und fasten! Jesus sprach: Was ist denn die Sünde, die ich tat, oder worin besiegten sie mich? Sondern wenn der Bräutigam kommt aus dem Brautgemach, dann mögen sie fasten und beten.

14. Das Ährenabreißen am Sabbat

Mt 12,1-8	Mk 2,23-28	Lk 6,1-5
[1]In jener Zeit zog Jesus an den Sabbaten durch die Getreidefelder. Seine Jünger aber hungerten, und sie begannen, Ähren abzureißen und zu essen. [2]Als aber die Pharisäer (das) sahen, sprachen sie (zu ihm): Siehe, deine Jünger tun, was nicht erlaubt ist zu tun am Sabbat. [3]Er aber sprach (zu) ihnen: Habt ihr nicht gelesen, was David tat, als ihn hungerte und die mit ihm?	[23]Und es geschah, daß er an den Sabbaten dahinzog durch die Getreidefelder, und seine Jünger begannen, einen Weg zu bahnen[+], indem sie die Ähren abrissen. [24]Und die Pharisäer sagten ihm: Siehe, warum tun sie an den Sabbaten, was nicht erlaubt ist? [25]Und er sagt ihnen: Habt ihr niemals gelesen, was David tat, als er Mangel litt und ihn hungerte, ihn und die	[1]Es geschah aber am Sabbat, daß er hindurchzog durch Getreidefelder, und es rissen seine Jünger die Ähren ab und aßen sie, sie zerreibend mit den Händen. [2]Einige der Pharisäer aber sprachen: Warum tut ihr, was nicht erlaubt ist an den Sabbaten? [3]Und ihnen antwortend, sprach Jesus: Habt ihr auch das nicht gelesen, was David tat, da ihn hungerte, ihn und die mit ihm waren?

33

⁴Wie er hineinging in das Haus Gottes,		⁴Daß er hineinging in das Haus Gottes
und sie die Schaubrote aßen,*	mit ihm? ²⁶Wie er hineinging in das Haus Gottes unter Abjatar, (dem) Hohenpriester, und die Schaubrote aß,*	und die Schaubrote nahm und aß und (auch) denen gab, die mit ihm (waren)* – die zu essen nicht erlaubt ist außer allein den Priestern?
was weder ihm erlaubt war zu essen noch denen, die mit ihm (waren), außer den Priestern allein?	die zu essen nicht erlaubt ist außer den Priestern, und er auch denen gab, die mit ihm zusammen waren?	
⁵Oder habt ihr nicht gelesen im Gesetz, daß an den Sabbaten die Priester im Heiligtum den Sabbat schänden und schuldlos sind?** ⁶Ich sage euch aber: Größeres als das Heiligtum ist hier! ⁷Wenn ihr aber erkannt hättet, was das ist: Barmherzigkeit will ich und nicht Opfer***, hättet ihr die Unschuldigen nicht verurteilt.		
	²⁷Und er sagte ihnen: Der Sabbat ist um des Menschen willen geworden und nicht der Mensch um des Sabbats willen. ²⁸Daher ist Herr der Menschensohn auch über den Sabbat.	⁵Und er sagten ihnen:
⁸Denn Herr ist über den Sabbat der Menschensohn.		Herr ist über den Sabbat der Menschensohn.

*Vgl. 1 Sam 21,1-7.   **Vgl. Num 28,9-10.   ***Hos 6,6 (vgl. Mt 9,13).
+Andere Übersetzung: „unterwegs", „im Gehen" die Ähren abzureißen.
Im Codex D steht nach Lk 6,4 folgendes „versprengtes Herrenwort": Als er an demselben Tag einen Mann am Sabbat eine Arbeit verrichten sah, sagte er zu ihm: Mensch! Wenn du weißt, was du tust, bist du selig! Wenn du es aber nicht weißt, bist du verflucht und ein Übertreter des Gesetzes.

15. Jesus heilt am Sabbat eine erstarrte Hand

Mt 12,9-14	Mk 3,1-6	Lk 6,6-11
⁹Und als er von dort herübergekommen war, ging er in ihre Synagoge. ¹⁰Und siehe, ein Mensch, der eine Hand starr hatte.	¹Und hinein ging er wiederum in die Synagoge. Und dort war ein Mensch, der erstarrt hatte die Hand.	⁶Es geschah aber an einem anderen Sabbat, daß er hineinging in die Synagoge und lehrte. Und ein Mensch war dort, und dessen Hand, die rechte, war starr.
Und sie fragten ihn und sagten:	²Und sie belauerten ihn,	⁷Es belauerten ihn aber die Schriftgelehrten und die Pharisäer, ob er an dem Sabbat heile, damit sie (etwas) fänden, ihn zu verklagen. ⁸Er aber kannte ihre Gedanken, sprach aber zum Mann, der starr hatte die Hand: Steh auf und stelle dich in die Mitte! Und er stand auf und stellte sich hin.
Ob es erlaubt ist, an den Sabbaten zu heilen – damit sie ihn verklagen könnten.	ob er an den Sabbaten ihn heilen werde, damit sie ihn verklagen könnten. ³Und er sagt zum Menschen, der die Hand starr hatte: Steh auf, in die Mitte!	
¹¹Er aber sprach (zu) ihnen:		

Was wäre das unter euch für ein Mensch, der, hätte er ein einziges Schaf und, wenn dieses hineinfiele an den Sabbaten in eine Grube, es nicht ergriffe und aufstehen ließe? [12]Um wieviel unterscheidet sich nun ein Mensch von einem Schaf?[+]

Daher ist es erlaubt, an den Sabbaten wohlzutun.

[4]Und er sagt (zu) ihnen: Ist es erlaubt, an den Sabbaten Gutes zu tun oder Böses zu tun, ein Leben zu retten oder zu töten? Sie aber schwiegen. [5]Und sie rings im Kreis voll Zorn anblickend, tief betrübt ob der Verhärtung ihres Herzens, sagt er dem Menschen:

[9]Sprach aber Jesus zu ihnen: Ich frage euch, ob es erlaubt ist, am Sabbat Gutes zu tun oder Böses zu tun, ein Leben zu retten oder zu vernichten? [10]Und sie alle rings im Kreis anblickend,

[13]Da sagt er dem Menschen: Streck aus deine Hand! Und er streckte (sie) aus, und sie wurde wiederhergestellt, gesund wie die andere. [14]Hinaus gingen aber die Pharisäer (und)

faßten einen Beschluß wider ihn, wie sie ihn vernichten könnten.

Streck aus die Hand! Und er streckte (sie) aus, und wiederhergestellt wurde seine Hand. [6]Und hinaus gingen die Pharisäer, (und) gleich mit den Herodianern gaben sie einen Beschluß ab wider ihn, wie sie ihn vernichten könnten.

sprach er (zu) ihm: Streck aus deine Hand! Der aber tat es, und wiederhergestellt wurde seine Hand.

[11]Die aber wurden von Raserei erfüllt und beredeten sich untereinander, was sie wohl Jesus antun möchten.

[+]Lk 14,5: Und zu ihnen sprach er: Wer von euch, dem sein Sohn oder Ochse in einen Brunnen fällt, wird ihn nicht sogleich heraufziehen am Tag des Sabbats?
Nazaräerevangelium: Ich war Maurer und verdiente mit (meinen) Händen (meinen) Lebensunterhalt; ich bitte dich, Jesus, daß du mir die Gesundheit wiederherstellst, damit ich nicht schimpflich um Essen betteln muß (Hieronymus, Kommentar zu Mt 12,13).

16. Zweiter Sammelbericht

Mt 12,15-21 (4,25)	Mk 3,7-12	Lk 6,17-19 (4,41)

[15]Da aber Jesus (dies) wußte, zog er sich von dort zurück. Und es folgten ihm viele, (4,25: Und es folgtem ihm große Volksscharen aus Galiläa und der Dekapolis und Jerusalem und von jenseits des Jordan.)

[7]Und Jesus mit seinen Jüngern zog sich zurück an den See.

Und eine große Menge aus Galiläa folgte. Auch aus Judäa [8]und aus Jerusalem und aus Idumäa und von jenseits des Jordan und (aus der Gegend) um Tyrus und Sidon, eine große Menge, sie hörten, was alles er tut, und kamen zu ihm. [9]Und er sprach (zu) seinen Jüngern, daß ein Boot bereitliegen solle für ihn wegen der Volksschar, damit sie ihn nicht bedrängten.

[17]Und er stieg mit ihnen hinab und stellte sich auf einen ebenen Platz und (dazu) eine große Schar seiner Jünger und eine große Menge des Volkes aus ganz Judäa und Jerusalem

und aus dem Küstenstrich von Tyrus und Sidon, [18]die gekommen waren, ihn zu hören und geheilt zu werden von ihren Leiden;

[15]und er heilte sie alle.

[10]Denn viele heilte er, so daß

auch die belästigt wurden von unreinen Geistern, wurden gesich auf ihn stürzten, damit sie ihn berühren könnten, alle, die Plagen hatten.

[11]Und die Geister, die unreinen, sobald sie ihn erblickten, stürzten auf ihn los und schrien, sagten: Du bist der Sohn Gottes. [12]Und heftig drohte er ihnen, daß sie ihn nicht offenbar machten.

[16]Und er drohte ihnen, daß sie ihn nicht offenbar machten; [17]damit erfüllt werde, was gesprochen ward durch Jesaja den Propheten, der da sagt:
[18]„Siehe, mein Knecht, den ich erwählt habe,
Mein Geliebter, an dem Wohlgefallen gefunden hat meine Seele.
Legen will ich meinen Geist auf ihn,
Und Gericht den Völkern wird er ankündigen.
[19]Nicht streiten wird er noch kreischen,
Auch wird man nicht hören auf den Straßen seine Stimme.
[20]Geknicktes Rohr wird er nicht zerbrechen
Und glimmenden Docht nicht löschen,
Bis er hinausführt zum Siege das Gericht.
[21]Und auf seinen Namen werden die Heiden hoffen."*

*Jes 42,1-4.

heilt. [19]Und die ganze Volksschar suchte ihn zu berühren, weil Kraft von ihm ausging und alle heilte.
(4,41: Es fuhren aber auch Dämonen von vielen aus, die kreischten und
sagten: Du bist der Sohn Gottes. Und [ihnen] drohend, ließ er sie nicht reden, weil sie wußten, daß er der Messias sei.)

17. Jesus beruft die Zwölf

Mt 10,1-4 (5,1)	Mk 3,13-19	Lk 6,12-16
(5,1: Als er aber die Volksscharen sah, stieg er auf den Berg. Und nachdem er sich gesetzt hatte, kamen zu ihm herbei seine Jünger.)	[13]Und er steigt auf den Berg	[12]Es geschah aber in diesen Tagen, daß er hinausging auf den Berg, um zu beten, und er war die ganze Nacht über im Gebet zu Gott.
[1]Und nachdem er herbeigerufen hatte seine zwölf Jünger, gab er ihnen Macht über unreine Geister, sie auszutreiben, und zu heilen jedes Leiden und jedes Gebrechen.	und ruft herbei, die er selber wollte, und sie gingen weg zu ihm hin. [14]Und er schuf Zwölf, damit sie bei ihm seien und damit er sie aussende zu predigen [15]und Macht zu haben, auszutreiben die Dämonen.	[13]Und als es Tag wurde, beschied er zu sich seine Jünger und erwählte aus ihnen zwölf,

²Aber der zwölf Apostel Namen sind diese: Zuerst Simon, genannt Petrus, und Andreas, sein Bruder, und Jakobus, der (Sohn) des Zebedäus und Johannes, sein Bruder.

³Philippus
und Bartholomäus,
Thomas
und Matthäus, der Zöllner,
Jakobus, der (Sohn) des Alphäus
und *Taddäus,
⁴Simon, der Kananäer,
und Judas, der Iskariote, der ihn auch überlieferte.

¹⁶Und er schuf die Zwölf und legte dem Simon einen Namen bei: Petrus;
¹⁷und Jakobus, den (Sohn) des Zebedäus, und Johannes, den Bruder des Jakobus, und er legte ihnen einen Namen bei: Boanerges, das ist „Donnersöhne",
¹⁸und Andreas und Philippus
und Bartholomäus
und Matthäus
und Thomas
und Jakobus, den (Sohn) des Alphäus, und *Taddäus
und Simon, der Kananäer,
¹⁹und Judas Iskariot, der ihn auch überliefert hat.

die er auch Apostel nannte,
¹⁴Simon, den er auch nannte: Petrus, und Andreas, seinen Bruder, und Jakobus
und Johannes

und Philippus
und Bartholomäus
¹⁵und Matthäus
und Thomas
und Jakobus Alphäi
und Simon, der „Zelot" gerufen wurde, ¹⁶und Judas Jakobi
und Judas Iskariot, der zum Verräter wurde.

*Für „Taddäus" steht in machen alten Handschriften: „Lebbäus" oder „Lebbäus, mit Beinamen Taddäus".

Apg 1,13: Und als sie hineingegangen waren, stiegen sie in das Obergemach hinauf, wo sie sich (gewöhnlich) aufhielten; Petrus und Johannes und Jakobus und Andreas, Philippus und Thomas, Bartholomäus und Matthäus, Jakobus Alphäi und Simon der Zelot und Judas Jakobi.

Ebionäerevangelium: Es trat ein gewisser Mann auf, mit Namen Jesus, ungefähr dreißig Jahre alt, der erwählte uns. Und als er nach Kafarnaum kam, trat er in das Haus Simons, der den Beinamen Petrus hatte, öffnete seinen Mund und sprach: Als ich am See Tiberias entlangging, erwählte ich Johannes und Jakobus, die Söhne des Zebedäus, und Simon und Andreas und Taddäus und Simon, den Zeloten, und Judas, den Iskariot, und dich, Matthäus, der du am Zoll saßest, berief ich, und du folgtest mir. Von euch nun will ich, daß ihr zwölf Apostel seid, zum Zeugnis für Israel (Epiphanius, Haer. 30,13,2-3).

18. Jesus gilt als von Sinnen

Mk 3,20-21

²⁰Und er kommt ins Haus. Und zusammen kommt wiederum die Volksmenge, so daß sie nicht einmal Brot essen können. ²¹Und als (das) die Seinigen hörten, gingen sie aus, ihn zu ergreifen; sie sagten nämlich: Von Sinnen ist er!

19. Streitgespräch um den Sinn der Dämonenaustreibungen

Mt 12,22-32	Mk 3,22-30	Lk 11,14-23; 12,10
²²Da wurde zu ihm gebracht ein Besessener, blind und stumm. Und er heilte ihn, so daß der Stumme reden und sehen konnte. ²³Und es gerieten außer sich all die Volksscharen und sagten: Vielleicht ist dieser doch der Sohn Davids?		¹⁴Und er trieb einen Dämon aus, und dieser war stumm. Es geschah aber, nachdem der Dämon ausgefahren war, (da) redete der Stumme. Und es verwunderten sich die Volksscharen.
²⁴Als aber die Pharisäer (dies) hörten, sprachen sie: Dieser treibt die	²²Und die Schriftgelehrten, die von Jerusalem herabgezogen waren, sagten, daß er	¹⁵Einige aus ihnen aber sprachen:

37

Dämonen nicht aus, es sei denn durch den Beelzebul, (den) Fürsten der Dämonen.*

²⁵Da er aber ihre Gedanken kannte, sprach er (zu) ihnen:

Jede Königsherrschaft, die in sich selbst entzweit ist, wird verwüstet, und jede Stadt oder (jedes) Haus, das entzweit ist in sich selbst, wird nicht bestehen.

²⁶Und wenn der Satan den Satan austreibt, ist er mit sich selbst entzweit. Wie wird dann bestehen seine Königsherrschaft?

²⁷Und wenn *ich* durch Beelzebul austreibe die Dämonen, eure Söhne, durch wen treiben sie (die Dämonen) aus? Deshalb werden sie selber Richter über euch sein. ²⁸Wenn *ich* aber durch Gottes Geist austreibe die Dämonen, dann ist ja hingelangt zu euch die Königsherrschaft Gottes.
²⁹Oder wie kann jemand hineingehen in das Haus des Starken und dessen Habe rauben, wenn er nicht zuvor

gebunden hat den Starken? Und dann wird er dessen Haus ausrauben.

³⁰Wer nicht mit mir ist, ist wider mich, und wer nicht mit mir zusammenführt, der treibt auseinander.**

---

den Beelzebul habe und daß er durch den Fürsten der Dämonen austreibe die Dämonen.

vgl. Mk 8,11

²³Und als er sie herbeigerufen hatte, sagte er in Gleichnissen (zu) ihnen: Wie kann Satan Satan austreiben? ²⁴Und wenn eine Königsherrschaft mit sich selbst entzweit ist, kann nicht bestehen jene Königsherrschaft. ²⁵Und wenn ein Haus mit sich selbst entzweit ist, wird jenes Haus nicht bestehen können.
²⁶Und wenn der Satan aufsteht wider sich selbst und entzweit ist, kann er nicht bestehen, sondern ein Ende hat er.

²⁷Doch kann niemand in das Haus des Starken hineingehen und dessen Habe ausrauben, wenn er nicht zuvor

gebunden hat den Starken, und dann wird er dessen Haus ausrauben.

Durch Beelzebul, den Fürsten der Dämonen, treibt er aus die Dämonen. ¹⁶Andere aber wollten ihn versuchen und forderten ein Zeichen vom Himmel von ihm.

¹⁷Er aber, da er ihre Überlegungen kannte, sprach (zu) ihnen:

Jede Königsherrschaft, die mit sich selbst in Zwist ist, wird verwüstet, und Haus stürzt über Haus.

¹⁸Wenn aber auch der Satan mit sich selbst in Zwist ist, wie wird bestehen seine Königsherrschaft? Weil ihr sagt, durch Beelzebul treibe ich aus die Dämonen. ¹⁹Wenn aber *ich* durch Beelzebul austreibe die Dämonen, eure Söhne, durch wen treiben sie (die Dämonen) aus? Deshalb werden sie selber eure Richter sein. ²⁰Wenn ich aber durch den Finger Gottes austreibe die Dämonen, dann ist ja hingelangt zu euch die Königsherrschaft Gottes.

²¹Solange der Starke in voller Rüstung seinen Hof bewacht, in Frieden ist sein Besitz. ²²Sobald aber ein Stärkerer als er herbeikommt und ihn besiegt – seine Rüstung nimmt er (ihm) weg, auf die er vertraut hatte, und seine Beutestücke verteilt er. ²³Wer nicht mit mir ist, ist wider mich, und wer nicht mit mir zusammenführt, der treibt auseinander.**

---

*Mt 9,32-34: ³²Als sie aber hinausgegangen waren, siehe, sie brachten ihm herzu einen stummen Besessenen. ³³Und als ausgetrieben war der Dämon, redete der Stumme. Und es verwunderten sich die Volksscharen, indem sie sagten: Noch niemals ist so (etwas) vorgekommen in Israel! ³⁴Die Pharisäer aber sagten: Durch den Fürsten der Dämonen treibt er aus die Dämonen.
**Mk 9,40: Denn wer nicht wider uns ist, ist für uns.

³¹Deswegen sage ich euch, jede Sünde und Lästerung wird vergeben werden den Menschen,

aber die Lästerung wider den Geist wird nicht vergeben werden. ³²Und wer immer spricht ein Wort wider den Menschensohn, es wird ihm vergeben werden. Wer aber spricht wider den Geist, den heiligen, es wird ihm nicht vergeben werden weder in dieser Weltzeit noch in der zukünftigen.

²⁸Amen, sage ich euch, daß alles vergeben werden wird den Söhnen der Menschen, die Versündigungen und die Lästerungen, so viele sie immer lästern.

²⁹Wer aber lästert auf den Geist, den heiligen, der hat nicht Vergebung, zu keiner Zeit, sondern schuldig ist er immerwährender Versündigung. ³⁰Weil sie sagten: Einen unreinen Geist hat er.

¹²·¹⁰Und jeder, der sagen wird ein Wort auf den Menschensohn, es wird ihm vergeben werden; dem aber, der auf den heiligen Geist lästert, wird nicht vergeben werden.

Didache 11,7: Und jeden Propheten, der im Geist redet, stellt nicht auf die Probe und verurteilt (ihn) auch nicht. „Denn jede Sünde wird vergeben werden ", diese Sünde aber „wird nicht vergeben werden."

Thomasevangelium Spruch Nr. 44: Jesus sprach: Wer den Vater lästert, dem wird man vergeben, und wer den Sohn lästert, dem wird man vergeben. Wer aber den heiligen Geist lästert, dem wird man nicht vergeben, weder auf Erden noch im Himmel.

20. Die Mutter und die Brüder Jesu

Mt 12,46-50	Mk 3,31-35	Lk 8,19-21

⁴⁶Noch während er (zu) den Volksscharen redete, siehe, die Mutter und seine Brüder standen draußen und suchten mit ihm zu reden. ⁴⁷Es sprach aber einer
zu ihm: Siehe, deine Mutter und deine Brüder
stehen draußen, die suchen mit dir zu reden.⁺ ⁴⁸Er aber antwortete und sprach (zu) dem, der (es) ihm sagte: Wer ist meine Mutter, und wer sind meine Brüder? ⁴⁹Und seine Hand ausstreckend über seine Jünger, sprach er: Sieh da meine Mutter und meine Brüder! ⁵⁰Denn jeder, der da tut den Willen meines Vaters in den Himmeln, der allein ist mir Bruder und Schwester und Mutter.

³¹Und es kommen
seine
Mutter und seine Brüder, und, draußen stehend, sandten sie zu ihm, ihn rufend. ³²Und es saß um ihn herum eine Volksschar, und sie sagen ihm: Siehe, deine Mutter und deine Brüder und deine Schwestern (sind) draußen, sie suchen dich. ³³Und er antwortete ihnen und sagt:
Wer ist meine
Mutter und die
Brüder? ³⁴Und ringsum blickt er die um ihn im Kreise Sitzenden an und sagt: Hier (sind) meine Mutter und meine Brüder. ³⁵Wer da tut den Willen Gottes, der
ist mir Bruder und Schwester und Mutter.

¹⁹Es kamen aber zu ihm
die
Mutter und seine Brüder, und konnten nicht zu ihm gelangen wegen der Volksschar.

²⁰Es wurde ihm aber gemeldet: Deine Mutter und deine Brüder stehen draußen, sehen wollen sie dich. ²¹Er aber antwortete und sprach zu ihnen:

Meine Mutter und meine Brüder sind die, die das Wort Gottes hören und tun.

⁺Vers 47 fehlt in vielen alten Handschriften und ist wohl aus Mk 3,32 in den Text eingedrungen.

Ebionäerevangelium: Ferner leugnen sie (die Ebionäer), daß er ein Mensch sei, offenbar auf Grund des Wortes, das der Heiland sprach, als ihm gemeldet wurde: „Siehe, deine Mutter und deine Brüder stehen draußen", nämlich: Wer ist meine Mutter und meine Brüder? Und er streckte seine Hand aus über seine Jünger und sprach: Diese sind meine Brüder und Mutter und Schwestern, die den Willen meines Vaters tun (Epiphanius, Haer. 30,14.5).

21. Das Gleichnis vom Sämann

Mt 13,1-9	Mk 4,1-9	Lk 8,4-8
¹An jenem Tag ging Jesus heraus aus dem Haus und setzte sich an den See. ²Und es versammelten sich zu ihm hin große Volksscharen, so daß er in ein Boot einstieg und sich setzte und die ganze Volksschar am Ufer stand. ³Und er redete (zu) ihnen vieles in Gleichnissen, indem er sagte: Siehe, der Sämann ging aus, um zu säen. ⁴Und bei seinem Säen, fielen die einen auf den Weg, und die (herbei)kommenden Vögel fraßen sie auf. ⁵Andere aber fielen auf die felsigen Böden, wo sie nicht viel Erde hatten, und sogleich gingen sie auf, weil sie keine Tiefe (in) der Erde hatten. ⁶Nach Sonnenaufgang aber wurden sie welk und, weil sie keine Wurzel hatten, verdorrten sie. ⁷Andere aber fielen unter die Dornen, und es rankten empor die Dornen und erstickten sie.	¹Und wiederum begann er zu lehren am See. Und es versammelt sich zu ihm hin eine sehr große Volksschar, so daß er in ein Boot einstieg und sich setzte, auf dem See, und die ganze Volksschar auf den See zu am Lande war(en). ²Und er lehrte sie in Gleichnissen vieles und sagte ihnen in seiner Lehre: ³Höret! Siehe, der Sämann ging aus zu säen. ⁴Und es geschah beim Säen, fiel das eine auf den Weg, und es kamen die Vögel und fraßen es auf. ⁵Und anderes viel auf den felsigen Boden, wo es nicht viel Erde hatte, und gleich ging es auf, weil es keine Tiefe (in) der Erde hatte. ⁶Und als die Sonne aufging, wurde es welk und, weil es keine Wurzel hatte, verdorrte es. ⁷Und ein anderes fiel in die Dornen, und es rankten empor die Dornen und erstickten es ganz, und Frucht brachte es nicht.	⁴Als aber eine große Volksschar zusammenkam und sie aus jeder Stadt hinzogen zu ihm, vgl. 5,1-3 (Nr. 6) sprach er durch ein Gleichnis: ⁵Der Sämann, ging aus, um zu säen sein Saatgut. Und bei seinem Säen, fiel das eine auf den Weg und wurde zertreten, und die Vögel des Himmels fraßen es auf. ⁶Und weiteres fiel nieder auf den Fels, und (kaum) hervorgewachsen, verdorrte es, weil es keine Feuchtigkeit hatte. ⁷Und ein weiteres fiel mitten unter die Dornen, und die mit aufwachsenden Dornen erstickten es.
⁸Andere aber fielen auf die Erde, die gute, und brachten Frucht, das eine hundert, das andere sechzig, das andere dreißig.	⁸Und andere fielen in die Erde, die gute, und brachten Frucht, emporrankend und wachsend, und trugen dreißigfältig und sechzigfach und hundertfach.	⁸Und ein weiteres fiel in die Erde, die fruchtbare, und hervorgewachsen trug es Frucht, hundertfältige.
⁹Der da Ohren hat, höre!	⁹Und er sagte: Wer Ohren hat zu hören, höre!	Dieses sagte er und rief aus: Der da Ohren hat zu hören, höre!

Thomasevangelium Spruch Nr. 9: Jesus sprach: Siehe, der Sämann kam heraus. Er füllte seine Hand, er warf. Einige (Körner) fielen auf den Weg. Es kamen die Vögel, pickten sie auf. Andere fielen auf den Fels und sandten nicht Wurzeln hinab in die Erde und trieben nicht Ähren in die Höhe. Und andere fielen auf die Dornen. Sie erstickten den Samen, und der Wurm fraß sie. Und andere fielen auf das gute Land, und es brachte gute Frucht hervor. Es brachte sechzig(fach) und hundertzwanzig(fach).

22. Der Zweck der Gleichnisreden

Mt 13,10-17	Mk 4,10-12	Lk 8,9-10; 10,23-24
¹⁰Und herbei kamen die Jünger und sprachen (zu) ihm:	¹⁰Und als er allein war, fragten ihn die um ihn mit den Zwölf	⁹Es fragten ihn aber seine Jünger,

Warum redest du in Gleichnissen (zu) ihnen? [11]Er aber antwortete und sprach: Weil euch gegeben ist, zu erkennen die Geheimnisse der Königsherrschaft der Himmel, jenen aber ist es nicht gegeben.

[12]Denn jeder, der hat, (dazu-) gegeben werden wird ihm, und er wird Überfluß haben; jeder aber, der nicht hat, auch was er hat, wird genommen werden von ihm.
[13]Deswegen rede ich (zu) ihnen in Gleichnissen,
weil sie sehend nicht sehen

und hörend nicht hören
und nicht verstehen.

[14]Und es erfüllt sich an ihnen die Prophetie des Jesaja, die da sagt: „Hören, ja hören werdet ihr, und doch nicht verstehen, und sehend sehen werdet ihr, und doch nicht wahrnehmen.
[15]Denn abgestumpft war das Herz dieses Volkes,
und mit den Ohren hörten sie schwer, und ihre Augen hielten sie geschlossen, daß sie nicht etwa wahrnähmen mit den Augen und mit den Ohren hörten und mit dem Herzen verständen und umkehrten, und ich sie heile."*

[16]Von euch aber (sind) selig die Augen, weil sie sehen,
und eure Ohren, weil sie hören!
[17]Denn: Amen, sage ich euch, daß viele Propheten und Gerechte sich sehnten wahrzunehmen, was ihr seht, und es nicht wahrnahmen, und zu hören, was ihr hört, und es nicht hörten.

*Jes 6,9-10.

(waren) nach den Gleichnissen.
[11]Und er
sagte ihnen: Euch ist das Geheimnis gegeben
der Königsherrschaft Gottes;
jenen aber, den Draußen(stehenden), geschieht alles in Gleichnissen,

vgl. 4,25

[12]damit sie „sehend sehen
und doch nicht wahrnehmen
und hörend hören
und doch nicht verstehen,
daß sie nicht etwa umkehren
und ihnen vergeben werde".*

---

was dieses Gleichnis bedeute.
[10]Er aber
sprach: Euch ist gegeben zu erkennen die Geheimnisse der Königsherrschaft Gottes, den übrigen aber

in Gleichnissen,

vgl. 8,18

damit sie sehend
doch nicht sehen
und hörend
doch nicht verstehen.

10,23-24
[23]und sich wendend zu den Jüngern im besonderen, sprach er:
Selig die Augen, die da sehen, was ihr seht!
[24]Denn: Ich sage euch, daß viele Propheten und Könige wünschten wahrzunehmen, was *ihr* seht, und es nicht wahrnahmen, und zu hören, was ihr hört, und es nicht hörten.

Joh. 9,39: ... zum Gericht bin ich in diese Welt gekommen, damit die Nichtsehenden sehen und die Sehenden Blinde werden.

Joh 12,39-40: [39]Deswegen konnten sie nicht glauben, weil wiederum gesprochen hat Jesaja: [40]Geblendet hat er ihre Augen, und er verstockte ihr Herz, damit sie nicht sehen mit den Augen und Einsicht haben im Herzen und sich wenden, und ich sie heile.

23. Deutung des Sämannsgleichnisses

Mt 13,18-23	Mk 4,13-20	Lk 8,11-15
[18]Ihr nun hört das Gleichnis vom Sämann.	[13]Und er sagt (zu) ihnen: Nicht (einmal) dieses Gleichnis wißt ihr (zu deuten), und wie werdet ihr alle Gleichnisse erkennen? [14]Der Sämann sät das Wort.	[11]Es bedeutet aber dieses das Gleichnis:
[19]Bei jedem, der das Wort von der Königsherrschaft hört und doch nicht versteht, kommt der Böse und raubt, was gesät wurde in sein Herz. Dies ist der am Weg Gesäte.	[15]Dies aber sind die am Wege: wo gesät wird das Wort, und sobald sie es gehört haben, gleich kommt der Satan und nimmt weg das Wort, das gesät wurde in sie.	Das Saatgut ist das Wort Gottes. [12]Die aber am Wege sind (solche), die gehört haben; danach kommt der Teufel und nimmt weg das Wort aus ihrem Herzen, damit sie nicht glauben und gerettet werden.
[20]Der aber auf die felsigen Böden Gesäte, dieser ist der das Wort Hörende und gleich mit Freuden es Aufnehmende; [21]er hat aber keine Wurzel in sich selbst, sondern ein Augenblicksmensch ist er, wenn aber Drangsal oder Verfolgung um des Wortes willen geschieht, gleich fällt er ab.	[16]Und dies sind gleicherweise die auf die felsigen Böden Gesäten, die, sobald sie hören das Wort, gleich mit Freuden nehmen sie es auf [17]und haben keine Wurzel in sich selbst, sondern Augenblicksmenschen sind sie, danach, wenn Drangsal oder Verfolgung um des Wortes willen geschieht, gleich fallen sie ab.	[13]Die aber auf den Felsen (sind solche), die, sobald sie hören, mit Freuden heißen willkommen das Wort; und diese haben keine Wurzel, die für den Augenblick glauben und im Augenblick der Versuchung werden sie abtrünnig.
[22]Der aber unter die Dornen Gesäte, dieser ist, der das Wort hört, und die Sorge der Weltzeit und der Trug des Reichtums	[18]Und andere sind die unter die Dornen Gesäten: dies sind, die das Wort gehört haben, [19]und die Sorgen der Weltzeit und der Trug des Reichtums und die nach dem Übrigen (trachtenden) Begierden ziehen ein und	[14]Das aber unter die Dornen gefallene: dies sind, die gehört haben, und von Sorgen und Reichtum und Annehmlichkeiten des Lebens — (hinter diesen) dreinziehend —
erstickt das Wort, und fruchtlos wird es. [23]Der aber auf die gute Erde Gesäte: dieser ist, der das Wort hört und versteht, welcher denn auch Frucht bringt, und trägt der eine hundert, der andere sechzig, der andere dreißig.	ersticken das Wort, und fruchtlos wird es. [20]Und jene sind die auf die Erde, die gute, Gesäten: solche, die hören das Wort und (es) als richtig annehmen und Frucht bringen, dreißigfach und sechzigfach und hundertfach.	erstickt werden und keine reife Frucht bringen. [15]Das aber in die gute Erde, dies sind solche, die in einem guten und lauteren Herzen, nachdem sie gehört haben, das Wort festhalten und Frucht bringen in Geduld.

24. Vier Sprüche zum Sinn der Gleichnisse

Mt 5,15; 10,26; 7,2; 13,12;	Mk 4,21-25	Lk 8,16-18
[5,15]Auch brennen sie nicht eine Leuchte an und stellen sie unter den Scheffel, sondern auf den Leuchter, und sie leuchtet allen, die im Hause (sind).	[21]Und er sagte (zu) ihnen: Kommt etwa die Leuchte, damit sie unter den Scheffel gestellt werde oder unter das Bett? Nicht, damit sie auf den Leuchter gestellt werde?	[16]Niemand aber, der eine Leuchte angezündet hat, verdeckt sie mit einem Gefäß oder stellt sie unter ein Bett, sondern auf einen Leuchter stellt er sie, damit die Eintretenden sehen das Licht.
[10,26]Nun, fürchtet sie nicht! Denn nichts ist verhüllt, was nicht enthüllt werden wird, und (nichts) geheim, was nicht bekannt werden wird.	[22]Denn nicht ist etwas geheim, es sei denn, damit es offenbar werde; und es ward nichts geheimgehalten, als damit es in die Öffentlichkeit komme. [23]Wenn jemand Ohren hat zu hören, (so) höre er!	[17]Denn nicht ist geheim, was nicht offenbar werden wird; und nicht geheimgehalten, was nicht bekannt wird und in die Öffentlichkeit kommt.
[7,2]Denn mit welchem Gericht ihr richtet, werdet ihr gerichtet werden, und mit welchem Maß ihr mißt, wird euch gemessen werden.	[24]Und er sagte ihnen: Seht zu, was ihr hört! Mit welchem Maß ihr mißt, wird euch gemessen werden, und es wird euch hinzugelegt werden.	[18]Seht nun zu, wie ihr hört!
[13,12]Denn jeder, der hat, dem wird (dazu)gegeben werden, und er wird Überfluß haben; jeder aber, der nicht hat, auch was er hat, wird ihm genommen werden.	[25]Denn wer hat, dem wird (dazu) gegeben werden; und wer nicht hat, auch was er hat, wird ihm genommen werden.	Denn wer da hat, dem wird (dazu) gegeben werden; und wer da nichts hat, auch was er meint zu haben, wird ihm genommen werden.

Lk 11,33: Niemand, der eine Leuchte angezündet hat, stellt sie in einen versteckten Winkel und auch nicht unter den Scheffel, sondern auf den Leuchter, damit die Eintretenden den Schein sehen.

Lk 12,2: Nichts aber ist ganz verhüllt, was nicht enthüllt werden wird, und geheim, was nicht bekannt werden wird.

Lk 6,38: Gebt, und gegeben werden wird euch: ein gutes Maß, festgedrückt, gerüttelt, überfließend, werden sie geben in euren Schoß; denn mit welchem Maß ihr mißt, wird euch wieder gemessen werden.

Lk 19,26: Ich sage euch, (daß) jedem, der hat, wird gegeben werden, von dem aber, der nichts hat, wird auch, was er hat, genommen werden (vgl. Mt 25,29).

25. Das Gleichnis von der selbstwachsenden Saat

Mk 4,26-29

[26]Und er sagte: So ist die Königsherrschaft Gottes: Wie wenn ein Mensch das Saatgut auf die Erde wirft [27]und schläft und aufwacht, Nacht und Tag, und das Saatgut sproßt und wächst hoch, wie – er weiß es selber nicht. [28]Von selbst bringt die Erde Frucht, zuerst Halm, dann Ähre, dann vollreifer Weizen in der Ähre. [29]Sobald es aber zuläßt die Frucht, gleich, „sendet er die Sichel aus, weil sich eingestellt hat die Ernte (zeit)".*

*Joel 3,13.

1 Clem 23,4-5a: O Unverständige, vergleicht euch mit einem Baum! Nehmt einen Weinstock: zuerst verliert er das Laub, dann entsteht ein Sproß, dann ein Blatt, dann eine Blüte und hierauf ein Herling, dann eine reife Traube. Seht, wie in kurzer Zeit die Frucht des Baumes zur Reife kommt! Wahrhaftig, schnell und plötzlich wird sein Wille in Erfüllung gehen ...

26. Das Gleichnis vom Senfkorn

Mt 13,31-32	Mk 4,30-32	Lk 13,18-19
[31]Ein anderes Gleichnis legte er ihnen vor, indem er sagte: Gleich ist die Königsherrschaft der Himmel	[30]Und er sagte: Wie sollen wir vegleichen die Königsherrschaft Gottes oder in welchem Gleichnis sie hinstellen? [31](Sie gleicht)	[18]Er sagte nun: Wem ist gleich die Königsherrschaft Gottes, und wem soll ich sie vergleichen? [19]Gleich ist sie einem
einem Senfkorn, das ein Mensch nahm und aussäte in seinen Acker. [32]Das kleiner zwar ist als alle Samen, wenn es aber gewachsen ist, ist es größer als die Gartengewächse und wird ein Baum, so daß	einem Senfkorn, das, wenn es ausgesät wird auf die Erde, kleiner ist als alle Samen auf der Erde, [32]und wenn es ausgesät wird, aufsteigt und größer wird als alle Gartengewächse und treibt große Zweige, so daß	Senfkorn, das ein Mensch nahm und (es) warf in seinen Garten. Und es wuchs und wurde zum Baum und
die Vögel des Himmels kommen und nisten in seinen Zweigen.*	unter seinem Schatten die Vögel des Himmels nisten können.*	die Vögel des Himmels nisteten in seinen Zweigen.*

*Dan 4,9.18; vgl. Ez 17,23; 31,6.

Thomasevangelium Spruch Nr. 20: Die Jünger sprachen zu Jesus: Sage uns, wem das Reich der Himmel gleicht. Er sprach zu ihnen: Es gleicht einem Senfkorn, das kleiner ist als alle Samen. Wenn es aber fällt auf das Land, das man bebaut, sendet es heraus einen großen Sproß (und) wird zum Schutz für die Vögel des Himmels.

27. Schlußwort zur Gleichnisrede

Mt 13,34-35	Mk 4,33-34
[34]Dies alles redete Jesus in Gleichnissen (zu) den Volksscharen, und ohne Gleichnis redete er nichts (zu) ihnen?	[33]Und in vielen solchen Gleichnissen redete er ihnen das Wort, wie sie es hören konnten. [34]Ohne Gleichnis aber redete er (zu) ihnen nicht, für sich allein aber (mit) seinen eigenen Jüngern löste er alles auf.
[35]auf daß erfüllt werde, was gesprochen wurde durch den Propheten, der da sagt: „Auftun will ich in Gleichnissen meinen Mund, aussprechen will ich, was verborgen ist, von Anbeginn."*	

*Ps 78,2

28. Jesus stillt den Sturm

Mt 8,18.23-27	Mk 4,35-41	Lk 8,22-25
[18]Als aber Jesus eine Volksschar um sich sah, befahl er, wegzufahren ans jenseitige Ufer.	[35]Und er sagte ihnen an jenem Tage, als es Abend geworden war: Fahren wir hinüber ans jenseitige Ufer! [36]Und sie lassen	

vgl. Nr. 141
²³Und ihm, der ins Boot stieg, ihm folgten seine Jünger.

²⁴Und siehe, ein gewaltiges Beben geschah im Meer, so daß das Boot bedeckt wurde von den Wellen.
              Er selbst aber schlief. ²⁵Und sie traten hinzu und weckten ihn, indem sie sagten: Herr, rette (uns),
      wir gehen zugrunde! ²⁶Und er sagt ihnen: Was seid ihr verzagt, (ihr) Kleingläubigen! Dann, auferweckt, drohte er den Winden und dem Meer, und

             es geschah gewaltige Stille.

²⁷Die Menschen aber wunderten sich, indem sie sagten: Was für einer ist dieser, daß sogar die Winde und das Meer ihm gehorchen?

---

die Volksschar stehen und nehmen ihn, wie er war, im Boot mit, und andere Boote waren mit ihm.

³⁷Und es geschieht ein gewaltiger Sturmwind, und
die Wellen warfen sich auf das Boot, so daß schon vollschlug das Boot. ³⁸Und er selbst war im Heck auf dem Kopfkissen schlafend.
Und sie wecken ihn und sagen ihm: Lehrer, liegt dir nichts daran, daß wir zugrunde gehen?

³⁹Und (ganz) auferweckt, drohte er dem Wind und sprach zum Meer: Schweig! Verstumme! Und es legte sich der Wind, und es geschah gewaltige Stille. ⁴⁰Und er sprach (zu) ihnen: Was seid ihr so verzagt? Wie? Habt ihr keinen Glauben? ⁴¹Und sie überkam Furcht, gewaltige Furcht, und sagten zueinander: Wer ist denn dieser, daß sogar der Wind und das Meer gehorchen ihm?

---

²²Es geschah aber an einem der Tage, und er selbst stieg ins Boot und seine Jünger, und er sprach zu ihnen: Fahren wir hinüber ans jenseitige Ufer des Sees! Und sie liefen aus. ²³Während sie aber (im Boot) dahinfuhren, schlief er ein. Und es fiel ein Sturmwind ein auf den See,
und sie liefen voll und gerieten in Gefahr.

²⁴Sie traten aber hinzu und weckten ihn auf, indem sie sagten: Meister, Meister,
      wir gehen zugrunde!

Der aber (ganz) auferweckt, drohte dem Wind und dem Gewoge des Wassers: und sie beruhigten sich.
           Und es geschah Stille. ²⁵Er sprach aber (zu) ihnen:
Wo (ist) euer Glaube? Sie aber überkam Furcht, und sie wunderten sich, indem sie zueinander sagten: Wer ist denn dieser, daß sogar den Winden er gebietet und dem Wasser, und sie gehorchen ihm?

---

29. Jesus heilt den Besessenen von Gerasa

Mt 8,28-34	Mk 5,1-20	Lk 8,26-39

²⁸Und als er gekommen war ans jenseitige Ufer, ins Land der Gerasener,

traten ihm
entgegen zwei Besessene, aus den Gräbern hervorkommend,

---

¹Und sie kamen ans jenseitige Ufer des Meeres, ins Land der Gerasener.

²Und (kaum) war er ausgestiegen aus dem Boot, gleich trat ihm entgegen aus den Gräbern ein Mensch in einem unreinen Geist,

³der die Behausung hatte in den Gräbern, und auch mit Ket-

---

²⁶Und sie fuhren
           ins Land der Gerasener, das da gegenüber von Galiläa ist.
²⁷Ihm aber, der (kaum) ausgestiegen war ans Land, trat entgegen   irgendein Mann aus der Stadt, der hatte Dämonen, und seit geraumer Zeit zog er kein Gewand an, und im Haus blieb er nicht, sondern in den Gräbern.

ganz gefährliche,

so daß
keiner vermochte vorbeizugehen
auf jenem Weg.

[29]Und
      siehe,
           sie schrien,
indem sie sagten:
Was (ist zwischen) uns und dir,
Sohn Gottes?
Kamst du hierher, vor der Zeit
uns zu quälen?

[30]Es war aber fern von ihnen
eine Herde von vielen Schweinen, die weidete. [31]Die Dämonen
aber ersuchten ihn und sagten:
Wenn du uns austreibst, sende
uns aus in die Herde der
Schweine. [32]Und er sprach (zu)
ihnen: Hinweg mit euch! Die
aber fuhren aus und fuhren in
die Schweine. Und siehe, (da)
stürzte sich die ganze Herde
den Abhang hinunter in das
Meer, und sie kamen um in den
Wassern.

---

ten konnte ihn niemand mehr
binden, [4]weil er (schon) oft mit
Fußfesseln und Ketten gebunden worden war, und zerrissen
wurden von ihm die Ketten, und
die Fußfesseln waren zerrieben
worden, und niemand ver-
mochte ihn zu bändigen. [5]Und
immerdar, nachts und tags, war
er in den Gräbern und in den
Bergen, schreiend und sich
schlagend mit Steinen.
[6]Und (kaum) hatte er Jesus von
weitem gesehen, lief er und warf
sich vor ihm nieder, [7]und schreiend mit gewaltiger Stimme sagt
er: Was (ist zwischen) mir und
dir, Jesus, Sohn Gottes, des
Höchsten? Ich beschwöre dich
bei Gott, quäle mich nicht!
[8]Denn gesagt hatte er ihm:
Fahre aus, du Geist, du unrei-
ner, aus dem Menschen!

vgl. V. 4-5

[9]Und er fragte ihn:
Was (ist) dein Name? Und er
sagt ihm: Legion (ist) mein
Name, denn viele sind wir.
  [10]Und er ersuchte ihn dringend,
daß er sie nicht
aussende außerhalb des Landes.

[11]Es war aber dort am Berg eine
gewaltige Herde Schweine, die
weidete.   [12]Und
sie ersuchten ihn und sagten :
Schicke uns in die Schweine,
damit wir in sie hineinfahren.
[13]Und er gestattete es ihnen. Und
aus fuhren die Geister, die unreinen, und fuhren hinein in die
Schweine, und (da) stürzte sich
die Herde
den Abhang hinunter in das
Meer, etwa zweitausend, und
sie ertranken im Meer.

---

vgl. V 29b

[28]Aber (kaum) hatte er Jesus
gesehen, schrie er auf, fiel vor
ihm nieder, und
mit gewaltiger Stimme sprach er:
Was (ist zwischen) mir und dir,
Jesus, Sohn Gottes, des Höchsten? Ich bitte dich, quäle mich
nicht! [29]Denn eingeschärft hatte
er dem Geist, dem unreinen,
auszufahren von dem
Menschen. Denn seit langer Zeit
hatte er ihn gepackt, und er
wurde gefesselt mit Ketten und
Fußfesseln, zur Bewachung, und
er sprengte die Fesseln und wurde
getrieben vom Dämon in die
Wüsteneien. [30]Es fragte ihn aber
Jesus: Was ist dein Name? Der
aber sprach: Legion. Denn hinein-
gefahren waren viele Dämonen in
ihn. [31]Und sie ersuchten ihn,
daß er ihnen nicht gebiete,
in den Abyssus zu fahren.

[32]Es war aber dort eine
Herde von zahlreichen Schweinen, die weidete auf dem Berg.
Und sie ersuchten ihn, daß
er ihnen gestatte,
in jene hineinzufahren. Und
er gestattete es ihnen. [33]Es fuhren aber aus die Dämonen von
dem Menschen und fuhren hinein in die Schweine, und (da)
stürzte sich die Herde
den Abhang hinunter in den
See und ertrank.

46

³³Die Hirten aber flohen und gingen in die Stadt und verkündeten alles, auch das mit den Besessenen. ³⁴Und siehe, die ganze Stadt kam hinaus zur Begegnung mit Jesus, und als sie ihn sahen,

ersuchten sie ihn,
daß er sich hinwegbegebe von ihrem Gebiet.

¹⁴Und ihre Hirten flohen und verkündigten (es) in der Stadt und in den Gehöften; und sie kamen zu sehen, was das Geschehene bedeute. ¹⁵Und sie kommen zu Jesus und schauen den Besessenen sitzen,
bekleidet und bei Sinnen, den, der die Legion gehabt hatte, und sie fürchteten sich. ¹⁶Und es erzählten ihnen, die es gesehen hatten, wie dem Besessenen geschehen war, und von den Schweinen. ¹⁷Und sie begannen, ihn zu ersuchen,
wegzugehen von ihrem Gebiet.

¹⁸Und als er ins Boot stieg, ersuchte ihn der vormals Besessene,

daß er bei ihm sein (dürfe). ¹⁹Und er ließ ihn nicht, sondern sagt ihm: Geh zurück in dein Haus zu den Deinen und verkündige ihnen, was alles der Herr dir getan und (wie er) sich deiner erbarmte. ²⁰Und er ging hin und begann zu predigen in der Dekapolis, was alles Jesus ihm getan hatte, und alle wunderten sich.

³⁴Als aber die Hirten das Geschehene sahen, flohen sie und verkündigten (es) in der Stadt und in den Gehöften. ³⁵Sie aber kamen hinaus, zu sehen das Geschehene, und kamen zu Jesus und fanden sitzen den Menschen, von dem die Dämonen ausgefahren waren, bekleidet und bei Sinnen, zu den Füßen Jesu, und sie fürchteten sich. ³⁶Es verkündigten aber ihnen, die es gesehen hatten, wie der vormals Besessene gerettet wurde. ³⁷Und es flehte ihn an die ganze Menge (aus) der Landschaft der Gerasener, wegzugehen von ihnen; denn von gewaltiger Furcht waren sie befallen.
Er aber stieg in ein Boot und kehrte zurück. ³⁸Es bat ihn aber der Mann, von dem ausgefahren waren die Dämonen, mit ihm sein (zu dürfen). Aber er schickte ihn fort und sagte: ³⁹Kehre zurück in dein Haus und erzähle, was alles Gott dir tat.

Und er ging hin, in der gesamten Stadt predigend, was alles Jesus ihm getan hatte.

30. Jesus heilt die blutflüssige Frau und erweckt ein Mädchen vom Tod

Mt 9,18-26	Mk 5,21-43	Lk 8,40-56

¹⁸Während er dies (zu) ihnen redete, siehe, ein Vorsteher kam herbei,

²¹Und kaum hatte Jesus übergesetzt im Boot, wieder an das jenseitige Ufer, versammelte sich eine große Volksschar um ihn, und er war am Meer. ²²Und es kommt einer der Synagogenvorsteher, mit Namen Jairus, und kaum hat er ihn gesehen,

⁴⁰Als aber Jesus zurückkehrte,
hieß ihn die Volksschar willkommen; denn sie waren alle Wartende, auf ihn. ⁴¹Und siehe, es kam ein Mann, sein Name Jairus, und dieser war Vorsteher der Synagoge. Und

warf sich vor ihm nieder und
sagte:
Meine Tocher

ist eben gestorben. Aber
komm, lege deine Hand auf sie,

und sie wird leben. [19]Und Jesus
stand auf und folgte ihm, und
seine Jünger.
[20]Und siehe, ein Weib, das
blutflüssig war zwölf
Jahre,

war herbeigekommen,
und von hinten berührte es die
Quaste seines Gewandes; [21]es
sagte nämlich bei sich: Wenn
ich nur berühre sein Gewand,
werde ich gerettet werden.

fällt er ihm zu Füßen [23]und
ersucht ihn dringend und sagt:
Mein Töchterchen,

zu Ende geht es mit ihm, daß
du kommst und ihm die Hände
auflegst, daß es gerettet werde
und lebe. [24]Und er ging mit ihm
hin. Und es folgte eine große
Volksschar, und sie umdräng-
ten ihn. [25]Und ein Weib – das
war am Blutfluß (krank) zwölf
Jahre [26]und hatte viel gelitten
von vielen Ärzten und hatte aus-
gegeben sein ganzes Vermögen,
und nichts hatte es ihm genützt,
sondern eher zum Schlimmeren
war es gekommen mit ihm – [27]das
hatte gehört (das) von Jesus,
war gekommen in der Volksschar, und von hinten berührte
es sein Gewand; [28]es sagte (sich)
nämlich, daß, wenn ich berühre
auch nur seine Gewänder, werde
ich gerettet werden. [29]Und gleich
ward gestillt der Quell seines
Blutes, und es spürte am Leib,
daß es geheilt war von der Plage.
[30]Und gleich verspürte Jesus an
sich selbst die Kraft, die aus
ihm herausgegangen war, wandte
sich um in der Volksschar und
sagte: Wer hat mich berührt an
den Gewändern?
[31]Und es sagten ihm seine Jünger: Du siehst die Volksschar,
wie sie dich umdrängt, und du
sagst: Wer hat mich berührt?
[32]Und er blickte rings umher, die
zu sehen, die dies getan hatte.
[33]Das
Weib aber, sich fürchtend und
zitternd, wissend, was ihm geschehen war, kam und fiel vor
ihm nieder und sprach (zu) ihm
die ganze Wahrheit.

Jesus zu Füßen fallend, ersuchte
er ihn, in sein Haus zu kommen.
[42]Denn eine einzige Tochter war
ihm (zu eigen), etwa zwölf Jahre
alt, und diese war daran zu sterben.

Während er sich aber hinbegab,

erdrückten ihn (fast) die Volksscharen. [43]Und ein Weib, das
war am Blutfluß (krank) seit
zwölf Jahren,
das da [für Ärzte aufgewendet
hatte den gesamten Lebensunterhalt und] nicht vermocht hatte,
von jemand geheilt zu werden,

[44]war herbeigekommen,
und von hinten berührte es die
Quaste seines Gewandes,

und sofort
stand der Fluß seines Blutes.

vgl. V. 46

[45]Und es sprach Jesus: Wer (war
das), der mich berührt hat? Als
aber alle leugneten, sprach Petrus: Meister, die Volksscharen
umgeben und bedrängen dich.
[46]Aber Jesus sprach: Berührt hat
mich jemand; denn ich, ich habe
(doch) gespürt, daß eine Kraft
ausgegangen ist von mir. [47]Als
aber das Weib sah,
daß es nicht verborgen geblieben war, zitternd kam es
(da) und vor ihm niederfallend,
aus welchem Grunde es ihn berührt habe, verkündete es vor
dem ganzen Volk und wie es
sofort wiederhergestellt worden
sei.

²²Jesus aber, sich umwendend und sie sehend, sprach: Mut, Tochter! Dein Glaube hat dich gerettet. Und gerettet war das Weib von jener Stunde an.

²³Und es kam Jesus in das Haus des Vorstehers, und wie er die Flötenspieler und die Volksschar lärmen sah,

²⁴sagte er: Entfernt euch!

Denn nicht gestorben ist das Mädchen, sondern schläft. Und sie verlachten ihn.

²⁵Als aber hinausgetrieben war die Volksschar,

ging er hinein, ergriff ihre Hand,

und auferweckt ward das Mädchen.

²⁶Und das Gerücht hiervon ging aus in jenes gesamte Land.

---

³⁴Er aber sprach (zu) ihr: Tochter, dein Glaube hat dich gerettet! Geh hin in Frieden, und sei gesund von deiner Plage. ³⁵Noch während er redet, kommen sie vom Synagogenvorsteher und sagen: Deine Tochter ist gestorben. Was behelligst du noch den Rabbi? ³⁶Jesus aber, der mitgehört hatte das Wort, das geredet wurde, sagte dem Synagogenvorsteher: Fürchte dich nicht, glaube nur!

³⁷Und er ließ keinen bei sich mit nachfolgen als nur den Petrus und Jakobus und Johannes, den Bruder des Jakobus. ³⁸Und sie kommen in das Haus des Synagogenvorstehers, und er vernimmt Lärm und wie sie weinen und klagen gar sehr. ³⁹Und beim Hineingehen sagt er ihnen: Was lärmt und weint ihr? Das Kind ist nicht gestorben, sondern schläft. ⁴⁰Und sie verlachten ihn.

Er aber treibt alle hinaus, nimmt mit sich den Vater des Kindes und die Mutter und die (welche) bei ihm (waren) und begibt sich hinein, wo das Kind war. ⁴¹Und er ergreift die Hand des Kindes und sagt ihr: Talita kum, das ist verdolmetscht: Mädchen, dir sage ich, steh auf! ⁴²Und gleich stand auf das Mädchen und ging umher; es war nämlich zwölf Jahre alt. Und sie entsetzten sich gleich in gewaltigem Entsetzen. ⁴³Und er schärfte ihnen ein gar sehr, daß niemand dies erfahre, und sprach, es solle ihr zu essen gegeben werden.

---

⁴⁸Er aber sprach (zu) ihr: Tochter, dein Glaube hat dich gerettet! Zieh hin in Frieden.

⁴⁹Noch während er redet, kommt jemand von seiten des Synagogenvorstehers und sagt: Tot ist deine Tochter! Behellige nicht mehr den Rabbi. ⁵⁰Jesus aber, der (das) gehört hatte,

antwortete ihm: Fürchte dich nicht! Glaube nur, und sie wird gerettet werden. ⁵¹Als er aber in das Haus kam, ließ er niemand hineingehen mit sich als nur Petrus und Johannes und Jakobus und den Vater des Mädchens und die Mutter.

⁵²Es weinten aber alle und betrauerten sie. Er aber sprach: Weinet nicht! Sie ist nicht gestorben, sondern schläft. ⁵³Und sie verlachten ihn, weil sie wußten, daß sie gestorben war. ⁵⁴Er aber

ergriff ihre Hand und rief, indem er sagte: Kind, steh auf! ⁵⁵Und wiederkehrte ihr Geist, und auf stand sie sofort, und er ordnete an, es solle ihr zu essen gegeben werden. ⁵⁶Und es entsetzten sich ihre Eltern. Er aber gebot ihnen, (zu) niemand zu sprechen vom Geschehenen.

31. Jesus predigt in Nazaret

Mt 13,53-58	Mk 6,1-6a	Lk 4,16-30

⁵³Und es geschah, da beendet hatte Jesus diese Gleichnisse, begab er sich fort von dort. ⁵⁴Und gekommen in seine Vaterstadt,

¹Und er ging weg von dort und kommt in seine Vaterstadt, und es folgen ihm seine Jünger. ²Und als Sabbat war, begann er zu lehren in der Synagoge,

¹⁶Und er ging nach Nazaret, wo er aufgewachsen war, und ging hinein nach seiner Gewohnheit am Tag des Sabbats

lehrte er sie in der Synagoge,

in die Synagoge und stand auf, vorzulesen. ¹⁷Und übergeben wurde ihm ein Buch des Propheten Jesaja, und da er öffnete das Buch, fand er die Stelle, wo geschrieben war: ¹⁸„Geist des Herrn auf mir, dieweil er salbte mich; Frohbotschaft zu künden (den) Armen, gesandt hat er mich, zu predigen Gefangenen Freilassung und Blinden ein Wiedersehn, wegzuschicken Gefolterte in Freilassung, ¹⁹zu predigen ein willkommenes Jahr des Herrn."* ²⁰Und er rollte zusammen das Buch, gab es zurück dem Diener, setzte sich. Und aller Augen in der Synagoge waren gerichtet auf ihn. ²¹Er begann aber zu ihnen zu sagen, daß heute sich erfüllt hat die Schrift, diese da, vor euren Ohren. ²²Und alle stellten ihm ein (gutes) Zeugnis aus und wunderten sich über die Worte der Gnade, die hervorgingen aus seinem Mund, und sagten:

so daß sie außer sich gerieten

und die Vielen, die zuhörten, gerieten außer sich,

und sagten:
Woher (kommt) diesem diese Weisheit
und die
Machttaten?
⁵⁵Ist dieser nicht des Zimmermanns Sohn? Seine Mutter, heißt sie nicht Maria und seine Brüder Jakobus und Josef und Simon und Judas? Und seine Schwestern, sind sie nicht alle bei uns? Woher nun (kommt) diesem das alles?
⁵⁷Und sie stießen sich an ihm.

indem sie sagten:
Woher (kommt) diesem das? und: Welche Weisheit, die diesem gegeben ist! und: Derartige Machttaten, die durch seine Hände geschehen! ³Ist dieser nicht der Zimmermann, der Sohn der Maria, und ein Bruder des Jakobus und Joses und Judas und Simon? Und sind nicht seine Schwestern hier bei uns? Und sie stießen sich an ihm.

Ist dieser nicht ein Sohn Josefs?

Jesus aber sprach (zu) ihnen:
Nicht ist ein Prophet
ungeehrt außer in seiner Vaterstadt
und in seinem Haus.
⁵⁸Und er tat dort nicht viele
Machttaten

ob ihres Unglaubens.

⁴Und sagte ihnen Jesus,
daß nicht ist ein Prophet
ungeehrt außer in seiner Vaterstadt und bei seinen Verwandten
und in seinem Haus.
⁵Und er konnte dort auch nicht
eine Machttat tun, außer daß er
ein paar Siechen die Hände auf-
legte und (sie) heilte. ⁶Und er
wunderte sich ob ihres Unglaubens.

²³Und er sprach zu ihnen: Ganz
bestimmt werdet ihr mir dieses
Sprichwort sagen: Arzt, heile
dich selbst! Was wir gehört
haben, daß es geschehen sei an
Kafarnaum, (das alles) tue
auch hier in deiner Vaterstadt.
²⁴Er sprach aber: Amen, ich
sage euch, daß kein Prophet
willkommen ist in seiner Vaterstadt.

²⁵Wahrheitsgetreu aber sage ich
euch, viele Witwen waren in
den Tagen (des) Elija in Israel,
als verschlossen war der Himmel für drei Jahre und sechs
Monate, da eine große Hungers-
not kam über das ganze Land,
²⁶und zu keiner von ihnen wurde
Elija geschickt, sondern nur
nach Sarepta in Sidonien zu
einem verwitweten Weib. ²⁷Und
viele Aussätzige waren in Israel
zur Zeit (des) Elischa, des Propheten, und keiner von ihnen
wurde rein, sondern nur Naa-
man, der Syrer. ²⁸Und erfüllt
wurden alle von Wut in der
Synagoge, da sie dieses hörten,
²⁹und standen auf und trieben
ihn zur Stadt hinaus und führten
ihn an den Rand des Berges, auf
dem ihre Stadt gebaut war, um
ihn hinabzustürzen. ³⁰Er aber,
hindurchgehend durch ihre
Mitte, zog davon.

*Jes 61,1-2; vgl. 35,5.

Joh 7,15: Es wunderten sich nun die Juden und sagten: Wie kennt dieser die Schriften, obwohl er nicht studiert hat?
Joh 6,42: Und sie sagten: Ist dieser nicht Jesus, der Sohn Josefs, von dem wir kennen den Vater und die Mutter? Wie nun sagt er: Vom Himmel bin ich herabgestiegen?
Joh 4,44: Denn er selbst, Jesus, bezeugte, daß ein Prophet in seiner eigenen Vaterstadt keine Ehre hat.
Joh 10,39: Sie suchten nun ihn wiederum zu ergreifen; und er ging hinweg aus ihrer Hand.

32. Jesus sendet die Zwölf aus

Mt 9,35; 10,1.7-11.14

Mk 6,6b-13

Lk 9,1-6

Mt 9,35; 10,1.7-11.14

[9,35]Und Jesus durchwanderte alle Städte und Dörfer, lehrend in ihren Synagogen und predigend das Evangelium von der Königsherrschaft und heilend jegliches Leiden und jegliches Gebrechen.
10,1.7-11.14
[1]Und nachdem er zu sich gerufen hatte seine zwölf Jünger, gab er ihnen
Macht über die unreinen Geister, sie auszutreiben und zu heilen jegliches Leiden und jegliches Gebrechen.
[7]Dahinziehend aber predigt, indem ihr sagt, daß nahegekommen ist die Königsherrschaft der Himmel. [8]Kranke heilet, Tote erwecket, Aussätzige machet rein, Dämonen treibet aus! Ohne Entgelt habt ihr empfangen, ohne Entgelt gebet.
[9]Erwerbt euch ja kein Gold und auch kein Silber und auch kein Kupfer(geld) in euren Gürteln; [10]keinen Ranzen auf (den) Weg und auch nicht zwei Röcke, auch nicht Schuhe, auch keinen Stab! Denn wert (ist) der Arbeiter seiner Nahrung. [11]In welche Stadt oder (welches) Dorf ihr auch hineingeht, forschet nach, wer in ihm wert ist; und dort bleibt, bis ihr hinausgeht. [14]Und wo immer man euch nicht willkommen heißt und nicht hört eure Worte, geht hinaus aus jenem Haus oder jener Stadt (und) schüttelt aus den Staub eurer Füße.

Mk 6,6b-13

[6b]Und er durchwanderte die Dörfer ringsum, lehrend.

[7]Und er ruft zu sich die Zwölf und begann sie auszusenden zwei (zu) zwei und gab ihnen Macht über die Geister, die unreinen.

vgl. V. 12-13

[8]Und er schärfte ihnen ein, daß nichts sie mitnähmen auf (den) Weg außer einem Stab allein, kein Brot, keinen Ranzen, kein Kupfer(geld) im Gürtel, [9]sondern Sandalen untergebunden, und: Zieht ja nicht zwei Röcke an!

[10]Und er sagte ihnen: Wo immer ihr hineingeht in ein Haus,

dort bleibet, bis ihr hinausgeht von dort. [11]Und wo immer ein Ort euch nicht willkommen heißt und sie nicht hören auf euch, zieht hinaus von dort (und) schüttelt aus den Staub[+], (der) unter euren Füßen (haftet), zum Zeugnis (wider) sie. [12]Und sie gingen hinaus und predigten, auf daß sie ihren Sinn änderten,

Lk 9,1-6

(vgl. 10,1-12)

[1]Nachdem er aber zusammengerufen hatte die Zwölf, gab er ihnen Kraft und Macht gegen alle Dämonen,

und Leiden zu heilen.

[2]Und er sandte sie aus, zu predigen die Königsherrschaft Gottes und wiederherzustellen (die Kranken).

[3]Und er sprach zu ihnen: Nichts nehmet mit auf den Weg, weder Stab noch Ranzen noch Brot noch Silber(geld),

noch (untersteht euch) je zwei Röcke zu haben.*
vgl. 10,7
[4]Und in welches Haus ihr hineingeht,

dort bleibet und von dort geht hinaus. [5]Und überall, wo immer sie euch nicht willkommen heißen, geht hinaus von jener Stadt (und) den Staub von euren Füßen schüttelt ab, zum Zeugnis gegen sie. [6]Sie gingen aber hinaus und gingen auseinander in die (einzelnen) Dörfer, die

vgl. V. 7-8	¹³und viele Dämonen trieben sie aus und salbten mit Öl viele Sieche und heilten (sie).	Frohbotschaft verkündigend und heilend allerorts.

*Vgl. Lk 22,35. ⁺Mk gebraucht für „Staub" ein anderes Wort als Mt und Lk.

33. Jesus – der von den Toten auferstandene Johannes?

Mt 14,1-2	Mk 6,14-16	Lk 9,7-9
¹In jener Zeit hörte Herodes, der Vierfürst, die Kunde von Jesus ²und sprach zu seinen Hofleuten: Dieser ist Johannes der Täufer; der wurde erweckt von den Toten, und deswegen wirken die Wunderkräfte in ihm.	¹⁴Und es hörte der König Herodes (von ihm), denn offenkundig war geworden sein Name, und sie sagten, daß Johannes der Taufende erweckt worden ist aus (den) Toten, und deswegen wirken die Wunderkräfte in ihm. ¹⁵Andere aber sagten, daß er Elija ist; andere sagten, daß er ein Prophet (ist) wie einer der Propheten. ¹⁶Als aber Herodes (das) hörte, sagte er: Den *ich* habe enthaupten lassen, Johannes, der wurde erweckt [aus den Toten].	⁷Es hörte aber Herodes, der Vierfürst, die Geschehnisse alle, und war beunruhigt, weil gesagt wurde von einigen, daß Johannes erweckt wurde aus (den) Toten, ⁸von einigen aber, daß Elija erschienen ist, (von) anderen aber, daß ein Prophet, einer von den alten, auferstanden ist. ⁹Sprach aber Herodes: Johannes habe *ich* enthaupten lassen. Wer aber ist dieser, über den ich derartiges höre? Und er suchte ihn zu sehen.

34. Wie Johannes der Täufer den Tod fand

Mt 14,3-12	Mk 6,17-29
³Denn Herodes hatte ergreifen lassen den Johannes, (ihn) fesseln und im Gefängnis festsetzen lassen wegen Herodias, des Weibes des Philippus, seines Bruders. ⁴Denn gesagt hatte Johannes (zu) ihm: Es ist dir nicht erlaubt, zu haben diese. ⁵Und gewillt, ihn umbringen (zu lassen), fürchtete er (doch) das Volk, weil sie ihn für einen Propheten hielten.	¹⁷Denn er selbst, Herodes, hatte hingesandt und ergreifen lassen den Johannes und ihn fesseln lassen im Gefängnis wegen Herodias, des Weibes des Philippus, seines Bruders, weil er sie geheiratet hatte. ¹⁸Denn gesagt hatte Johannes dem Herodes, daß es dir nicht erlaubt ist, zu haben das Weib deines Bruders. ¹⁹Die Herodias aber verfolgte ihn (mit ihrem Haß) und wollte ihn umbringen (lassen), und konnte es nicht. ²⁰Denn Herodes fürchtete den Johannes, kannte er ihn doch als gerechten und heiligen Mann, und wachte über ihm, und wenn er ihn hörte, war er sehr beunruhigt, und gern hörte er ihn.
⁶Als aber der Geburtstag des Herodes gekommen war,	²¹Und als ein günstiger Tag gekommen war, da Herodes (an) seinem Geburtstag ein Gastmahl veranstaltete seinen Großen und den Obersten und den Ersten von Galiläa, ²²und als hineinging die Tochter eben jener Herodias und tanzte,
tanzte die Tochter der Herodias in der Mitte und gefiel dem Herodes,	gefiel sie dem Herodes und den mit zu Tische Liegenden. Der König aber sprach zum Mädchen: Erbitte von mir, was immer du willst, und

[7]weshalb mit einem Schwur er ihr versprach zu geben, was immer sie erbitten würde.

[8]Sie aber, angeleitet von ihrer Mutter:

Gib mir, sagt sie, hier auf einem Teller das Haupt Johannes des Täufers. [9]Und wenn auch der König betrübt war, wegen der Schwüre und der mit zu Tische Liegenden befahl er, (ihr) solle es gegeben werden, [10]und schickte (hin)

und ließ enthaupten den Johannes im Gefängnis. [11]Und gebracht wurde sein Haupt auf einem Teller und gegeben dem Mädchen, und sie brachte es ihrer Mutter. [12]Und herbei kamen seine Jünger, nahmen den Leichnam und bestatteten ihn und gingen hin und meldeten es Jesus.

ich werde (es) dir geben. [23]Und er schwur ihr, (daß): Was immer du erbittest, geben werde ich dir (es), bis zur Hälfte meines Königreiches*. [24]Und sie ging und sprach (zu) ihrer Mutter: Was soll ich erbitten? Die aber sprach: Das Haupt Johannes des Täufers. [25]Und hinein ging sie gleich in Eile, hin zum König, und sagte, was sie sich erbat: Ich will, daß unverzüglich du mir gibst auf einem Teller das Haupt Johannes des Taufenden. [26]Und wenn auch sehr betrübt ward der König, wegen der Schwüre und der zu Tische Liegenden wollte er sie nicht abweisen. [27]Und gleich sandte der König einen Scharfrichter aus und gebot: Man bringe sein Haupt! Und er ging hin, enthauptete ihn im Gefängnis [28]und brachte sein Haupt auf einem Teller und gab es dem Mädchen, und das Mädchen gab es seiner Mutter. [29]Und es hörten seine Jünger (davon), und sie kamen und nahmen seinen Leichnam und legten ihn in ein Grab.

*Vgl. V. 23: Est 5,3; 7,2

Lk 3,19-20: [19]Herodes aber, der Vierfürst, zurechtgewiesen von ihm wegen Herodias, des Weibes seines Bruders, und wegen alles Bösen, das Herodes getan hatte, [20]fügte auch noch dieses zu allem hinzu: einschließen ließ er den Johannes in ein Gefängnis.

35. Die Rückkehr der Apostel

Mt 14,12 b-13	Mk 6,30-31	Lk 9,10a
[12b]...und gingen hin und meldeten es Jesus. [13]Als aber Jesus (das) gehört hatte, entfernte er sich von dort in einem Boot an einen abgelegenen Ort für sich allein.	[30]Und zusammen kommen (wieder) die Apostel bei Jesus, und sie meldeten ihm alles, was sie getan und was sie gelehrt hatten. [31]Und er sagt ihnen: Kommt, ihr selber, für euch allein, an einen abgelegenen Ort und ruhet aus ein wenig! Denn es waren der Kommenden und Gehenden gar viele, und nicht einmal zum Essen fanden sie Zeit.	[10a]Und als zurückgekehrt waren die Apostel, erzählten sie ihm alles, was sie getan hatten.

36. Die erste Speisungsgeschichte

Mt 14,13-21	Mk 6,32-44	Lk 9,10b-17	Joh 6,1-15
[13]Als aber Jesus (das) gehört hatte, entfernte	[32]Und sie fuhren weg	[10b]Und sie mitnehmend, entfernte er	[1]Danach fuhr Jesus weg ans

er sich von dort in einem Boot an einen abgelegenen Ort, für sich allein.
Und (das) hörten die Volksscharen und folgten ihm zu Fuß von den Städten.

¹⁴Und wie er ausstieg, sah er eine große Volksschar, und es tat ihm von Herzen leid um sie,

und er heilte die Siechen unter ihnen.
¹⁵Als es aber Abend geworden war, kamen zu ihm die Jünger (und) sagten: Abgelegen ist der Ort und die Stunde schon vorüber. Schicke nun fort die Volksscharen, damit sie hingehen in die Dörfer und sich selber Speisen kaufen.

¹⁶Jesus aber sprach (zu) ihnen: Nicht nötig haben sie hinzugehen. Gebt *ihr* ihnen zu essen!

---

im Boot an einen abgelegenen Ort, für sich allein.
³³Und man sah sie sich fortbegeben, und es bemerkten viele, und zu Fuß von allen Städten liefen sie zusammen dorthin und kamen ihnen zuvor.

³⁴Und wie er ausstieg, sah er eine große Volksschar, und es tat ihm von Herzen leid um sie, weil sie waren „wie Schafe, die keinen Hirten haben"*, und er begann, sie zu lehren, vieles.

³⁵Und als es schon spät geworden war, da kamen zu ihm seine Jünger und sagten (daß): Abgelegen ist der Ort und schon spät die Stunde. ³⁶Schicke sie fort, damit sie hingehen in die umliegenden Gehöfte und Dörfer und sich selber etwas zu essen kaufen.

³⁷Er aber antwortete und sprach (zu) ihnen:

Gebt *ihr* ihnen zu essen! Und sie sagen ihm: Sollen wir hingehen und kaufen, für zweihundert Denare Brote, und ihnen zu essen geben?

---

sich, für sich allein, in eine Stadt, genannt Betsaida.

¹¹Aber die Volksscharen, (es) merkend, folgten ihm.

Und er hieß sie willkommen,

redete (zu) ihnen von der Königsherrschaft Gottes, und die da nötig hatten eine Heilung, stellte er wieder her.
¹²Der Tag aber begann sich zu neigen. Es kamen aber herzu die Zwölf und sprachen (zu) ihm:

Schicke fort die Volksschar, damit sie losziehen in die umliegenden Dörfer und Gehöfte und einkehren und Verpflegung finden, weil wir hier an einem abgelegenen Ort sind. ¹³Er aber sprach zu ihnen:

Gebt *ihr* ihnen zu essen!

---

jenseitige Ufer des Meeres von Galiläa, von Tiberias.
²Es folgte aber ihm eine große Volksschar, weil sie gesehen hatten die Zeichen, die er tat an den Kranken. ³Aber hinauf auf den Berg stieg Jesus, und dort setzte er sich mit seinen Jüngern. ⁴Es war aber nahe das Pascha, das Fest der Juden. ⁵Wie nun Jesus die Augen erhob und gewahr wurde, daß eine große Volksschar zu ihm kommt,

sagt er zu Philippus: Woher sollen wir Brote kaufen, damit diese essen (können)? ⁶Dies aber sagte er, um ihn zu prüfen; denn er selber wußte, was er vorhatte zu tun.

⁷Antwortete ihm Philippus: Für zweihundert Denare Brote reichen ihnen nicht, damit jeder

55

Spalte 1 (Matthäus)

17Die aber sagen ihm:

Wir haben nichts hier außer fünf Broten und zwei Fischen.

vgl. V. 21
18Er aber sprach: Bringt mir sie her! 19Und er befahl den Volksscharen, sich zu lagern

im Gras,

nahm die fünf Brote und die zwei Fische, blickte auf zum Himmel, sprach die Preisung und brach und gab den Jüngern die Brote, die Jünger aber den Volksscharen.

20Und sie aßen alle und wurden satt.

Und sie hoben auf das Übriggebliebene von den Brocken, zwölf Körbe voll.

Spalte 2 (Markus)

38Er aber sagt ihnen: Wieviel Brote habt ihr? Geht, seht nach! Und da sie es wußten, sagen sie:

Fünf, und zwei Fische.

vgl. V. 44
39Und er gebot ihnen, sich zu lagern alle, Mahlgemeinschaft neben Mahlgemeinschaft, im grünen Gras. 40Und sie legten sich nieder, Abteilung neben Abteilung zu hundert und zu fünfzig. 41Und er nahm die fünf Brote und die zwei Fische, blickte auf zum Himmel, sprach die Preisung und brach die Brote und gab den Jüngern, damit sie ihnen vorlegten, und (auch) die zwei Fische teilte er allen.

42Und sie aßen alle und wurden satt.

43Und sie hoben auf (an) Brocken von zwölf Körben die Fülle, und von den Fischen.

Spalte 3 (Lukas)

Die aber sprachen:

Es sind (bei) uns nicht mehr als fünf Brote und zwei Fische, falls nicht etwa wir losziehen und kaufen sollen für dieses ganze Volk Speisen. 14Es waren nämlich ungefähr fünftausend Männer. Er aber sprach zu seinen Jüngern: Laßt sie lagern in Gruppen ungefähr zu je fünfzig. 15Und sie taten so und ließen lagern alle.

16Er nahm aber die fünf Brote und die zwei Fische, blickte auf zum Himmel, sprach die Preisung über sie und brach (sie) und gab den Jüngern, vorzulegen der Volksschar.

17Und sie aßen und wurden satt, alle.

Und aufgehoben wurde, was ihnen übriggeblieben war an Brocken, zwölf Körbe.

Spalte 4 (Johannes)

(nur) ein wenig bekomme.

8Sagt ihm einer aus seinen Jüngern, Andreas, der Bruder des Simon Petrus: 9Es ist ein Knabe hier, der hat fünf Brote aus Gerstenmehl und zwei Fischlein als Beikost. Aber das, was ist das für so viele?

10Sprach Jesus:

Macht, (daß) die Menschen sich niederlegen. Es war aber viel Gras an dem Ort. Es legten sich nun nieder die Männer, an Zahl etwa fünftausend.

11Es nahm nun die Brote Jesus,

und als er die Danksagung gesprochen hatte, gab er (sie) aus den zum Mahl Gelagerten, gleicherweise auch von den Fischlein, soviel sie wollten. 12Als sie aber genug hatten, sagt er seinen Jüngern: Sammelt die übriggebliebenen Brokken, damit nichts zugrunde geht. 13Sie sammelten nun und füllten zwölf Körbe mit Brocken von den fünf Broten aus Gerstenmehl, die übriggeblieben waren denen, die gespeist hatten.

<table>
<tr>
<td>

²¹Die Essenden aber waren Männer, ungefähr fünftausend, abgesehen von Weibern und Kindern.

</td>
<td>

⁴⁴Und es waren, die gegessen hatten die Brote, fünftausend Männer.

</td>
<td>

vgl. V. 14

</td>
<td>

vgl. V. 10
¹⁴Die Menschen nun, wie sie sahen, welches Zeichen er gewirkt hatte, sagten, (daß): Dieser ist wahrhaft der Prophet, der kommen soll in die Welt. ¹⁵Da Jesus nun wußte, daß sie vorhaben zu kommen und ihn fortzuschleppen, damit sie ihn zum König machten, entfernte er sich wiederum auf den Berg, er allein.

</td>
</tr>
</table>

*Mk 6,34 = Num 27,17; Ez 34,5; 1 Kön 22,17; vgl. Mt 9,36.

37. Das Wunder des Seewandelns

<table>
<tr>
<td>

Mt 14,22-33
²²Und sogleich drängte er die Jünger,

einzusteigen in das Boot und ihm vorauszufahren an das jenseitige Ufer, währenddessen er die Volksscharen fortschikken würde. ²³Und nachdem er fortgeschickt hatte die Volksscharen, stieg er hinauf auf den Berg, für sich allein, um zu beten. Als es aber Abend geworden war, war er dort allein. ²⁴Das Boot aber war schon viele Stadien vom Land entfernt, gequält von den Wellen, denn es war der Wind ihnen entgegen. ²⁵In der vierten Nachtwache kam er zu ihnen, wandelnd über das Meer hin.

</td>
<td>

Mk 6,45-52
⁴⁵Und gleich drängte er seine Jünger,

einzusteigen in das Boot und vorauszufahren an das jenseitige Ufer, auf Betsaida zu, während er selber die Volksschar fortschicke. ⁴⁶Und nachdem er sie verabschiedet hatte, ging er weg auf den Berg, um zu beten. ⁴⁷Und als es Abend geworden war, war das Boot mitten auf dem Meer und er selbst allein auf dem Land. ⁴⁸Und wie er sie sich quälen sah mit dem Rudern, denn es war der Wind ihnen entgegen, (da) um die vierte Nachtwache kommt er zu ihnen, wandelnd über dem Meer; und er wollte vorübergehen an ihnen.

</td>
<td>

Lk

</td>
<td>

Joh 6,16-21
¹⁶Als es aber Abend wurde, stiegen seine Jünger hinab zum Meer ¹⁷und stiegen in ein Boot, um an das jenseitige

Ufer des Meeres nach Kafarnaum zu kommen.

Und Finsternis war schon hereingebrochen, und noch war Jesus nicht zu ihnen gekommen.

¹⁸Zudem wurde das Meer von einem heftig wehenden Wind aufgewühlt. ¹⁹Gerudert hatten sie etwa fünfundzwanzig oder dreißig Stadien,

</td>
</tr>
</table>

²⁶Die Jünger aber, wie sie ihn sahen über dem Meer wandelnd, waren ganz verwirrt und sagten, daß es ein Gespenst sei, und vor Furcht schrien sie.

²⁷Gleich aber redete Jesus (zu) ihnen, indem er sagte: Habt Mut, ich bin es! Fürchtet euch nicht. ²⁸Antwortete ihm aber Petrus und sprach: Herr, wenn du es bist, befiehl mir, zu kommen zu dir über die Wasser hin. ²⁹Er aber sprach: Komm! Und vom Boot hinabsteigend, wandelte Petrus über die Wasser hin und kam zu Jesus. ³⁰Wie er aber den Wind sah, fürchtete er sich, und da er zu versinken begann, schrie er (und sagte): Herr, rette mich! ³¹Sogleich aber streckte Jesus die Hand aus, faßte ihn und sagt (zu) ihm: Kleingläubiger, wozu hast du gezweifelt? ³²Und nachdem sie ins Boot (hinauf) gestiegen waren, legte sich der Wind. ³³Die aber im Boot warfen sich nieder vor ihm und sagten: Wahrhaftig, Gottes Sohn bist du!

⁴⁹Die aber, wie sie ihn sahen über dem Meer wandelnd, wähnten, daß es ein Gespenst sei, und schrien auf. ⁵⁰Denn alle hatten ihn gesehen und waren verwirrt. Er aber, gleich redete er mit ihnen und sagt ihnen: Habt Mut, ich bin es! Fürchtet euch nicht.

⁵¹Und er stieg zu ihnen ins Boot (hinauf), und es legte sich der Wind. Und gar sehr, über die Maßen, in sich selbst, entsetzten sie sich. ⁵²Denn sie waren nicht verständig geworden an den Broten, sondern ihr Herz war verhärtet.

(da) schauen sie Jesus wandelnd über dem Meer und nahe an das Boot herankommend, und sie fürchteten sich.

²⁰Er aber sagt (zu) ihnen: Ich bin es! Fürchtet euch nicht.

²¹Sie wollten ihn nun ins Boot nehmen, und sogleich war das Boot an dem Land, nach dem sie sich aufgemacht hatten.

38. Dritter Sammelbericht[+]

Mt 14,34-36	Mk 6,53-56
[34]Und als sie übergesetzt hatten, waren sie ans Land nach Gennesaret gekommen.	[53]Und als sie übergesetzt hatten ans Land, waren sie nach Gennesaret gekommen, und sie legten an.
[35]Und es erkannten ihn die Männer jenes Ortes, sandten in jene ganze Umgegend, und sie brachten ihm alle, die übel daran waren.	[54]Und (kaum) waren sie hinausgegangen aus dem Boot, gleich erkannten sie ihn, [55]liefen umher in jener ganzen Gegend und begannen auf den Bahren (solche), die übel daran waren, umherzutragen, wo sie hörten, daß er ist. [56]Und wo immer er einzog, in Dörfer oder in Städte oder in Gehöfte, auf die Plätze legten sie die Kranken
[36]Und sie ersuchten ihn, daß sie nur berühren dürften die Quaste seines Gewandes. Und so viele (ihn) berührten, die wurden errettet.	und ersuchten ihn, daß sie wenn auch nur die Quaste seines Gewandes berühren dürften. Und so viele ihn immer berührten, die wurden gerettet.

[+]Vgl. Nr. 9.16

39. Was macht den Menschen unrein vor Gott?

Mt 15,1-20	Mk 7,1-23
[1]Da kommen zu Jesus von Jerusalem Pharisäer und Schriftgelehrte	[1]Und es versammeln sich bei ihm die Pharisäer und einige von den Schriftgelehrten, die gekommen waren von Jerusalem. [2]Und als sie einige seiner Jünger sahen, daß die mit unreinen Händen, das heißt: mit ungewaschenen, die Brote essen – [3]denn die Pharisäer und alle Juden, wenn sie sich nicht an der (geballten) Faust gewaschen haben die Hände[+], dann essen sie nicht, (so) festhaltend die Überlieferung der Alten, [4]und vom Markt (kommend), wenn sie sich nicht (mit Wasser) besprengt haben, dann essen sie nicht, und (noch) vieles andere ist da, was sie übernommen haben zum Festhalten, Waschungen von Bechern und Krügen und Kupfergefäßen –, [5]und (da) fragen ihn die Pharisäer und die Schriftgelehrten: Warum wandeln deine Jünger nicht gemäß der Überlieferung der Alten, sondern mit unreinen Händen essen sie das Brot? [6]Er aber sprach (zu) ihnen: Ausgezeichnet hat Jesaja geweissagt über euch Heuchler, wie geschrieben steht (daß):
(und) sagen: [2]Warum übertreten deine Jünger die Überlieferung der Alten? Denn sie waschen sich nicht die Hände, so oft sie Brot essen. [3]Er aber antwortete und sprach (zu) ihnen:	„Dieses Volk, mit den Lippen ehrt es mich, ihr Herz aber ist weit weg von mir; [7]vergeblich doch verehren sie mich, lehrend als Lehren Gebote von Menschen."*
vgl. V. 7-9	
Warum? Und ihr, ihr übertretet das Gebot Gottes wegen eurer Überlieferung!	[8]Fahren laßt ihr das Gebot Gottes und festhalten (tut) ihr die Überlieferung der Menschen. [9]Und

59

⁴Denn Gott sprach: „Ehre den Vater und die Mutter!", und: „Wer übel redet von Vater oder Mutter, soll des Todes sterben!"** ⁵Ihr aber sagt: Wer da spricht zum Vater oder zur Mutter:

Opfergabe (sei), was du von mir Nutzen haben solltest, ⁶braucht nicht zu ehren seinen Vater oder seine Mutter. Und (damit) habt ihr ungültig gemacht das Wort Gottes wegen eurer Überlieferung.

⁷Heuchler, ausgezeichnet hat geweissagt über euch Jesaja, indem er sagte:

⁸„Das Volk da, mit den Lippen ehrt es mich, ihr Herz aber ist weit weg von mir;

⁹vergeblich doch verehren sie mich,

lehrend als Lehren Gebote von Menschen."*

¹⁰Und die Volksschar herbeirufend, sprach er (zu) ihnen: Hört und versteht (doch)! ¹¹Nicht was hineingeht in den Mund, macht unrein den Menschen,

sondern was herauskommt aus dem Mund, dies macht unrein den Menschen.

¹²Da kamen die Jünger herbei und sagen ihm: Weißt du, daß die Pharisäer, als sie das Wort hörten, sich (daran) gestoßen haben? ¹³Er aber antwortete und sprach: Jede Pflanze, die nicht gepflanzt hat mein Vater, der himmlische, wird entwurzelt werden. ¹⁴Laßt sie! (Selbst) blind, sind sie Führer von Blinden. Wenn aber ein Blinder einen Blinden führt, werden beide in eine Grube fallen. ¹⁵Antwortete aber Petrus und sprach (zu) ihm: Deute uns das Gleichnis! ¹⁶Er aber sprach: Noch seid auch ihr unständig? ¹⁷Begreift ihr nicht, daß alles, was hineinkommt in den Mund,

in den Bauch gelangt und in einen Abtritt ausgeschieden wird? ¹⁸Die (Dinge) aber, die herauskommen aus dem Munde, aus dem Herzen gehen sie hervor, und jene machen unrein den Menschen. ¹⁹Denn aus dem Herzen gehen hervor böse Gedanken,

Mordtaten, Ehebrüche, Unzüchtigkeiten, Diebereien, falsche Zeugnisse, Lästerungen.

er sagte ihnen: Ausgezeichnet, ihr setzt außer Kraft das Gebot Gottes, damit ihr eure Überlieferung wahren könnt! ¹⁰Denn Mose sprach: „Ehre deinen Vater und deine Mutter!" und: „Wer übel redet von Vater oder Mutter, soll des Todes sterben!"** ¹¹Ihr aber sagt: Wenn da spricht ein Mensch zum Vater oder zur Mutter: Korban, das ist: Opfergabe (sei), was du von mir Nutzen haben solltest, ¹²(dann) laßt ihr ihn nichts mehr tun für Vater oder Mutter, ¹³(damit) ungültig machend das Wort Gottes durch eure Überlieferung, die ihr überliefert habt. Und ähnliche derartige Dinge tut ihr (noch) viele.

vgl. V. 6-7

¹⁴Und wiederum die Volksschar herbeirufend, sagte er ihnen: Höret auf mich, alle, und versteht (doch)! ¹⁵Nichts ist außerhalb des Menschen, das, kommt es in ihn hinein, ihn unrein machen kann; sondern was aus dem Menschen herauskommt, das ist es, was unrein macht den Menschen.

[¹⁶Wenn einer Ohren hat zu hören, höre er!] ¹⁷Und als er hineingegangen war ins Haus, von der Volksschar weg, fragten ihn seine Jünger

nach dem Gleichnis. ¹⁸Und er sagt ihnen: So seid auch ihr unständig? Begreift ihr nicht, daß alles, was von außen hineinkommt in den Menschen, ihn nicht unrein machen kann, ¹⁹weil es bei ihm nicht hineinkommt in das Herz, sondern in den Bauch und in den Abtritt hinauskommt? – (womit) er für rein erklärt alle Speisen!– ²⁰Er sagte aber, daß das, was aus dem Menschen herauskomme,

jenes mache unrein den Menschen. ²¹Denn von innen, aus dem Herzen der Menschen, kommen die Gedanken, die schlechten, hervor, Unzüchtigkeiten, Diebereien, Mordtaten, ²²Ehebrüche, Habgierigkeiten, Bosheiten, Heimtücke, Schwelgerei, böses Auge, Lästerung, Überheb-

²⁰Diese (Dinge) sind es, die unrein machen den Menschen. Aber das Essen mit ungewaschenen Händen, das macht nicht unrein den Menschen.	lichkeit, Unvernunft –, ²³alle diese bösen (Dinge), von innen heraus kommen sie und machen unrein den Menschen.

*Jes 29,13 LXX.   **Ex 20,12; Dtn 5,16; Ex 21,17; Lev 20,9.
+Mk 7,3: Der Sinn dieses Verses ist umstritten; man denkt an ein Reiben der einen Hand an der geballten Faust der anderen Hand oder übersetzt das Wort „Faust" mit „Handvoll (Wasser)", mit „sorgfältig", „häufig" u.ä.

40. Jesus heilt die Tochter der Syrophönizierin

Mt 15,21-28 | Mk 7,24-30

²¹Und Jesus ging von dort hinaus und entfernte sich in die Gegend von Tyrus und Sidon.

²⁴Von dort aber machte er sich auf und ging weg in das Gebiet von Tyrus [und Sidon]. Und er ging in ein Haus und wollte es niemand wissen lassen und konnte (doch) nicht verborgen bleiben. ²⁵Sondern gleich hatte gehört ein Weib von ihm,

²²Und siehe, ein Weib, eine Kanaanäerin, war von jenem Gebiet hinausgegangen und schrie, indem sie sagte: Erbarme dich meiner, Herr, Sohn Davids! Meine Tochter wird von einem Dämon übel geplagt. ²³Er aber antwortete ihr kein Wort. Und herbei kamen seine Jünger, baten ihn und sagten: Schicke sie fort, denn sie schreit hinter uns her! ²⁴Er aber antwortete und sprach: Nicht wurde ich ausgesandt außer zu den Schafen, den verlorenen, (des) Hauses Israel. ²⁵Sie aber kam, warf sich vor ihm nieder

dessen Töchterchen hatte einen unreinen Geist,

und es kam und fiel nieder zu seinen Füßen. ²⁶Das Weib aber war eine Griechin, Syrophönizierin von Geburt. Und sie bat ihn, daß er den

und sagte: Herr, hilf mir!

²⁶Er aber antwortete und sprach: Es ist nicht recht, zu nehmen das Brot der Kinder und (es) hinzuwerfen den Hündlein. ²⁷Sie aber sprach: Freilich, Herr! Doch auch die Hündlein essen von den Krümeln, die da fallen vom Tisch ihrer Herren. ²⁸Da antwortete Jesus und sprach (zu) ihr: O Weib, gewaltig (ist) dein Glaube! Es geschehe dir, wie du willst!

Dämon austreibe aus ihrer Tochter. ²⁷Und er sagte ihr: Laß zuerst satt werden die Kinder! Denn es ist nicht recht, zu nehmen das Brot der Kinder und (es) den Hündlein hinzuwerfen. ²⁸Sie aber antwortete und sagt (zu) ihm: Freilich, Herr! Doch auch die Hündlein unter dem Tisch essen von den Krümeln der Kleinen. ²⁹Und er sprach (zu) ihr: Um dieses Wortes willen geh hin, ausgefahren ist aus deiner Tochter der Dämon. ³⁰Und da sie hinweggegangen war in ihr Haus, fand sie das Kind, hingeworfen auf das Bett und den Dämon ausgefahren.

Und geheilt war ihre Tochter von jener Stunde an.

41. Jesus heilt einen Taubstummen (viele Kranke)

Mt 15,29-31 | Mk 7,31-37

²⁹Und hinweg begab sich von dort Jesus und ging am Meer von Galiläa entlang und stieg hinauf auf den Berg und setzte sich dort.

³¹Und wiederum ging er hinaus aus dem Gebiet von Tyrus und ging durch Sidon an das Meer von Galiläa, mitten hinein in das Gebiet der Deka-

³⁰Und hin gingen zu ihm viele Volksscharen, die hatten bei sich Lahme, Krüppel, Blinde, Taube und viele andere, und legten sie nieder zu seinen Füßen.

Und er heilte sie.

³¹Daher wunderte sich die Volksschar, wie sie sahen Taube reden, Krüppel gesund und Lahme umhergehen und Blinde sehen. Und sie priesen den Gott Israels.

polis. ³²Und sie bringen ihm
einen Tauben und Stummen,
und sie ersuchen ihn, daß er ihm auflege die Hand. ³³Und er nahm ihn mit sich, weg von der Volksschar, für sich allein, steckte die Finger in seine Ohren, und nachdem er ausgespuckt hatte, berührte er seine Zunge ³⁴und blickte auf zum Himmel, seufzte und sagt (zu) ihm: Effata, das ist: Öffne dich! ³⁵Und geöffnet wurden ihm die Hörorgane, und gleich ward gelöst das Band seiner Zunge, und er redete richtig. ³⁶Und er schärfte ihnen ein, daß sie niemand (es) sagten. Wie sehr aber er es ihnen einschärfte, sie, um so viel mehr predigten sie es. ³⁷Und über alle Maßen waren sie außer sich und sagten: Gut hat er alles gemacht, und die Tauben macht er hören und die Unberedten reden.

42. Die zweite Speisungsgeschichte

Mt 15,32-39

³²Jesus aber rief seine Jünger herbei und sprach: Von Herzen tut es mir leid um die Volksschar, denn schon drei Tage harren sie aus bei mir und haben nicht, was sie essen sollen.   Und sie fortschicken, hungrig, will ich nicht, damit sie nicht etwa verschmachten auf dem Weg. ³³Und sagen ihm die Jünger: Woher (kommen) uns in einer (so) abgelegenen (Gegend) so viele Brote, daß wir sättigen eine so große Volksschar? ³⁴Und sagt ihnen Jesus: Wie viele Brote habt ihr? Sie aber sprachen: Sieben und ein paar Fischlein. ³⁵Und nachdem er geboten der Volksschar, sich zu lagern auf der Erde, ³⁶nahm er die sieben Brote und die Fische, und danksagend brach er und gab er (sie) den Jüngern,   die Jünger aber den Voksscharen

³⁷Und sie aßen alle und wurden gesättigt. Und das Übriggebliebene von den Brokken hoben sie auf, sieben Geflechte voll. ³⁸Die Essenden aber waren viertausend Männer, abgesehen von Weibern und Kindern. ³⁹Und nachdem er fortgeschickt hatte die Volksscharen, stieg er in das Boot und kam in das Gebiet von Magadan.

Mk 8,1-10

¹In jenen Tagen, als wiederum eine große Volksschar da war und sie nicht hatten, was sie essen sollten, rief er die Jünger herbei und sagt ihnen: ²Von Herzen tut es mir leid um die Volksschar, denn schon drei Tage harren sie aus bei mir und haben nicht, was sie essen sollen. ³Und wenn ich sie fortschicke, hungrig, nach ihrem Haus, werden sie verschmachten auf dem Weg; und einige unter ihnen sind von weit her. ⁴Und antworteten ihm seine Jünger, (daß): Woher wird jemand diese hier sättigen können mit Broten, an einem (so) abgelegenen (Ort)? ⁵Und er fragte sie: Wie viele habt ihr, Brote?   Sie aber sprachen: Sieben.   ⁶Und er gebietet der Volksschar, sich zu lagern auf der Erde. Und nachdem er genommen die sieben Brote, danksagend brach er und gab er (sie) seinen Jüngern, damit sie vorlegten, und sie legten vor der Volksschar. ⁷Und sie hatten (auch) Fischlein, ein paar (nur). Und als er die Preisung gesprochen über sie, sprach er, (man solle) auch diese vorlegen. ⁸Und sie aßen und wurden gesättigt und hoben auf Überreste von Brocken, sieben Geflechte.
⁹Es waren aber etwa viertausend.   Und er schickte sie fort. ¹⁰Und gleich einsteigend in das Boot, mit seinen Jüngern, kam er in die Gegend von Dalmanuta.

43. Die Pharisäer fordern ein Zeichen

Mt 16,1-4	Mk 8,11-13	Lk 11,16; 12,54-56; 11,29
[1]Und herbei kamen die Pharisäer und Sadduzäer und, um (ihn) zu prüfen, fragten sie ihn, (ob er) ein Zeichen aus dem Himmel ihnen vorzeigen (könne). [2]Er aber antwortete und sprach (zu) ihnen: [Wenn es Abend wird, sagt ihr: Schönes Wetter, denn feuerrot ist der Himmel. [3]Und am Morgen: Heut (gibt es) schlechtes Wetter, denn feuerrot ist der sich eintrübende Himmel. Das Antlitz des Himmels versteht ihr zu unterscheiden, die Zeichen aber der Entscheidungszeiten könnt ihr nicht?][+]	[11]Und heraus kamen die Pharisäer und begannen, ihn herauszufordern, fordernd von ihm ein Zeichen vom Himmel, um ihn zu prüfen. [12]Und aufseufzend in seinem Geist sagt er:	[11,16]Andere aber, um (ihn) zu prüfen, ein Zeichen aus (dem) Himmel forderten sie von ihm. [12,54]Er sagte aber auch den Volksscharen: Sooft ihr seht eine Wolke aufziehn im Westen, sogleich sagt ihr, daß Regen kommt, und es geschieht also. [55]Und sooft (ihr) den Südwind wehen (seht), sagt ihr, daß Hitze sein wird, und es geschieht. [56]Heuchler, das Antlitz der Erde und des Himmels wißt ihr zu beurteilen, diese Entscheidungszeit aber, wie?, beurteilt ihr nicht? [11,29]Als aber die Volksscharen noch weiter zusammenströmten, begann er zu sagen: Dieses Geschlecht, ein böses Geschlecht ist es. Ein Zeichen fordert es, und ein Zeichen wird ihm nicht gegeben werden, es sei denn das Zeichen des Jona.
[4]Ein böses und ehebrecherisches Geschlecht, ein Zeichen fordert es ab, und ein Zeichen wird ihm nicht gegeben werden, es sei denn das Zeichen des Jona. Und er ließ sie zurück und fuhr weg.	Was? Dieses Geschlecht fordert ein Zeichen? Amen, ich sage euch: Niemals wird gegeben werden diesem Geschlecht ein Zeichen! [13]Und er ließ sie stehen, stieg wiederum ein und fuhr weg an das jenseitige Ufer.	

[+]Mt 16,2b-3 fehlt in vielen alten Handschriften.

Vgl. Mt 12,38-39: [38]Da antworteten ihm einige von den Schriftgelehrten und Pharisäern, indem sie sagten: Rabbi, wir wollen von dir ein Zeichen sehen. [39]Er aber antwortete und sprach (zu) ihnen: Ein böses und ehebrecherisches Geschlecht, ein Zeichen fordert es ab, und ein Zeichen wird ihm nicht gegeben werden, es sei denn das Zeichen des Jona des Propheten.
Joh 6,30: Sie sprachen nun (zu) ihm: Was nun tust *du* für ein Zeichen, damit wir sehen und dir glauben? Was wirkst du?

44. Die Jünger verstehen Jesus nicht

Mt 16,5-12	Mk 8,14-21
[5]Und die Jünger kamen an das jenseitige Ufer und hatten vergessen, Brote mitzunehmen. [6]Jesus aber sprach (zu) ihnen:	[14]Und sie hatten vergessen, mitzunehmen Brote, und außer einem einzigen Brot hatten sie nichts mit sich im Boot. [15]Und er schärfte ihnen ein und sagte:

Schaut zu und nehmt euch in acht vor dem Sauerteig der Pharisäer und Sadduzäer. ⁷Sie aber überlegten bei sich selbst und sagten: Weil wir keine Brote mitgenommen haben! ⁸Aber Jesus merkte (es) und sprach: Was überlegt ihr bei euch selbst, Kleingläubige, daß ihr keine Brote habt? ⁹Noch immer begreift ihr nicht,

und erinnert ihr euch auch nicht an die fünf Brote der Fünftausend und wieviel Körbe ihr mitgenommen habt? ¹⁰Und auch nicht an die sieben Brote der Viertausend und wieviel Geflechte ihr mitgenommen habt?

¹¹Wie? Begreift ihr nicht, daß ich nicht von Broten (zu) euch gesprochen habe? Nehmt euch aber in acht vor dem Sauerteig der Pharisäer und Sadduzäer! ¹²Da verstanden sie, daß er nicht gesprochen hatte, (sie sollten) sich in acht nehmen vor dem Sauerteig der Brote, sondern vor der Lehre der Pharisäer und Sadduzäer.

Schaut zu, seht euch vor vor dem Sauerteig der Pharisäer und dem Sauerteig des Herodes. ¹⁶Und sie überlegten miteinander [und sagten]: Weil wir keine Brote haben! ¹⁷Und er merkte (es) und sagt (zu) ihnen: Was überlegt ihr, daß ihr keine Brote habt? Noch immer begreift und versteht ihr nicht? Verhärtet haltet ihr euer Herz? ¹⁸„Augen habt ihr und seht nicht, und Ohren habt ihr und hört nicht!"* Und erinnert ihr euch nicht, ¹⁹als die fünf Brote ich brach für die Fünftausend, wieviel Körbe mit Brocken voll hobt ihr (da) auf? Sie sagen ihm: Zwölf. ²⁰Als die sieben (ich brach) für die Viertausend, von wieviel Geflechten die Fülle an Brocken hobt ihr (da) auf? Und sie sagen: Sieben. ²¹Und er sagte ihnen: Noch immer versteht ihr nicht?

*Jer 5,21; Ez 12,2; Jes 6,9-10.

Lk 12,1: Währenddessen, als sich versammelt hatten die Zehntausende der Volksschar, so daß sie einander traten, begann er zu sagen zu seinen Jüngern, zuerst: Nehmt euch in acht, ihr selber, vor dem Sauerteig, das ist (vor der) Heuchelei, der Pharisäer!

45. Jesus heilt einen Blinden bei Betsaida
Mk 8,22-26

²²Und sie kommen nach Betsaida. Und sie bringen ihm einen Blinden und ersuchen ihn, daß er ihn berühre. ²³Und er nahm die Hand des Blinden, führte ihn hinaus, außerhalb des Dorfes, und spuckte in dessen Augen, legte seine Hände auf und fragte ihn: Ob du etwas siehst? ²⁴Und da er wieder sehen konnte, sagte er: Ich sehe die Menschen, denn wie Bäume erblicke ich (Gestalten), die umhergehen. ²⁵Darauf legte er wiederum die Hände auf seine Augen, und er sah klar und ward wiederhergestellt und konnte alles ganz deutlich sehen. ²⁶Und er entsandte ihn in sein Haus und sagte: Nicht einmal in das Dorf sollst du hineingehen!

Joh 9,1-7: ¹Und im Vorübergehen sah er einen Menschen, blind von Geburt. ²Und fragten ihn seine Jünger und sagten: Rabbi, wer hat gesündigt, dieser oder seine Eltern, daß blind er geboren ward? ³Antwortete Jesus: Weder dieser hat gesündigt noch seine Eltern, sondern auf daß offenbar würden die Werke Gottes an ihm. ⁴Wir müssen wirken die Werke dessen, der mich geschickt hat, solange Tag ist. Es kommt die Nacht, da niemand wirken kann. ⁵Solange ich in der Welt bin, bin ich Licht für die Welt. ⁶Dies sprechend, spuckte er auf die Erde und machte einen Lehmklumpen aus der Spucke und legte ihm den Lehmklumpen auf die Augen ⁷und sprach (zu) ihm: Geh, wasch dich im Teiche Siloam (was verdolmetscht wird: Abgesandter). Er ging nun hin und wusch sich und ging sehend (davon).

46. Petrus bekennt Jesus als den Messias

Mt 16,13-20 | Mk 8,27-30 | Lk 9,18-21

[13]Als aber Jesus gegangen war in die Gegend von Cäsarea Philippi, fragte er seine Jünger, indem er sagte: Was sagen die Menschen, wer der Menschensohn sei? [14]Sie aber sprachen: Die einen: Johannes der Täufer, andere aber: Elija, weitere aber: Jeremia oder einer der Propheten. [15]Sagt er ihnen: Ihr aber, was sagt ihr, wer ich bin? [16]Antwortete aber Simon Petrus und sprach: Du bist der Messias, der Sohn Gottes, des Lebendigen.

[27]Und hinaus ging Jesus und seine Jünger in die Dörfer von Cäsarea Philippi. Und auf dem Weg fragte er seine Jünger, indem er ihnen sagte: Was sagen die Menschen, wer ich sei? [28]Sie aber sprachen (zu) ihm, indem sie sagten: Johannes der Täufer, und andere: Elija, andere aber: einer der Propheten. [29]Und selber fragte er sie selbst: Ihr aber, was sagt ihr, wer ich bin? Antwortete Petrus und sagt ihm: Du bist der Messias!

[18]Und es geschah, während er im Gebet war, allein, waren mit ihm zusammen die Jünger, und er fragte sie, indem er sagte: Was sagen die Volksscharen, wer ich sei? [19]Sie aber antworteten und sprachen: Johannes der Täufer, andere aber: Elija, andere aber: daß irgendein Prophet, von den alten, auferstanden ist. [20]Sprach er aber (zu) ihnen: Ihr aber, was sagt ihr, wer ich bin? Petrus aber antwortete und sprach: Der Messias Gottes!

Mt 16,17-19

[17]Antwortete aber Jesus und sprach (zu) ihm: Selig bist du, Simon Barjona, weil Fleisch und Blut (es) nicht geoffenbart haben dir, sondern mein Vater, der in den Himmeln. [18]Auch ich aber sage dir: Du bist Petrus, und auf diesem Felsengrund werde ich bauen meine Kirche, und die Tore des Totenreichs werden sich nicht stärker erweisen als sie. [19]Geben werde ich dir die Schlüssel der Königsherrschaft der Himmel, und was immer du bindest auf der Erde, soll gebunden sein in den Himmeln, und was immer du lösest auf der Erde, soll gelöst sein in den Himmeln.

[20]Da drohte er den Jüngern, auf daß (zu) niemand sie sprächen, daß er der Messias sei.

[30]Und er drohte ihnen, auf daß (zu) niemand sie sagten von ihm.

[21]Er aber, ihnen drohend, ordnete an, (zu) niemand zu sagen dies,...

Joh 6,66-69: [66]Seitdem machten sich viele seiner Jünger davon und gingen nicht mehr mit ihm umher. [67]Sprach nun Jesus (zu) den Zwölf: Und ihr, ihr wollt doch nicht etwa auch fortgehen? [68]Antwortete ihm Simon Petrus: Herr, zu wem sollten wir uns aufmachen? Worte ewigen Lebens hast du, [69]und wir haben geglaubt und erkannt, daß du es bist, der Heilige Gottes.

Thomasevangelium Spruch Nr. 13: Jesus sprach zu seinen Jüngern: Vergleicht mich, sagt es mir, wem ich gleiche. Sprach zu ihm Simon Petrus: Du gleichst einem gerechten Engel. Es sprach zu ihm Matthäus: Du gleichst einem Philosophen, einem einsichten Menschen. Es sprach zu ihm Thomas: Meister, mein Mund wird es gar nicht ertragen, zu sagen, wem du gleichst. Jesus sprach: Ich bin nicht dein Meister, denn du hast getrunken (und) dich berauscht an der sprudelnden Quelle, die ich ausgemessen habe. Er nahm ihn, zog sich zurück, er sagte ihm drei Worte. Als Thomas aber zu seinen Gefährten kam, fragten sie ihn: Was hat dir Jesus gesagt? Es sprach zu ihnen Thomas: Wenn ich euch eins der Worte sage, die er mir gesagt hat, werdet ihr Steine nehmen (und) auf mich werfen, und Feuer wird kommen aus den Steinen (und) euch verbrennen.

47. Jesus kündigt erstmals sein Leiden an

Mt 16,21-23	Mk 8,31-33	Lk 9,22
²¹Von da an begann Jesus [Christus], seinen Jüngern zu zeigen, es müsse sein, daß er nach Jerusalem hingehe und vieles leide von den Ältesten und Hohenpriestern und Schriftgelehrten und getötet werde und am dritten Tag auferweckt werde. ²²Und beiseite nahm ihn Petrus und begann ihm zu drohen, indem er sagte: (Gott sei) gnädig dir, Herr! Niemals soll dir dies widerfahren! ²³Er aber wandte sich und sprach (zu) dem Petrus: Hinweg, fort von mir, Satan! Ein Skandal bist du für mich, denn du sinnst nicht auf das, was Gottes (ist), sondern auf das, was der Menschen (ist).	³¹Und er begann sie zu lehren, es müsse sein, daß der Menschensohn vieles leide und verworfen werde von den Ältesten und den Hohenpriestern und den Schriftgelehrten und getötet werde und nach drei Tagen auferstehe. ³²Und ganz offen redete er das Wort. Und beiseite nahm Petrus ihn und begann ihm zu drohen. ³³Er aber wandte sich um und sah seine Jünger und drohte Petrus und sagt: Hinweg, fort von mir, Satan! Denn du sinnst nicht auf das, was Gottes (ist), sondern auf das, was der Menschen (ist).	²²indem er sprach, es müsse sein, daß der Menschensohn vieles leide und verworfen werde von den Ältesten und Hohenpriestern und Schriftgelehrten und getötet werde und am dritten Tag auferweckt werde.

48. Von der Nachfolge Jesu bis in den Tod

Mt 16,24-28	Mk 8,34-9,1	Lk 9,23-27
²⁴Damals sprach Jesus (zu) seinen Jüngern: Wenn jemand hinter mir her gehen will, verleugne er sich selbst und nehme auf sein Kreuz und folge mir. ²⁵Denn wer sein Leben retten will, wird es verlieren, wer aber sein Leben verliert um meinetwillen,	³⁴Und als er herbeigerufen hatte die Volksschar mit seinen Jüngern, sprach er (zu) ihnen: Wenn jemand hinter mir her gehen will, verleugne er sich selbst und nehme auf sein Kreuz und folge mir. ³⁵Denn wer sein Leben retten will, wird es verlieren; wer aber sein Leben verlieren wird um meinetwillen und um des Evangeliums willen, wird es retten. ³⁶Denn was	²³Er sagte aber zu allen: Wenn jemand hinter mir her kommen will, (ver)leugne er sich selbst und nehme auf sein Kreuz, jeden Tag, und folge mir. ²⁴Denn wer sein Leben retten will, wird es verlieren; wer aber sein Leben verliert um meinetwillen,
wird es finden. ²⁶Denn was für Nutzen wird ein Mensch haben, wenn er den ganzen Kosmos gewinnt, sein Leben aber einbüßt? Oder was soll ein Mensch zum Tausch geben für sein Leben?	nützt es einem Menschen, zu gewinnen den ganzen Kosmos und einzubüßen sein Leben? ³⁷Denn was könnte ein Mensch zum Tausch geben für sein Leben? ³⁸Denn wer sich schämt meiner und meiner Worte, in diesem Geschlecht,	der wird es retten. ²⁵Denn was für Nutzen hat ein Mensch, der da gewinnt den ganzen Kosmos, sich selbst aber verliert oder einbüßt?
(Mt 10,32f. Nr. 142)		²⁶Denn wer sich schämt meiner und meiner Worte,

²⁷Denn gewiß wird der Menschensohn kommen in der Herrlichkeit seines Vaters mit seinen Engeln, und dann „wird er vergelten einem jeden nach seiner Handlungsweise"*. ²⁸Amen, ich sage euch (daß): Es sind einige von den hier Stehenden, die da (bestimmt) nicht verkosten werden den Tod, bis daß sie sehen den Menschensohn, kommend in seiner Königsherrschaft.

*Ps 62,13; Spr 24,12.

dem ehebrecherischen und sündigen, auch der Menschensohn wird sich schämen seiner, wenn er kommt in der Herrlichkeit seines Vaters mit den Engeln, den heiligen. ¹Und er sagte ihnen: Amen, ich sage euch (daß): Es sind einige hier von den Stehenden, die da (bestimmt) nicht verkosten werden den Tod, bis daß sie sehen die Königsherrschaft Gottes, gekommen in Kraft.

dessen wird der Menschensohn sich schämen, wenn er kommt in der Herrlichkeit seiner (selbst) und des Vaters und der heiligen Engel. ²⁷Ich sage euch aber wahrheitsgemäß: Es sind einige von den hierselbst Stehenden, die (bestimmt) nicht verkosten werden den Tod, bis daß sie sehen die Königsherrschaft Gottes.

Joh 12,25: Wer da liebt sein Leben, verliert es, und wer da haßt sein Leben in diesem Kosmos, wird es ins ewige Leben bewahren.

Joh 8,51-52: ⁵¹Amen, Amen, ich sage euch: Wenn jemand mein Wort hält, (den) Tod wird er (bestimmt) nicht schauen in Ewigkeit. ⁵²Sprachen (zu) ihm die Juden: Jetzt haben wir erkannt, daß du einen Dämon hast! Abraham ist gestorben und die Propheten, und du sagst: Wenn jemand mein Wort hält, (bestimmt) wird er nicht verkosten den Tod in Ewigkeit.

Thomasevangelium Spruch Nr. 67: Jesus sprach: Wer das All erkennt und sich selbst verfehlt, verfehlt den ganzen Ort.

49. Die Verklärungsgeschichte

Mt 17,1-9	Mk 9,2-10	Lk 9,28-36

¹Und nach sechs Tagen nimmt Jesus mit sich den Petrus und Jakobus und Johannes, dessen Bruder, und bringt sie hinauf auf einen hohen Berg, für sich.
²Und er wurde verwandelt vor ihnen, und sein Angesicht leuchtete wie die Sonne, seine Gewänder aber wurden weiß wie das Licht.

³Und siehe, es erschienen ihnen Mose und Elija, redend mit ihm.

²Und nach sechs Tagen nimmt Jesus mit sich den Petrus und den Jakobus und den Johannes, und bringt sie hinauf auf einen hohen Berg, für sich allein.
Und er wurde verwandelt vor ihnen,
³und seine Gewänder wurden glänzend, sehr weiß, wie sie ein Walker auf der Erde nicht so weiß machen kann. ⁴Und es erschien ihnen Elija mit Mose, und waren am Reden mit Jesus.

²⁸Es geschah aber nach diesen Worten, etwa acht Tage (darauf); und mit sich nehmend Petrus und Johannes und Jakobus, stieg er hinauf auf den Berg, um zu beten.

²⁹Und es ward, in dem er betete, das Aussehen seines Angesichts andersartig und seine Gewandung weiß aufblitzend.

³⁰Und siehe, zwei Männer redeten mit ihm, die waren Mose und Elija, ³¹die, erscheinend in Herrlichkeit, sagten seinen Ausgang (voraus), den er erfüllen sollte in Jerusalem. ³²Petrus aber und die mit ihm (waren) waren beschwert

vom Schlaf. Ganz aufgewacht aber, sahen sie seine Herrlichkeit und die zwei Männer, die zusammenstanden mit ihm. ³³Und es geschah, da sie sich trennten

⁴Antwortete aber Petrus und sprach (zu) Jesus: Herr, gut ist es, daß wir hier sind. Wenn du willst, werde ich hier drei Zelte machen, dir eins und Mose eins und Elija eins.	⁵Und antwortete Petrus und sagt (zu) Jesus: Rabbi, gut ist es, daß wir hier sind, und wir wollen drei Zelte machen, dir eins und Mose eins und Elija eins. ⁶Denn er wußte nicht, was er antwortete; denn vor Schreck waren sie ganz verwirrt.	von ihm, sprach Petrus zu Jesus: Meister, gut ist es, daß wir hier sind, und wir wollen Zelte machen, drei, eins dir und eins Mose und eins Elija, nicht wissend, was er sagt.
⁵Noch während er redete, siehe, eine Wolke, hell leuchtend, überschattete sie,	⁷Und es geschah eine Wolke, die überschattete sie,	³⁴Aber während er dies sagte, geschah eine Wolke, und überschattete sie. Sie fürchteten sich aber, da sie hineingingen in die Wolke.
und siehe, eine Stimme aus der Wolke, die sagte: „Dieser ist mein Sohn, der Geliebte, an dem hab' ich Wohlgefallen! Höret auf ihn!"* ⁶Und wie (das) die Jünger hörten, fielen sie auf ihr Angesicht und fürchteten sich gewaltig. ⁷Und Jesus kam herbei und sie anrührend sprach er: Steht auf und fürchtet euch nicht! ⁸Wie sie aber ihre Augen erhoben, sahen sie niemand außer ihm, Jesus allein.	und es geschah eine Stimme aus der Wolke: „Dieser ist mein Sohn, der Geliebte, höret auf ihn!"* ⁸Und plötzlich, wie sie um sich blickten, sahen sie niemand mehr außer Jesus allein mit ihnen.	³⁵Und eine Stimme geschah aus der Wolke, die sagte: „Dieser ist mein Sohn, der Erwählte, auf ihn höret!"* ³⁶Und als da geschah die Stimme, wurde befunden Jesus allein. Und selber schwiegen sie, und niemand meldeten sie in jenen Tagen etwas von dem, was sie gesehen.
⁹Und als sie abstiegen vom Berg, gebot ihnen Jesus und sagte: (Zu) niemand sprecht vom Gesicht, bis der Menschensohn von den Toten erweckt wurde!	⁹Und als sie abstiegen vom Berg, schärfte er ihnen ein, daß sie niemand, was sie gesehen hatten, erzählten, außer dann, wenn der Menschensohn von den Toten auferstanden sei. ¹⁰Und das Wort hielten sie fest, miteinander streitend, was das sei, das „von den Toten Auferstehn".	

*Ps 2,7; Jes 42,1; Dtn 18,15.

2 Petr 1,16-18: Denn nicht ausgeklügelten Mythen folgend, haben wir euch die Kraft und Parusie unseres Herrn Jesus Christus kundgetan, sondern weil wir Augenzeugen geworden sind seiner Majestät. ¹⁷Denn er empfing von Gott Vater Ehre und Herrlichkeit, da an ihn diese Stimme erging von der erhabenen Herrlichkeit: Mein Sohn, mein Geliebter ist dieser, an ihm hab' ich Wohlgefallen. ¹⁸Und diese Stimme hörten wir vom Himmel ergehen, da wir mit ihm waren auf dem heiligen Berg.

50. Von der Wiederkunft des Elija

Mt 17,10-13

[10]Und fragten ihn die Jünger und sagten: Was nun? Die Schriftgelehrten sagen, daß Elija zuvor kommen müsse! [11]Er aber antwortete und sprach: Elija kommt wohl und wird alles wiederherstellen.*

[12]Ich sage euch aber, daß Elija schon kam, und sie erkannten ihn nicht, sondern taten an ihm, was sie wollten.
So wird auch der Menschensohn bestimmt (den Tod) erleiden von ihnen. [13]Da verstanden die Jünger, daß er von Johannes dem Täufer gesprochen hatte (zu) ihnen.

* Vgl. Mal 4,5-6.

Mk 9,11-13

[11]Und sie fragten ihn und sagten: Warum sagen die Schriftgelehrten, daß Elija zuvor kommen müsse? [12]Er aber meinte (zu) ihnen: Elija wird wohl, wenn er zuvor kommt, alles wiederherstellen.* Und wie steht es geschrieben über den Menschensohn? Auf daß er vieles leide und für nichts geachtet werde. [13]Vielmehr sage ich euch, daß auch Elija gekommen ist, und sie taten ihm, was sie wollten, wie es geschrieben steht über ihn.

51. Jesus heilt einen besessenen Knaben

Mt 17,14-21

[14]Und als sie zu der

Volksschar kamen,

kam herbei
(zu) ihm

ein Mensch, kniefällig ihn (bittend) [15]und sagend: Herr, erbarme dich
meines Sohnes,
denn mondsüchtig ist er und übel daran.

Denn oft stürzt er ins Feuer und oft ins Wasser. [16]Und ich brachte ihn zu deinen Jüngern,
und sie konnten ihn nicht heilen. [17]Antwortete aber Jesus und sprach: O ungläubiges und „verkehrtes Geschlecht"*, bis wann soll ich (noch) mit euch sein? Bis wann soll ich euch ertragen? Bringt mir ihn hierher!

Mk 9,14-29

[14]Und als sie kamen zu den Jüngern, sahen sie eine große Volksschar um sie her und Schriftgelehrte, die stritten mit ihnen. [15]Und gleich, wie die ganze Volksschar ihn sah, erschraken sie und hinzulaufend begrüßten sie ihn. [16]Und er fragte sie: Was streitet ihr mit ihnen? [17]Und antwortete ihm einer aus der Volksschar:
Lehrer,
ich brachte
meinen Sohn zu dir,
der hat einen sprachlosen Geist. [18]Und wo immer er ihn überfällt, reißt er ihn zu Boden, und schäumt und knirscht mit den Zähnen und erstarrt.

Und ich sprach (zu) deinen Jüngern, daß sie ihn austreiben, und sie vermochten es nicht. [19]Er aber antwortete ihnen und sagt: O ungläubiges Geschlecht, bis wann soll ich (noch) bei euch sein? Bis wann soll ich euch ertragen? Bringt ihn zu mir! [20]Und sie brachten

Lk 9,37-43a (17,6)

[37]Es geschah aber am nächsten Tag, als sie herabkamen vom Berg, begegnete ihm eine große Volksschar.

[38]Und siehe,
ein Mann von der Volksschar rief (um Hilfe), sagend: Lehrer, ich bitte dich, hinzublicken auf meinen Sohn, denn mein einziger ist er, [39]und siehe, ein Geist fällt ihn an, und unversehens schreit er und zerrt ihn hin und her unter Schäumen, und nur mit Mühe weicht er von ihm, ihn (ganz) aufreibend.

[40]Und ich bat deine Jünger, daß sie ihn austreiben, und sie konnten es nicht. [41]Antwortete aber Jesus und sprach: O ungläubiges und „verkehrtes Geschlecht"*, bis wann soll ich (noch) bei euch sein und euch ertragen? Führe hierher deinen Sohn! [42]Aber noch wäh-

¹⁸Und es drohte
ihm Jesus,

ihn zu ihm. Und kaum hatte
ihn gesehen der Geist, gleich
zerrte er ihn (an allen Gliedern)
und, auf die Erde stürzend, wälzte er sich schäumend. ²¹Und er
fragte seinen Vater: Wie lange
Zeit ist es (her), daß ihm dies
geschehen ist? Er aber sprach:Von
Kind an! ²²Und oft auch
ins Feuer hat er ihn geworfen
und ins Wasser, damit er ihn
verderbe. Aber wenn du irgend
kannst, hilf uns, hab Mitleid
mit uns! ²³Jesus aber sprach (zu)
ihm: Das „wenn du kannst" –
alles (ist) möglich dem, der glaubt.
²⁴Gleich schrie der Vater des
Knaben und sagte: Ich glaube.
Hilf meinem Unglauben! ²⁵Wie
aber Jesus sah, daß die Volksschar
zusammenläuft, drohte er dem
Geist, dem unreinen,

rend er herbeikam, riß ihn der
Dämon zu Boden und zerrte
(ihn an allen Gliedern).

Es drohte aber
Jesus dem Geist, dem unreinen,

und sagte ihm: Du sprachloser
und tauber Geist, *ich* gebiete dir:
Fahre aus aus ihm und nie mehr
fahre hinein in ihn. ²⁶Und mit
Geschrei und viel Hin-und-Her-
Zerrerei fuhr er aus. Und er ward
wie tot, so daß die Vielen⁺ sagten,
daß er gestorben sei. ²⁷Jesus aber
faßte seine Hand, erweckte ihn,
und er stand auf.

und ausfuhr von ihm der Dämon,

und geheilt war der Knabe von
jener Stunde an.

und machte
gesund den Knaben und gab
ihn zurück seinem Vater.⁴³Es
gerieten aber außer sich alle über
die Großmächtigkeit Gottes.

¹⁹Da gingen hin die Jünger zu
Jesus, für sich allein, und sprachen: Weshalb
konnten *wir* ihn nicht austreiben?
²⁰Er aber sagt ihnen: Wegen
eures Kleinglaubens. Amen, denn
ich sage euch, wenn ihr hättet
Glauben wie ein Senfkorn, wür-
det ihr sagen diesem Berg da:
Begib dich fort von hier, dorthin! Und wird sich fortbegeben,
und nichts wird unmöglich sein
(für) euch. [²¹Diese Art aber zieht
nicht aus, es sei denn durch Gebet und Fasten.]

²⁸Und als er hineingegangen war
ins Haus, fragten ihn seine Jünger,
für sich allein: Warum konnten
wir   ihn   nicht   austreiben?
²⁹Und er sprach (zu) ihnen:
vgl. 11,22-23 (Nr. 68)

(17,6)
⁶Sprach aber der Herr:

Falls ihr (wirklich) Glauben habt
wie ein Senfkorn, sagtet ihr wohl
diesem Maulbeerbaum da: Ent-
wurzle dich und pflanze dich ins
Meer. Und er gehorchte euch
(gewiß).

Diese Art kann durch nichts
ausfahren, es sei denn durch Gebet [und Fasten].

*Dtn 32,5.20   ⁺„die Vielen" = alle

52. Zweite Leidensankündigung

Mt 17,22-23	Mk 9,30-32	Lk 9,43b-45
[22]Als sie sich aber zusammenrotteten[+] in Galiläa,	[20]Und von dort gingen sie fort und zogen durch Galiäa, und er wollte nicht, daß jemand es wisse. [31]Denn er lehrte seine Jünger und sagte ihnen,	[43b]Als sich aber alle wunderten über alles, was er tat,
sprach (zu) ihnen Jesus:		sprach er zu seinen Jüngern: [44]Hinterlegt *ihr* in euren Ohren diese Worte: Denn der Menschensohn wird bestimmt überliefert werden in die Hände von Menschen.
Bestimmt wird der Menschensohn überliefert werden in Hände von Menschen, und töten werden sie ihn, und am dritten Tag wird er auferweckt werden. Und sie betrübten sich sehr.	daß der Menschensohn überliefert wird in Hände von Menschen, und töten werden sie ihn, und ist er getötet, wird er nach drei Tagen auferstehen. [32]Sie aber erkannten nicht (was) das Gesagte (bedeute)	
	und fürchteten sich, ihn zu befragen.	[45]Sie aber erkannten nicht (was) dieses Gesagte (bedeute), und war verborgen vor ihnen, damit sie es nicht empfänden, und sie fürchteten sich, ihn zu fragen über dieses Gesagte.

[+]Nach einer erleichternden Lesart: „sich aufhielten".

53. Vom Rangstreit der Jünger[+]

Mt 18,1-5	Mk 9,33-37	Lk 9,46-48
([17,24a]Als sie aber nach Kafarnaum kamen...)	[33]Und sie kamen nach Kafarnaum. Und in dem Haus angelangt, fragte er sie: Was habt ihr auf dem Weg besprochen?	
[1]In jener Stunde kamen die Jünger zu Jesus und sagten: Wer denn ist Größter in der Königsherrschaft der Himmel?	[34]Sie aber schwiegen. Denn miteinander hatten sie sich unterhalten auf dem Weg, wer Größter (sei). [35]Und sich setzend, beschied er die Zwölf (herbei) und sagt ihnen: Wenn jemand Erster sein will, sei er aller Letzter und aller Diener.	[46]Es fuhr aber eine Überlegung in sie hinein, „wer wohl Größter sei von ihnen".
[2]Und er rief ein Kind herbei, stellte es in die Mitte [3]und sprach: Amen, ich sage euch, wenn ihr euch nicht wendet und werdet wie die Kinder, werdet ihr nie hineinkommen in die Königsherrschaft der Himmel. [4]Jeder nun, der sich selbst (so) klein macht wie dieses Kind da,	[36]Und er nahm ein Kind, stellte es in ihre Mitte, schloß es in seine Arme und sprach (zu) ihnen: vgl. 10,15	[47]Jesus aber, wissend um die Überlegung ihres Herzens, nahm zu sich ein Kind, stellte es neben sich [48]und sprach (zu) ihnen: vgl. 18,17

der ist der Größte in der Königsherrschaft der Himmel. ⁵Und
wer willkommen heißt ein
einziges Kind, ein solches, auf
meinen Namen hin, heißt
mich willkommen.

³⁷Wer ein einziges von solchen
Kindern willkommen heißt auf
meinen Namen hin, heißt
mich willkommen. Und wer
mich willkommen heißt, heißt
nicht mich willkommen, sondern
den, der mich gesandt hat.

Wer willkommen heißt dieses
Kind
auf meinen Namen hin, heißt
mich willkommen. Und wer
mich willkommen heißt,
heißt will-
kommen den, der mich gesandt
hat. Denn wer der Kleinste unter
euch allen ist, der ist groß.

+Vgl. Mk 10,35-45 parr (Nr. 62).

Mt 23,11-12: ¹¹Der Größte aber unter euch soll unter euch Diener sein. ¹²Jeder aber, der sich selbst
erhöht, wird klein gemacht werden, und jeder, der sich selbst klein macht, wird erhöht werden.
Lk 14,11: ¹¹Denn jeder sich selbst Erhöhende wird klein gemacht werden, und der sich selbst klein
Machende wird erhöht werden (vgl. 18,14).
Joh 13,20: ²⁰Amen, Amen, ich sage euch: Wer aufnimmt, wen ich sende, nimmt mich auf,
wer aber mich aufnimmt, nimmt den auf, der mich gesandt hat.
Thomasevangelium Spruch Nr. 12: Es sprachen die Jünger zu Jesus: Wir wissen, daß du von uns gehen wirst.
Wer ist's, der groß sein wird über uns? Jesus sprach zu ihnen: Am Ort, wohin ihr gekommen seid, werdet ihr
gehn zu Jakobus dem Gerechten, dessentwegen der Himmel und die Erde geworden sind.

54. Gegen Unduldsamkeit und konfessionelle Enge

Mt 10,42	Mk 9,38-41	Lk 9,49-50
	³⁸Meinte (zu) ihm Johannes: Lehrer, wir sahen jemand in deinem Namen Dämonen austreiben, (einen) der uns nicht nachfolgt, und wir hinderten ihn, weil er uns nicht nachfolgte. ³⁹Jesus aber sprach: Hindert ihn nicht! Denn niemand ist, der eine Krafttat auf meinen Namen hin tun und die Kraft haben wird, bald (darauf) Übles zu reden von mir. ⁴⁰Denn wer nicht gegen uns ist, der ist für uns.	⁴⁹Antwortete aber Johannes und sprach: Meister, wir sahen jemand in deinem Namen Dämonen austreiben, und wir hinderten ihn, weil er nicht nachfolgt mit uns. ⁵⁰Sprach aber zu ihm Jesus: Hindert (ihn) nicht! Denn wer nicht gegen uns ist, der ist für uns.
⁴²Und wer einen von diesen Kleinen tränkt mit einem Trunk kalten (Wassers), allein auf den Namen „Jünger" hin, Amen, sage ich euch, er wird nie verlieren seinen Lohn.	⁴¹Denn wer euch tränkt mit einem Trunk Wasser im Namen, daß ihr Christi seid: Amen, sage ich euch, daß er nie verlieren wird seinen Lohn.	

Mt 12,30: ³⁰Wer nicht mit mir ist, ist gegen mich, und wer nicht mit mir sammelt, der treibt
auseinander (vgl. Lk 11,23).
Oxyrhynchos-Papyrus 1224 (p. 176): Und betet für eure Feinde. Denn wer nicht gegen euch ist, der ist für euch.
Wer heute fern ist – morgen wird er nahe von euch sein.

55. Warnung vor Verführung und Abfall

Mt 18,6-9; 5,13

Mk 9,42-50

Lk 17,1-2; 14,34-35

vgl. V. 7

[6]Wer aber verführt einen einzigen dieser Kleinen, die da glauben an mich, förderlich wäre es ihm, daß gehängt würde ein Eselsmühlstein um seinen Hals und er versenkt würde in der Tiefe des Meeres. [7]Wehe der Welt um der Verführungen willen! Denn notwendig ist (wohl), daß die Verführungen kommen, doch wehe dem Menschen, durch den die Verführung kommt. [8]Falls aber deine Hand oder dein Fuß dich verführt, hau ihn aus und wirf (ihn) von dir! Besser ist es dir, einzugehen in das Leben, verstümmelt oder lahm, als zwei Hände oder zwei Füße zu haben und geworfen zu werden in das Feuer, das ewige.

[9]Und falls dein Auge dich verführt, reiß es aus und wirf es von dir. Besser ist dir, einäugig in das Leben einzugehen als zwei Augen zu haben und geworfen zu werden in die Hölle des Feuers.

[5,13]Ihr seid das Salz der Erde!

Wenn aber das Salz fade wird, womit wird es gesalzen werden? Zu nichts taugt es mehr,

[42]Und wer verführt einen einzigen dieser Kleinen, die da glauben, besser wäre es ihm, wenn umgelegt würde ein Eselsmühlstein um seinen Hals und er geworfen würde in das Meer.

[43]Und wenn dich verführt deine Hand, hau sie ab! Besser ist es (für) dich, verstümmelt einzugehen in das Leben als die zwei Hände zu haben und abzugehen in die Hölle, in das Feuer, das unauslöschliche. [[44]Wo ihr Wurm nicht verendet und das Feuer nicht verlischt.*] [45]Und wenn dein Fuß dich verführt, hau ihn ab! Besser ist (für) dich, lahm einzugehen in das Leben, als die zwei Füße zu haben und geworfen zu werden in die Hölle. [[46]][47] Und wenn dein Auge dich verführt, wirf es heraus! Besser ist (für) dich, einäugig einzugehen in die Königsherrschaft Gottes als zwei Augen zu haben und geworfen zu werden in die Hölle, [48]wo „ihr Wurm nicht verendet und das Feuer nicht verlischt".* [49]Denn jeder wird mit Feuer gesalzen werden. [50]Gut (ist) das Salz. Wenn aber das Salz salzlos wird, womit werdet ihr es würzen?

[1]Er sprach aber zu seinen Jüngern: Unmöglich ist, daß die Verführungen nicht kommen, wehe aber, durch wen sie kommen!

[2]Es frommte ihm, wenn ein Mühlstein umgelegt würde um seinen Hals und er fortgeschleudert würde in das Meer, als daß er verführe von diesen Kleinen einen einzigen. vgl. V. 1

14,34-35
[34]Gut (ist) nun das Salz. Wenn aber auch das Salz fade wird, womit wird es gewürzt werden? [35]Weder für (das) Land

es sei denn, daß es hinausgeworfen und zertreten wird von den Menschen.		noch für einen Düngerhaufen ist es brauchbar. Hinaus werfen sie es.
	Habt in euch selbst Salz und haltet Frieden untereinander!	Der da Ohren hat zu hören, höre!

Mk 9,44.46 fehlen in den besten Handschriften und sind wohl aus Vers 48 eingedrungen.
*Jes 66,24.

56. Jesus bricht auf nach Judäa

Mt 19,1-2	Mk 10,1	Lk 9,51
¹Und es geschah, als Jesus beendet hatte diese Worte, begab er sich fort von Galiläa		⁵¹Es geschah aber, da sich erfüllen sollten die Tage seiner Aufnahme, und er selbst, (sein) Angesicht richtete er, zu ziehen nach Jerusalem...
und kam in das Gebiet von Judäa jenseits des Jordans. ²Und es folgten ihm nach viele Volksscharen, und	¹Und von dort aufbrechend, kommt er in das Gebiet von Judäa und jenseits des Jordans und zusammen ziehen wiederum Volksscharen zu ihm und, – wie er zu tun pflegte –, wiederum	
er heilte sie dort.	lehrte er sie.	

57. Jesus stellt die ursprüngliche Ordnung der Ehe wieder her

Mt 19,3-12	Mk 10,2-12
³Und herbeikamen (zu) ihm Pharisäer, die (wollten) ihn prüfen und sagten: Ob es erlaubt ist, fortzuschicken sein Weib aus jedem Grund? ⁴Er aber antwortete und sprach: vgl. V. 7-8	²Und herbeigekommene Pharisäer fragten ihn, ob es erlaubt ist einem Mann, ein Weib fortzuschicken – die (wollten) ihn prüfen. ³Er aber antwortete und sprach (zu ihnen): Was hat euch Mose geboten? ⁴Sie aber sprachen: Gestattet hat Mose, „einen Scheidebrief zu schreiben und fortzuschicken"*. ⁵Jesus aber sprach (zu) ihnen: Im Hinblick auf eure Herzenshärte schrieb er euch dieses Gebot.
Habt ihr nicht gelesen, daß der Schöpfer von Anbeginn an „männlich und weiblich sie machte"?** ⁵Und er sprach: „Deswegen wird verlassen ein Mensch den Vater und die Mutter und anhangen seinem Weib, und es werden sein die zwei zu einem Fleisch"***. ⁶Daher: Nicht mehr sind sie zwei, sondern ein Fleisch. Was nun Gott zusammengespannt hat, soll ein Mensch nicht trennen. ⁷Sagen sie (zu) ihm: Warum hat Mose geboten, „zu geben einen Scheidebrief und fortzuschicken"*? ⁸Sagt er ihnen: Weil Mose im Hinblick auf eure Herzenshärte euch gestattete, eure Weiber fortzuschicken. Von Anbeginn aber geschah es nicht so.	⁶Von Anbeginn (der) Schöpfung an aber (gilt): „Männlich und weiblich machte er sie".** ⁷„Deswegen wird verlassen ein Mensch seinen Vater und die Mutter, ⁸und es werden sein die zwei zu einem Fleisch"***. Daher: Nicht mehr sind sie zwei, sondern ein Fleisch. ⁹Was nun Gott zusammengespannt hat, soll ein Mensch nicht trennen. vgl. V. 3-5
⁹Ich sage euch	¹⁰Und zu Haus (waren es) wiederum die Jünger, (die) über dieses (Wort) ihn befragten. ¹¹Und er

74

aber, daß wer fortschickt sein Weib – nicht wegen Unzucht! – und heiratet eine andere, der treibt Ehebruch. [Und wer eine, die fortgeschickt wurde, heiratet, der treibt Ehebruch.] +

sagt ihnen: Wer fortschickt sein Weib und heiratet eine andere, der treibt Ehebruch an ihr. [12]Und wenn sie fortgeschickt hat ihren Mann und heiratet einen anderen, treibt sie Ehebruch.

[10]Sagen (zu) ihm die Jünger: Wenn so die Sache des Menschen ist mit dem Weib, ist es nicht förderlich zu heiraten. [11]Er aber sprach (zu) ihnen: Nicht alle fassen dieses Wort, sondern (nur die) denen es gegeben ist. [12]Denn es gibt Eunuchen, die aus dem Mutterleib geboren wurden so, und es gibt Eunuchen, die zu Eunuchen gemacht wurden von den Menschen, und es gibt Eunuchen, die zu Eunuchen machten sich selbst um der Königsherrschaft der Himmel willen. Wer da die Kraft hat (es) zu fassen, fasse (es)!

* Dt 24,1;   ** Gen 1,27;   *** Gen 2,24.
+ Vgl. Mt 5,31-32; Lk 16,18 (Nr. 120).

1 Kor 7,10-11: [10]Den Verheirateten aber gebiete ich, (das heißt) nicht ich, sondern der Herr, ein Weib dürfe sich vom Mann nicht trennen; [11]wenn sie sich aber doch getrennt hat, bleibe sie unverheiratet oder mit dem Mann versöhne sie sich, und ein Mann dürfe ein Weib nicht entlassen.

58. Jesus segnet Kinder

Mt 19, 13-15; (18,3)	Mk 10, 13-16	Lk 18, 15-17
[13]Da wurden hinzugebracht (zu) ihm Kinder, damit er ihnen die Hände auflege und bete. Aber die Jünger drohten ihnen. [14]Jesus aber sprach: Laßt die Kinder und hindert sie nicht, zu mir zu kommen! Denn der so Gearteten ist die Königsherrschaft der Himmel. [18,3]Und er sprach: Amen, ich sage euch, wenn ihr euch nicht wendet und werdet wie die Kinder, werdet ihr nie hineinkommen in die Königsherrschaft der Himmel. [15]Und er legte ihnen die Hände auf und zog von dort weg.	[13]Und hinzu brachten sie (zu) ihm Kinder, damit er sie berührte. Aber die Jünger drohten ihnen. [14]Wie aber Jesus (dies) sah, ward er unwillig und sprach (zu) ihnen: Laßt die Kinder zu mir gehen, hindert sie nicht! Denn der so Gearteten ist die Königsherrschaft Gottes. [15]Amen, ich sage euch, wer nicht willkommen heißt die Königsherrschaft Gottes wie ein Kind, wird nie hineinkommen in sie. [16]Und sie in die Arme schließend, sprach er den Segen, legte die Hände auf sie.	[15]Hinzu brachten sie aber (zu) ihm auch die Säuglinge, damit er sie berühre. Wie aber die Jünger (dies) sahen, drohten sie ihnen. [16]Jesus aber rief sie zu sich, indem er sagte: Laßt die Kinder zu mir gehen und hindert sie nicht! Denn der so Gearteten ist die Königsherrschaft Gottes. [17]Amen, ich sage euch, wer nicht willkommen heißt die Königsherrschaft Gottes wie ein Kind, wird nie hineinkommen in sie.

Joh 3,3.5: [3]Antwortete Jesus und sprach (zu) ihm: Amen, Amen, ich sage dir: Wenn jemand nicht geboren wird von oben her, hat er nicht die Kraft, zu sehen die Königsherrschaft Gottes... [5]Antwortete Jesus: Amen, Amen, ich sage dir: Wenn jemand nicht geboren wird aus Wasser und Geist, hat er nicht die Kraft, hineinzukommen in die Königsherrschaft Gottes.

Thomasevangelium Spruch Nr. 22a: Jesus sah kleine (Kinder) saugen. Er sprach zu seinen Jüngern: Diese Kleinen, die saugen, gleichen denen, die eingehen ins Reich.

59. Reichtum – ein Hindernis für die Nachfolge Jesu

Mt 19,16-26	Mk 10,17-27	Lk 18,18-27

[16]Und siehe, einer kam herbei, (zu) ihm und sprach: Lehrer, was muß ich Gutes tun, damit ich ewiges Leben habe? [17]Er aber sprach (zu) ihm: Was fragst du mich nach dem Guten? Einer ist der Gute! Wenn du aber willst in das Leben hineinkommen, halte die Gebote. [18]Sagt er (zu) ihm: Welche? Jesus aber sprach: Das „Nicht töten sollst du, nicht ehebrechen sollst du, nicht stehlen sollst du, nicht falsch bezeugen sollst du, [19]ehre den Vater und die Mutter", und „lieben sollst du deinen Nächsten wie dich selbst".** [20]Sagt (zu) ihm der Jüngling: Dies alles habe ich beobachtet. Was mangelt mir noch?

[21]Sagt (zu) ihm Jesus: Wenn du vollkommen sein willst, geh hin, verkaufe deine Besitztümer und gib Armen, und du wirst einen Schatz in Himmeln haben, und komm, folge mir nach! [22]Wie aber der Jüngling das Wort hörte, ging er betrübt hinweg; denn er war im Besitz vieler Grundstücke.

[23]Jesus aber sprach (zu) seinen Jüngern: Amen, ich sage euch, daß ein Reicher schwer hineinkommen wird in die Königsherrschaft der Himmel.

[24]Wiederum aber sage ich euch:

Leichter ist, daß ein Kamel

---

[17]Und als er hinauszog auf den Weg, lief einer herbei und, auf die Knie fallend vor ihm, fragte er ihn: Guter Lehrer, was muß ich tun, damit ich ewiges Leben erben werde? [18]Jesus aber sprach (zu) ihm: Was nennst du mich gut? Keiner (ist) gut, nur einer: Gott! [19]Die Gebote kennst du:

„Du sollst nicht töten, du sollst nicht ehebrechen, du sollst nicht stehlen, du sollst nicht falsch bezeugen, du sollst nicht rauben, ehre deinen Vater und die Mutter."*

[20]Der aber meinte (zu) ihm: Lehrer, dies alles habe ich beobachtet seit meiner Jugend an. [21]Aber Jesus, ihn anblickend, gewann ihn lieb und sprach (zu) ihm: Eins mangelt dir. Geh hin, was du hast, verkaufe und gib den Armen, und du wirst einen Schatz im Himmel haben, und komm, folge mir nach! [22]Der aber (ward) bestürzt über das Wort, (und) er ging betrübt hinweg; denn er war im Besitz vieler Grundstücke.

[23]Und um sich blickend, sagt Jesus zu seinen Jüngern: Wie schwer (doch) die, die Vermögen haben, in die Königsherrschaft Gottes hineinkommen werden! [24]Die Jünger aber erschauderten über seine Worte. Aber Jesus, wiederum antwortend, sagt (zu) ihnen: Kinder, wie schwer ist es [denen, die ihr Vertrauen gesetzt haben auf Geld] in die Königherrschaft Gottes heineinzukommen! [25]Leichter ist, daß ein Kamel

---

[18]Und es fragte ihn ein Ratsherr und sagte: Guter Lehrer, was, wenn ich tat, werde ich ewiges Leben erben? [19]Sprach aber (zu) ihm Jesus: Was nennst du mich gut? Keiner (ist) gut, nur einer: Gott! [20]Die Gebote kennst du:

„Du sollst nicht ehebrechen, du sollst nicht töten, du sollst nicht stehlen, du sollst nicht falsch bezeugen, ehre deinen Vater und die Mutter."*

[21]Der aber sprach: Dies alles habe ich beobachtet seit Jugend an. [22]Wie aber Jesus (das) hörte, sprach er (zu) ihm: Noch eins bleibt dir (zu tun). Alles, was du hast, verkaufe und gib aus an Arme, und du wirst einen Schatz in den Himmeln haben, und komm, folge mir nach! [23]Wie er aber dieses hörte, ward er tief betrübt; denn er war sehr reich.

[24]Wie aber Jesus ihn sah, sprach er: Wie schwer (doch) die, die Vermögen haben, in die Königsherrschaft Gottes einziehen!

[25]Leichter ist, daß ein Kamel

| durch ein Öhr einer Nadel hineinkommt als ein Reicher in die Königsherrschaft Gottes. ²⁵ Wie das aber die Jünger hörten, entsetzten sie sich sehr und sagten: Wer dann vermag gerettet zu werden? ²⁶(Sie) aber anblickend, sprach Jesus (zu) ihnen: Bei Menschen ist dies unmöglich, „bei Gott aber (ist) alles möglich".*** | durch das Öhrlein der Nadel hindurchkommt als daß ein Reicher in die Königsherrschaft Gottes heineinkommt. ²⁶Die aber, noch mehr entsetzten sie sich und sagten zueinander: Und wer vermag gerettet zu werden? ²⁷Sie anblickend, sagt Jesus: Bei Menschen unmöglich, aber nicht bei Gott. Denn „alles (ist) möglich bei Gott."** | durch ein Öhr einer Nähnadel hineinkommt als daß ein Reicher in die Königsherrschaft Gottes hineinkommt. ²⁶Es sprachen aber die (das) gehört hatten: Und wer vermag gerettet zu werden? ²⁷Der aber sprach: Das Unmögliche bei Menschen, möglich ist es bei Gott. |

*Ex 20,12-16; Dtn 5,16-20; vgl. Lev 19,13.   **Lev 19,18.   ***Gen 18,14.

Röm 13,9: ⁹Denn das „nicht ehebrechen sollst du, nicht töten sollst du, nicht stehlen sollst du, nicht begehren sollst du", und wenn sonst noch ein Gebot, in diesem Wort wird es zusammengefaßt, in dem: „Lieben sollst du deinen Nächsten wie dich selbst."

Nazaräerevangelium (Nr. 16): Es sprach zu ihm der andere der beiden Reichen: Meister, was soll ich Gutes tun, damit ich lebe? Er sprach zu ihm: Mensch, erfülle das Gesetz und die Propheten. Er antwortete ihm: Das habe ich getan. Er sprach zu ihm: Gehe hin und verkaufe alles, was du besitzest, und verteile es unter die Armen, und dann komm und folge mir nach. Da begann aber der Reiche sich am Kopf zu kratzen, und es (das Wort) gefiel ihm nicht. Und der Herr sprach zu ihm: Wie kannst du sagen, Gesetz und Propheten habe ich erfüllt? Steht doch im Gesetz geschrieben: Liebe deinen Nächsten wie dich selbst; und siehe, viele deiner Brüder, Söhne Abrahams, starren vor Schmutz und sterben vor Hunger – und dein Haus ist voll von vielen Gütern, und gar nichts kommt aus ihm heraus zu ihnen! Und er wandte sich um und sagte zu Simon, seinem Jünger, der bei ihm saß: Simon, Sohn des Jona, es ist leichter, daß ein Kamel durch ein Nadelöhr gehe als ein Reicher ins Himmelreich (Origenes, Mt.-Kom. XV 14 zu 19,16-24 in der lateinischen Bearbeitung).

60. Lohn der Jüngerschaft

Mt 19,27-30	Mk 10,28-31	Lk 18,28-30 (22,28-30)
²⁷Da antwortete Petrus und sprach (zu) ihm: Siehe wir, wir haben alles gelassen und sind dir nachgefolgt. Was also wird uns sein? ²⁸Jesus aber sprach (zu) ihnen: Amen, ich sage euch, daß ihr, die da mir gefolgt seid, in der Wiedergeburt, wenn sitzen wird der Menschensohn auf seinem Herrlichkeitsthron, ihr auch selber sitzen werdet auf zwölf Thronen, richtend die zwölf Stämme Israels. ²⁹Und jeder, der gelassen hat, Häuser oder Brüder oder Schwestern oder Vater	²⁸Begann zu sagen Petrus (zu) ihm: Siehe wir, wir haben alles gelassen und sind dir nachgefolgt. ²⁹Meinte Jesus: Niemand ist, der gelassen hat Haus oder Brüder oder Schwestern oder Mutter	²⁸Sprach aber Petrus: Siehe wir, die das Eigentum ließen, sind dir nachgefolgt. ²⁹ᵃEr aber sprach (zu) ihnen: Amen, ich sage euch, daß... 22,28-30: ²⁸Ihr aber seid die da ausgeharrt haben bei mir in meinen Versuchungen. ²⁹Und ich hinterlasse euch, wie hinterlassen hat mir mein Vater, eine Königsherrschaft, ³⁰damit ihr esset und trinket an meinem Tisch in meiner Königsherrschaft, und ihr werdet sitzen auf Thronen, die zwölf Stämme richtend von Israel. ²⁹ᵇ...niemand ist, der gelassen hat Haus oder Weib oder Bruder oder Eltern

oder Mutter oder Kinder oder Äcker um meines Namens willen,

Vielfältiges wird er empfangen

und
ewiges Leben erben.
[30]Viele Erste aber werden Letzte sein und Letzte Erste.

oder Vater oder Kinder oder Äcker um meinetwillen und um des Evangeliums willen, [30]wenn er nicht empfinge Hundertfältiges, jetzt in dieser Entscheidungszeit Häuser und Brüder und Schwestern und Mütter und Kinder und Äcker – mitten unter Verfolgungen – und in dem Äon, dem kommenden, ewiges Leben. [31]Viele Erste aber werden Letzte sein und Letzte Erste.

oder Kinder
um der Königsherrschaft Gottes willen, [30]der
nicht empfinge Vielfältiges
in dieser Entscheidungszeit

und in dem Äon, dem kommenden, ewiges Leben. ([13,30]Und siehe, es sind Letzte, die werden Erste sein, und es sind Erste, die werden Letzte sein.)

Thomasevangelium Spruch Nr. 4: Jesus sprach: Nicht wird zögern der Greis in seinen Tagen zu fragen ein ganz kleines Kind von sieben Tagen wegen des Ortes des Lebens, und er wird leben. Denn viele Erste werden Letzte sein, und die werden ein einziger sein.

61. Dritte Leidensankündigung

Mt 20,17-19

[17]Als Jesus aber hinaufzusteigen gedachte nach Jerusalem,

nahm er beiseite
die Zwölf für sich allein, und auf dem Weg sprach er (zu) ihnen:

[18]Siehe, wir steigen hinauf nach Jerusalem,

und der
Menschensohn wird überliefert werden den Hohepriestern und Schriftgelehrten, und verurteilen werden sie ihn zum Tod, [19] und überliefern werden sie ihn den Heiden zum Verspotten

und Geißeln und Kreuzigen, und am dritten Tag
wird er auferweckt werden.

Mk 10,32-34

[32]Sie waren aber auf dem Weg, hinaufzusteigen nach Jerusalem, und es war, (daß) Jesus ihnen voranging, und sie erschauderten, die aber nachfolgten, fürchteten sich. Und beiseite nehmend wiederum die Zwölf, begann er ihnen zu sagen, was ihm zustoßen müsse: [33](Daß) siehe, wir steigen hinauf nach Jerusalem,

und der
Menschensohn wird überliefert werden den Hohepriestern und den Schriftgelehrten, und verurteilen werden sie ihn (zum) Tod, und überliefern werden sie ihn den Heiden, [34]und verspotten werden sie ihn, und anspeien werden sie ihn, und
geißeln werden sie ihn und töten, und nach drei Tagen
wird er auferstehen.

Lk 18,31-34

[31]Beiseite nehmend aber die Zwölf, sprach er zu ihnen:

Siehe, wir steigen hinauf nach Jerusalem und es wird alles vollbracht werden, was geschrieben ist durch die Propheten (von) dem Menschensohn.

[32]Denn er wird überliefert werden den Heiden und wird verspottet werden und wird verhöhnt werden und wird angespieen werden, [33]und, nachdem sie (ihn) gegeißelt haben, werden sie ihn töten, und am Tag, dem dritten, wird er auferstehen. [34]Und selbst sie verstanden nichts davon und es war diese Weissagung verborgen vor ihnen, und sie erkannten nicht, was gesagt ward.

62. Die Bitte der Zebedäussöhne

Mt 20,20-28	Mk 10,35-45	Lk 12,50; 22,24-27

Mt 20,20-28

²⁰Da kam herbei (zu) ihm die Mutter der Söhne (des) Zebedäus mit ihren Söhnen, fiel zu Füßen und (wollte) etwas von ihm erbitten. ²¹Er aber sprach (zu) ihr: Was willst du?
Sie sagt ihm: Sprich, daß diese meine zwei Söhne sitzen sollen, einer zur Rechten und einer zu deiner linken (Seite) in deiner Königsherrschaft. ²²Antwortete aber Jesus und sprach: Ihr wißt nicht, was ihr erbittet. Habt ihr die Kraft, zu trinken den Kelch, den *ich* trinken muß?

Sagen sie ihm: Wir haben die Kraft. ²³Sagt er ihnen: Meinen Kelch zwar werdet ihr trinken,

aber das Sitzen zu meiner Rechten und zur Linken ist nicht meine (Sache) [das] zu geben, sondern denen es bereitet ist von meinem Vater. ²⁴ Und als (das) die Zehn hörten, wurden sie unwillig über die zwei Brüder. ²⁵Jesus aber, sie herbeirufend, sprach: Ihr wißt, daß die

Regenten über die Völker von oben herab über sie herrschen, und die Großen von oben herab Gewalt ausüben über sie.
²⁶Nicht so ist es unter euch: Sondern wer unter euch groß werden will, sei euer Diener,
²⁷Und wer unter euch Erster sein will, sei euer Knecht;

Mk 10,35-45

³⁵Und herzutreten (zu) ihm Jakobus und Johannes, die (zwei) Söhne (des) Zebedäus, und sagen ihm: Lehrer, wir wollen, daß, was immer wir von dir erbitten, du uns tust. ³⁶Er aber sprach (zu) ihnen: Was wollt ihr, daß ich euch tue? ³⁷Die aber sprachen (zu) ihm: Gib uns, daß wir einer zu deiner Rechten und einer zur Linken sitzen dürfen in deiner Herrlichkeit. ³⁸Jesus aber sprach (zu) ihnen: Ihr wißt nicht, was ihr erbittet. Habt ihr die Kraft, zu trinken den Kelch, den *ich* trinke, oder mit der Taufe, mit der ich getauft werde, getauft zu werden? ³⁹Die aber sprachen (zu) ihm: Wir haben die Kraft. Jesus aber sprach (zu) ihnen: Den Kelch, den *ich* trinke, werdet ihr trinken, und mit der Taufe, mit der ich getauft werde, werdet ihr getauft werden. ⁴⁰Aber das Sitzen zu meiner Rechten oder zur Linken ist nicht meine (Sache) zu geben, sondern denen es bereitet ist. ⁴¹Und als (das) die Zehn hörten, begannen sie unwillig zu werden über Jakobus und Johannes. ⁴²Und sie herbeirufend, sagt Jesus (zu) ihnen: Ihr wißt, daß die, welche angesehen werden, als regieren sie über die Völker, von oben herab über sie herrschen, und ihre Großen von oben herab Gewalt ausüben über sie. ⁴³Nicht so aber ist es unter euch: Sondern wer groß werden unter euch will, sei euer Diener, ⁴⁴und wer unter euch Erster sein will, sei aller Knecht.

Lk 12,50; 22,24-27

¹²,⁵⁰Mit einer Taufe aber habe ich getauft zu werden, und wie bedrückt es mich, bis daß sie vollbracht ist!

²²,²⁴Es geschah aber auch ein Streit unter ihnen, wer von ihnen angesehen werde, größer zu sein. ²⁵Er aber sprach (zu) ihnen: Die

Könige der Völker herrschen über sie, und die Gewalt ausüben über sie, werden „Wohltäter" genannt.
²⁶Ihr aber nicht so! Sondern der Größere unter euch werde wie der Jüngere

und der Leitende wie der Dienende.

<table>
<tr><td>28wie ja der Menschensohn nicht kam, um bedient zu werden, sondern um zu dienen und zu geben sein Leben als Lösegeld für viele.</td><td>45Denn auch der Menschensohn kam nicht, um bedient zu werden, sondern um zu dienen und zu geben sein Leben als Lösegeld für viele.</td><td>27Denn wer (ist) größer, der zu Tische Liegende oder der Dienende? Nicht der zu Tische Liegende? Ich aber, inmitten von euch, bin wie der Dienende.</td></tr>
</table>

1 Tim 2,5-6: 5Denn einer (ist) Gott, einer auch Mittler Gottes und (der) Menschen, (der) Mensch Christus Jesus, 6der gegeben hat sich selbst als Lösegeld für alle, das Zeugnis (Gottes) zur rechten Zeit.

63. Jesus heilt den blinden Bartimäus

Mt 20,29-34	Mk 10,46-52	Lk 18,35-43
		35Es geschah aber, als er sich näherte nach Jericho (zu),
29Und als sie auszogen von Jericho, folgte ihm eine große Volksschar.	46Und sie kommen nach Jericho. Und als er auszog von Jericho – und seine Jünger und eine beträchtliche Volksschar –, der Sohn des Timäus, Bartimäus, ein blinder Bettler, saß da am Weg.	
30Und siehe, zwei Blinde, die da saßen am Weg, wie sie hörten,	47Und wie er hörte,	ein Blinder saß da am Weg bettelnd. 36Wie er aber hörte, eine Volksschar vorüberziehn, erkundigte er sich, was das sei. 37Sie meldeten ihm aber,
daß Jesus vorübergeht, schrien sie, sagten: Herr,	daß (es) Jesus der Nazarener ist, begann er zu schreien und zu sagen:	daß Jesus, der Nazaräer, vorüberkommt. 38Und er rief (um Hilfe), sagte:
erbarme dich unser, Sohn Davids!	Sohn Davids, Jesus, erbarme dich meiner!	Jesus, Sohn Davids, erbarme dich meiner!
31Die Volksschar aber drohte ihnen, daß sie schweigen. Die aber, noch lauter schrien sie, sagten: Herr, erbarme dich unser, Sohn Davids! 32Und stehen blieb Jesus, rief sie (her)	48Und es drohten ihm viele, daß er schweige. Der aber, viel mehr (noch) schrie er: Sohn Davids, erbarme dich meiner! 49Und stehen blieb Jesus und sprach: Ruft ihn (her)! Und sie rufen den Blinden und sagen ihm: Mut, steh auf, er ruft dich! 50Der aber warf ab sein Gewand, sprang auf und kam zu Jesus.	39Und die Vorangehenden drohten ihm, daß er still sei. Er aber, viel mehr noch schrie er: Sohn Davids, erbarme dich meiner! 40Stehen geblieben aber war Jesus und hatte befohlen, daß er zu ihm geführt werde.

Als er sich aber genähert hatte, fragte er |
| und sprach: Was wollt ihr, daß ich euch tue? 33Sagen sie (zu) ihm: Herr, daß sich öffnen unsere Augen! 34Von Mitleid bewegt aber ward Jesus, er berührte ihre Augen, | 51Und antwortete ihm Jesus und sprach: Was willst du, daß ich dir tue? Der Blinde aber sprach (zu) ihm: Rabbuni, daß ich wieder sehe! 52Und Jesus sprach (zu) ihm: Geh hin! Dein Glaube hat | ihn: 41Was willst du, daß ich dir tue? Der aber sprach: Herr, daß ich wieder sehe! 42Und Jesus sprach (zu) ihm: Sei wieder sehend! Dein Glaube |

und sogleich sahen sie wieder und folgten ihm nach.	dich gerettet. Und gleich sah er wieder und folgte ihm nach auf dem Weg.	hat dich gerettet. [43]Und sofort sah er wieder und folgte ihm nach, Gott preisend. Und alles Volk, (das) sehend, gab Gott Lob.	

Mt 9,27-31: [27]Und dem von dort weitergehenden Jesus folgten zwei Blinde nach, die schrien und sagten: Erbarme dich unser, Sohn Davids! [28](Kaum) gekommen aber in das Haus, kamen herbei (zu) ihm die Blinden, und sagt ihnen Jesus: Glaubt ihr, daß ich die Kraft habe, dies zu tun? Sagen sie ihm: Ja, Herr! [29]Da berührte er ihre Augen und sagte: Nach eurem Glauben geschehe euch! [30]Und geöffnet wurden ihre Augen. Und Jesus fuhr sie an, sagte: Seht zu, daß niemand es wisse! [31]Die aber, (kaum) hinausgegangen, machten ihn bekannt in jenem ganzen Land.

64. Jesus zieht ein in Jerusalem

Mt 21,1-9	Mk 11,1-10	Lk 19,29-40	Joh 12,12-19
			[12]Am folgenden Tag, als die große Volksschar, die gekommen war zum Fest, hörte, es komme Jesus nach Jerusalem,
		[28]Und nachdem er dies gesagt hatte, zog er vorwärts, hinaufsteigend	
[1]Und da sie sich näherten nach Jerusalem (zu) und gekommen waren	[1]Und da sie sich nähern nach Jerusalem (zu),	nach Jerusalem. [29]Und es geschah, wie er sich näherte	
nach Betfage nach dem Berg	nach Betfage und Betanien (zu) am Berg	nach Betfage und Betanien (zu) am Berg, der da heißt	
der Ölbäume, da entsandte Jesus zwei Jünger, [2]ihnen sagend: Zieht in das Dorf, das gegenüber von euch (liegt), und gleich	der Ölbäume, entsendet er zwei seiner Jünger [2]und sagt ihnen: Geht hin in das Dorf, das gegenüber von euch (liegt), und gleich, wenn ihr hineinzieht in es, werdet ihr finden	„(der) Ölbäume", entsandte er zwei der Jünger, [30]sagend: Geht hin in das gegenüber(liegende) Dorf, in dem, wenn ihr hineinzieht, ihr finden werdet	
werdet ihr finden eine Eselin angebunden und ein Füllen bei ihr.	ein Füllen angebunden, auf dem noch kein Mensch gesessen.	ein Füllen angebunden, auf dem noch nie ein Mensch gesessen, und	
(Sie) losbindend führt (sie) mir her. [3]Und wenn jemand (zu) euch was spricht,	Bindet es los und bringt (es) her! [3]Und wenn jemand (zu) euch spricht: Was tut ihr da?,	es losbindend führt (es) her. [31]Und wenn jemand euch fragt: Weswegen bindet ihr (es) los?,	
sollt ihr sagen, daß der Herr ihrer nötig hat. Gleich aber wird er sie zurücksenden. [4]Dies aber ist geschehen damit erfüllt werde,	sprecht, (daß) der Herr seiner nötig hat und: Gleich sendet er es wieder hierher zurück.	so sollt ihr sagen, daß der Herr seiner nötig hat.	

was geredet wurde durch den Propheten, der da sagt:
5„Sprecht der Tochter Sion: Siehe, dein König kommt (zu) dir, sanftmütig und reitend auf einer Eselin und auf einem Füllen, (dem) Jungen eines Zugtiers."*

gl. V. 15

6Als aber hingezogen waren die Jünger und getan hatten, wie ihnen Jesus aufgetragen hatte,

4Und sie gingen hin und fanden ein Füllen angebunden an einer Tür, außen, an der Straße, und binden es los.
5Und einige der dort Stehenden sagten (zu) ihnen:
Was tut ihr, bindet ihr los das Füllen? 6Die aber sprachen (zu) ihnen, wie Jesus gesprochen hatte. Und sie ließen sie. 7Und sie bringen das Füllen zu Jesus, und legen ihm ihre Gewänder auf, und er setzte sich auf es.

32Als aber hingegangen waren die Abgesandten, fanden sie, wie er gesprochen hatte (zu) ihnen.
33Als sie aber das Füllen losbanden, sprachen seine Herren zu ihnen:
Was bindet ihr los das Füllen? 34Die aber sprachen, daß der Herr seiner nötig habe.

7führten sie die Eselin und das Füllen und luden auf sie die Gewänder, und darauf setzte er sich, oben auf sie.

35Und sie führten es zu Jesus, und werfend ihre Gewänder auf das Füllen, ließen sie Jesus aufsitzen.

8Die sehr große Volksschar aber, sie breiteten ihre Gewänder auf den Weg, andere aber hieben Zweige ab von den Bäumen und breiteten (sie) auf den Weg.
9Die Volksscharen aber, die ihm vorangingen und die nachfolgten, riefen,

8Und viele breiteten ihre Gewänder auf den Weg, andere aber Blumenbüschel, die sie abhieben von den Feldern.

9Und die vorangingen und die nachfolgten riefen:

36Als er aber dahinzog, breiteten sie unter (ihm) ihre Gewänder auf den Weg. 37Als er sich aber schon näherte dem Abhang des Berges der Ölbäume, begann(en) die ganze Menge der Jünger, Gott freudig zu loben mit lauter Stimme für all die Krafttaten, die sie gesehen, 38sie sagten:

13nahmen sie die (Palm)zweige der Dattelpalmen und gingen hinaus ihm entgegen,

und (laut) riefen sie:

sie sagten:
„Hosanna", dem Sohn Davids!
„Gepriesen, der da kommt

„Hosanna!"

„Hosanna!"
„Gepriesen, der da kommt

10„Gepriesen, der da kommt

„Gepriesen, der da kommt",

im Namen des Herrn.“**	im Namen des Herrn.“** Gepriesen die kommende Königsherrschaft unseres Vaters David.	der König, „im Namen des Herrn.“**	im Namen des Herrn“, und der König Israels.
Hosanna in den Höhen!	Hosanna in den Höhen!	Im Himmel Friede und Herrlichkeit in Höhen!	
vgl. V. 7	vgl. V. 4.7	vgl. V. 32.35	¹⁴Es fand aber Jesus ein Eselchen und setzte sich darauf, wie geschrieben ist: ¹⁵„Fürchte dich nicht, Tochter Sion! Siehe, dein König kommt, sitzend auf (dem) Füllen einer Eselin.“* ¹⁶Dies erkannten seine Jünger zuerst nicht, aber als Jesus verherrlicht war, da erinnerten sie sich, daß dies auf ihn geschrieben war und sie ihm dies getan hatten. ¹⁷Es zeugte nun (für ihn) die Volksschar, die bei ihm war, als er den Lazarus aus dem Grab gerufen und ihn aus (den) Toten erweckt hatte. ¹⁸Deswegen ging ihm auch die Volksschar entgegen, weil sie gehört hatten, er habe dieses Zeichen getan.
vgl. V. 5			
		³⁹Und einige der Pharisäer von der Volksschar sprachen zu ihm: Lehrer, droh deinen Jüngern! ⁴⁰Und antwortend sprach er: Ich sage euch, wenn diese schweigen, werden die Steine schreien.***	¹⁹Die Pharisäer nun sprachen zueinander: (Da) schaut, daß ihr nichts ausrichtet! Sieh die Welt, hinter ihm ging sie her.

*Jes 62,11; Sach 9,9.   **Ps 118,25-26; vgl. 1 Sam 17,45.   ***Vgl. Hab 2,11.

Didache 10,6; 12,1. 10⁶: Es komme Gnade und vorübergehe diese Welt! „Hosanna dem Gott Davids!“ Wenn jemand heilig ist, komme er! Wenn jemand es nicht ist, büße er! Maran atha. Amen.
12¹: Jeder aber, „der da kommt im Namen des Herrn“, werde willkommen geheißen! Danach aber, wenn ihr ihn geprüft habt, werdet ihr (ihn) erkennen, denn Einsicht werdet ihr haben, eine rechte und eine linke.

65. Jesus besucht den Tempel und kehrt nach Betanien zurück

Mt 21,10-11.17

¹⁰Und als er hineinging nach Jerusalem, erbebte die ganze Stadt, sie sagte: Wer ist dieser? ¹¹Die Volksscharen aber sagten: Dieser ist der Prophet Jesus, der von Nazaret in Galiläa.

V. 12-16 (vgl. Nr. 67)

¹⁷Und er ließ sie (stehen), ging hinaus aus der Stadt nach Betanien und übernachtete dort.

Mk 11,11

¹¹Und er ging hinein nach Jerusalem in das Heiligtum. Und nachdem er sich ringsum alles angesehen hatte,

und da schon spät war die Stunde, ging er hinaus nach Betanien mit den Zwölf.

66. Jesu Fluch über den Feigenbaum

Mt 21,18-19

¹⁸Am Morgen aber, als er wieder zurückkehrte in die Stadt, hungerte ihn. ¹⁹Und er sah einen Feigenbaum, einen einzigen auf dem Weg, kam zu ihm, und fand nichts an ihm außer Blättern allein und sagt ihm: Nein, nie mehr soll aus dir Frucht werden in Ewigkeit! Und verdorrt war sofort der Feigenbaum.

Mk 11,12-14

¹²Und am folgenden Tag, als sie hinausgegangen waren von Betanien, hungerte ihn. ¹³Und er sah einen Feigenbaum von weitem, der hatte Blätter, kam, ob er vielleicht etwas fände an ihm, und gekommen zu ihm, fand er nichts außer Blättern. Denn die Zeit war nicht für Feigen. ¹⁴Und antwortend sprach er (zu) ihm: Nie mehr in Ewigkeit möge von dir jemand Frucht essen! Und (es) hörten seine Jünger.

Lk 13,6-9: ⁶Er sagte aber dieses Gleichnis: Einen Feigenbaum hatte jemand gepflanzt in seinem Weinberg und kam, Frucht an ihm zu suchen, und fand nicht. ⁷Sprach aber zum Winzer: Siehe, drei Jahre (sind schon), seitdem ich komme, Frucht an diesem Feigenbaum zu suchen, und (sie) nicht finde. Hau ihn aus! Wozu auch nimmt er dem Land die Kraft? ⁸Der aber antwortend sagt (zu) ihm: Herr, laß ihn auch dieses Jahr (noch), bis daß ich gegraben habe um ihn und Dünger gestreut, ⁹und wenn er Frucht bringt in Zukunft (ist es gut), wenn aber nicht, hau ihn aus!

67. Jesus reinigt den Tempelvorhof

Mt 21,12-17

¹²Und Jesus ging hinein in das Heiligtum, und trieb aus alle Händler und Käufer im Heiligtum, und die Tische der Wechsler stieß er um und die Sitze der Händler von Tauben,

Mk 11,15-19

¹⁵Und sie kommen nach Jerusalem. Und wie er hineinging in das Heiligtum, begann er auszutreiben die Händler und die Käufer im Heiligtum, und die Tische der Wechsler und die Sitze der Händler von Tauben stieß er um, ¹⁶und ließ nicht zu, daß jemand hindurchtrage ein Gerät durch das Heiligtum,

Lk 19,45-48(21,37)

⁴⁵Und wie er hineinging in das Heiligtum, begann er auszutreiben die Händler,

Joh 2,13-22

¹³Und nahe war das Pascha der Juden, und hinaufstieg nach Jerusalem Jesus. ¹⁴Und er fand im Heiligtum die Händler von Rindern und Schafen und Tauben und die Münzwechsler sitzen, ¹⁵und machte eine Geißel aus Stricken, trieb aus alle aus dem Heiligtum, auch die Schafe und die Rinder, und den Wechslern

¹³und sagt ihnen: Es steht geschrieben: „Mein Haus wird ein Haus (des) Gebets genannt werden",* ihr aber, ihr macht es zu einer „Höhle für Räuber".** ¹⁴Und herbeikamen (zu) ihm Blinde und Lahme im Heiligtum, und er heilte sie. ¹⁵Wie aber die Hohenpriester und Schriftgelehrten die Wunder sahen, die er tat, und die Kinder, die da riefen im Heiligtum und sagten: Hosanna, dem Sohn Davids, wurden sie unwillig ¹⁶und sprachen (zu) ihm: Hörst du, was diese sagen? Jesus aber sagt ihnen: Ja! Noch nie habt ihr gelesen, (daß): „Aus (dem) Mund von Unmündigen und Säuglingen hast du bereitet (dir) Lob"?*** ¹⁷Und er ließ sie (stehen), ging hinaus aus der Stadt nach Betanien und übernachtete dort.

¹⁷und lehrte und sagte ihnen: Steht nicht geschrieben: (Daß) „mein Haus wird ein Haus (des) Gebets genannt werden allen Völkern"?* Ihr aber, ihr habt es gemacht zu einer „Höhle für Räuber."** ¹⁸Und (das) hörten die Hohenpriester und die Schriftgelehrten, und sie suchten, wie sie ihn verderben könnten. Denn sie fürchteten ihn, denn die ganze Volksschar war außer sich über seine Lehre. ¹⁹Und da es spät geworden war, zogen sie aus der Stadt hinaus.

⁴⁶sagte ihnen: Es steht geschrieben: Und „mein Haus wird sein ein Haus (des) Gebets".* Ihr aber, ihr machtet es zu einer „Höhle für Räuber".** ⁴⁷Und er lehrte täglich im Heiligtum. Die Hohenpriester aber und die Schriftgelehrten suchten ihn zu verderben und die Ersten des Volkes, ⁴⁸und sie fanden nicht, was zu tun. Denn das ganze Volk hing an ihm hörend. ²¹,³⁷Er war aber die Tage im Heiligtum und lehrte, die Nächte aber ging er hinaus, übernachtete an dem Berg, der genannt wird „(der) Ölbäume".

schüttete er aus die Münzen und die Tische stürzte er um, ¹⁶und (zu) denen die Tauben handeln, sprach er: Tragt das fort von hier, macht nicht das Haus meines Vaters zu einem Haus (des) Geschäfts. ¹⁷Es erinnerten sich seine Jünger, daß geschrieben ist: „Der Eifer für dein Haus wird mich verzehren."**** ¹⁸Nun antworteten die Juden und sprachen zu ihm: Was für ein Zeichen weist du uns vor, daß du dies tun darfst? ¹⁹Antwortete Jesus und sprach zu ihnen: Reißt diesen Tempel ein, und in drei Tagen werde ich ihn aufrichten. ²⁰Nun sprachen die Juden: 46 Jahre wurde dieser Tempel gebaut, und du (willst) ihn in drei Tagen aufrichten? ²¹Jener aber sagte (das) vom Tempel seines Leibes. ²²Als er nun „aufgerichtet" war von den Toten, erinnerten sich seine Jünger, daß er dies gesagt hatte, und sie glaubten der Schrift und dem Wort, das Jesus gesprochen hatte.

*Jes 56,7. **Jer 7,11. ***Ps 8,3. ****Ps 69,10.

68. Der verdorrte Feigenbaum

Mt 21,20-22; 6,14-15

vgl. V. 18-19 (Nr. 66)

²⁰Und die Jünger sahen (das) und wunderten sich, sagten: Wie (war es möglich, daß) sofort

Mk 11,20-26

²⁰Und vorüberziehend am Morgen, sahen sie den Feigenbaum verdorrt von (den) Wurzeln (an). ²¹Und Petrus erinnerte sich und sagt ihm: Rabbi, sieh der Feigenbaum, den du

85

verdorrte der Feigenbaum? ²¹Antwortete aber Jesus und sprach (zu) ihnen: Amen, ich sage euch, wenn ihr Glauben hättet und nicht zweifeltet, werdet ihr nicht nur das mit dem Feigenbaum tun, sondern auch, wenn ihr (zu) dem Berg da sprecht: Heb dich fort und wirf dich ins Meer!,

wird es geschehen. ²²Und alles, was immer ihr erbittet im Gebet, werdet ihr glaubend empfangen.

6,14-15

¹⁴Denn wenn ihr den Menschen erlaßt ihre Verfehlungen, wird auch euch erlassen euer Vater, der himmlische.

¹⁵Wenn ihr aber nicht erlaßt den Menschen, wird auch eurer Vater nicht erlassen eure Verfehlungen.

verflucht hast, ist verdorrt! ²²Und antwortet Jesus und sagt (zu) ihnen:
Habt Glauben an Gott!
²³Amen, ich sage euch, daß wer
spricht (zu) dem Berg da:
Heb dich fort und wirf dich ins Meer!, und nicht zweifelt in seinem Herzen, sondern glaubt, daß das, was er redet, geschieht, (so) wird es ihm sein. ²⁴Deswegen sage ich euch, alles, was ihr erbetet und erbittet, glaubt, daß ihr empfangen habt, und (so) wird es euch sein. ²⁵Und wann ihr steht, um zu beten, erlaßt, wenn ihr etwas habt gegen jemand,

damit auch euer Vater, der in den Himmeln, erlasse euch eure Verfehlungen. [²⁶Wenn ihr aber nicht erlaßt, wird auch euer Vater, der in den Himmeln, nicht erlassen eure Verfehlungen.]

Joh 14,13-14: ¹³Und was ihr erbitten werdet in meinem Namen, das werde ich tun, damit verherrlicht werde der Vater im Sohn. ¹⁴Wenn ihr etwas erbitten werdet von mir in meinem Namen, *ich* werde es tun.

Joh 15,7: ⁷Wenn ihr bleibet in mir und meine Worte in euch bleiben, dann erbittet, was ihr nur wollt, und geschehen wird es euch.

Joh 16,23: ²³Und an jenem Tag, werdet ihr mich nichts (mehr) fragen. Amen, Amen, ich sage euch, was ihr erbitten werdet vom Vater, er wird (es) euch geben in meinem Namen.

Thomasevangelium Spruch Nr. 48: Jesus sprach: Wenn zwei Friede machen miteinander in einem Haus, werden sie sagen zum Berg: Fall um! Und er wird umfallen.

69. Die Frage nach der Macht Jesu

Mt 21,23-27	Mk 11,27-33	Lk 20,1-8
²³Und als er gekommen war in das Heiligtum, kamen herbei (zu) ihm, der lehrte, die Hohepriester und die Ältesten des Volkes, sagten: In was für einer Macht tust du dies? Und wer hat dir gegeben diese Macht? ²⁴Antwortete aber Jesus und sprach (zu) ihnen: Fragen will ich euch, auch ich, nach einer Sache, wenn ihr die (zu) mir sprecht, werde auch ich euch sagen, in was für einer Macht ich dies tue.	²⁷Und sie kommen wieder nach Jerusalem. Und im Heiligtum, während er umherwandelt, kommen zu ihm die Hohenpriester und die Schriftgelehrten und die Ältesten ²⁸und sagten ihm: In was für einer Macht tust du dies? Oder wer hat dir gegeben diese Macht, daß dies du tust? ²⁹Jesus aber sprach (zu) ihnen: Befragen will ich euch nach einer Sache, und antwortet ihr mir, werde auch ich euch sagen, in was für einer Macht ich dies tue.	¹Und es geschah an einem der Tage, während er das Volk lehrte im Heiligtum und das Evangelium verkündigte, traten heran die Hohenpriester und die Schriftgelehrten mit den Ältesten ² und sprachen, sagten zu ihm: Sprich (zu) uns, in was für einer Macht du dies tust, oder wer ist es, der dir diese Macht gegeben hat? ³Er anwortete aber und sprach zu ihnen: Fragen will ich euch, auch ich, eine Sache, und sprecht (zu) mir:

²⁵Die Taufe, die (des) Johannes, woher war sie? Vom Himmel oder von Menschen?

Die aber überlegten bei sich selbst, sagten: Wenn wir sprechen: Vom Himmel, wird er uns sagen: Warum also glaubt ihr ihm nicht? ²⁶Wenn wir aber sprechen: Von Menschen, fürchten wir die Volksschar; denn alle für einen Propheten halten sie den Johannes! ²⁷Und sie antworteten Jesus und sprachen: Wir wissen (es) nicht. Meinte (zu) ihnen auch er: Auch *ich* sage (dann) euch nicht, in was für einer Macht ich dies tue.

³⁰Die Taufe, die (des) Johannes, vom Himmel war sie oder von Menschen? Antwortet mir! ³¹Und sie überlegten für sich selbst, sagten: Wenn wir sprechen: Vom Himmel, wird er sagen: Warum also glaubt ihr ihm nicht? ³²Doch sollen wir sprechen: Von Menschen? Sie fürchteten die Volksschar; denn alle hielten den Johannes wirklich (dafür), daß er ein Prophet war. ³³Und sie antworteten Jesus und sagten: Wir wissen (es) nicht. Und Jesus sagt (zu) ihnen: Auch *ich* sage (dann) euch nicht, in was für einer Macht ich dies tue.

⁴Die Taufe (des) Johannes, vom Himmel war sie oder von Menschen? ⁵Die aber erwogen für sich selbst, sagten (daß): Wenn wir sprechen: Vom Himmel, wird er sagen: Warum glaubt ihr ihm nicht? ⁶Wenn wir aber sprechen: Von Menschen, das ganze Volk wird uns steinigen; denn überzeugt ist es, Johannes sei ein Prophet. ⁷Und sie antworteten, nicht zu wissen woher. ⁸Und Jesus sprach (zu) ihnen: Auch *ich* sage (dann) euch nicht, in was für einer Macht ich dies tue

70. Die Lehrerzählung von den bösen Winzern

Mt 21,33-46

³³Ein anderes Gleichnis höret! Ein Mensch war, ein Hausherr, der „pflanzte einen Weinberg,

und einen Zaun legte er ihm ringsum und grub in ihm eine Kelter und baute einen Turm"* und verpachtete ihn Winzern und ging auf Reisen. ³⁴Als sich aber genaht hatte die Zeit der Früchte, entsandte er seine Knechte zu den Winzern, zu nehmen seine Früchte. ³⁵Und die Winzer nahmen seine Knechte, den einen schlugen sie, den anderen töteten sie, den anderen bewarfen sie mit Steinen. ³⁶Wiederum entsandte er andere Knechte, mehr als die ersten, und sie taten ihnen ebenso.

Mk 12,1-12

¹Und er begann (zu) ihnen in Gleichnissen zu reden:

„Einen Weinberg" ein Mensch „pflanzte, und ringsum legte er einen Zaun und grub einen Keltertrog und baute einen Turm"* und verpachtete ihn Winzern und ging auf Reisen. ²Und er entsandte zu den Winzern zur Zeit einen Knecht, damit er von den Winzern nehme von den Früchten des Weinbergs. ³Und sie nahmen ihn, schlugen (ihn) und entsandten ihn leer (zurück). ⁴Und wiederum entsandte er zu ihnen einen anderen Knecht; auch den hieben sie auf den Kopf und beschimpften ihn.

⁵Und einen anderen entsandte

Lk 20,9-19

⁹Er begann aber zum Volk zu sagen dieses Gleichnis:

Ein Mensch „pflanzte einen Weinberg"*

und verpachtete ihn Winzern und ging auf Reisen für lange Zeit. ¹⁰Und (zur) Zeit entsandte er zu den Winzern einen Knecht, damit sie ihm von der Frucht des Weinbergs gäben. Die Winzer aber entsandten ihn, nachdem sie ihn geschlagen hatten, leer zurück. ¹¹Und er setzte fort, einen weiteren Knecht zu schicken, die aber, entsandten auch den, nachdem sie ihn geschlagen und beschimpft hatten, leer zurück. ¹²Und er setzte fort, einen dritten

³⁷Zuletzt aber entsandte er zu ihnen seinen Sohn, sagte: Sie werden sich scheuen vor meinem Sohn.

³⁸Die Winzer aber, wie sie sahen den Sohn, sprachen bei sich selbst: Dieser ist der Erbe! Auf, töten wir ihn und wir haben sein Erbe! ³⁹Und sie nahmen ihn, warfen (ihn) hinaus aus dem Weinberg und töteten (ihn). ⁴⁰Sobald nun kommt der Herr des Weinbergs, was wird er tun jenen Winzern? ⁴¹Sagen sie (zu) ihm: Die Übeltäter, übel verderben wird er sie, und den Weinberg verpachten anderen Winzern, die abgeben werden ihm die Früchte zu ihrer Zeit.

⁴²Sagt ihnen Jesus: Noch nie habt ihr gelesen in den Schriften: „Ein Stein, den verworfen haben die Bauleute, dieser ward zum Eckstein. Vom Herrn ist er dies geworden, und es ist wunderbar in unseren Augen"?**
⁴³Deswegen sage ich euch: Fortgenommen wird von euch die Königsherrschaft Gottes, und gegeben wird sie einem (Heiden)volk, das deren Früchte bringt. [⁴⁴Und wer da stürzt auf diesen Stein, wird zerschmettert; auf wen er aber stürzt, den wird er zermalmen.]
⁴⁵Und als die Hohenpriester und die Pharisäer seine Gleichnisse hörten, erkannten sie, daß er über sie rede. ⁴⁶Und sie suchten ihn zu fassen,

fürchteten aber die Volksscharen, weil sie ihn für einen Propheten hielten.

---

er; auch den töteten sie und viele andere, die einen schlagend, die anderen tötend.

⁶Noch einen hatter er, einen geliebten Sohn. Er entsandte ihn als letzten zu ihnen, sagte, daß sie sich scheuen werden vor meinem Sohn.
⁷Jene aber, die Winzer, sprachen zu sich selbst:
Dieser ist der Erbe! Auf, töten wir ihn, und unser wird sein das Erbe! ⁸Und sie nahmen (ihn), töteten ihn und warfen ihn hinaus aus dem Weinberg.

⁹Was wird tun der Herr des Weinbergs? Kommen wird er und verderben die Winzer und geben den Weinberg anderen.

¹⁰Auch diese Schrift habt ihr nicht gelesen:
„Ein Stein, den verworfen haben die Bauleute, dieser ward zum Eckstein. ¹¹Vom Herrn ist er dies geworden, und es ist wunderbar in unseren Augen"?**

vgl. V. 12b
¹²Und sie suchten ihn
zu fassen,

und fürchteten die Volksschar;

---

zu schicken. Die aber, warfen auch diesen, nachdem sie ihn verwundet hatten, hinaus.
¹³Sprach aber der Herr des Weinbergs: Was soll ich tun? Schicken will ich meinen Sohn, den geliebten. Vielleicht werden sie sich vor diesem scheuen.

¹⁴Wie ihn aber sahen die Winzer, überlegten sie miteinander, sagten: Dieser ist der Erbe! Töten wir ihn, damit unser werde das Erbe! ¹⁵Und sie warfen ihn hinaus aus dem Weinberg (und) töteten (ihn).

Was nun wird tun ihnen der Herr des Weinbergs? ¹⁶Kommen wird er und verderben die Winzer, diese, und geben den Weinberg anderen.

Sie hörten (es) aber und sprachen: (Das) geschehe nicht! ¹⁷Er aber, sie anblickend, sprach: Was nun ist dieses Schriftwort:
„Ein Stein, den verworfen haben die Bauleute, dieser ward zum Eckstein"?**

¹⁸Jeder, der da stürzt auf jenen Stein, wird zerschmettert; auf wen er aber stürzt, den wird er zermalmen.

vgl. V. 19b
¹⁹Und suchten die Schriftgelehrten und die Hohenpriester, Hand an ihn zu legen in ebendieser Stunde, und sie fürchteten das Volk;

denn sie erkannten, daß er das Gleichnis auf sie hin gesprochen hatte. Und sie ließen ihn und gingen weg.		denn sie erkannten, daß er auf sie hin gesprochen hatte dieses Gleichnis.

*Jes 5,1-2.   **Ps 118,22-23.

71. Die Pharisäerfrage nach der Kaisersteuer

Mt 22,15-22	Mk 12,13-17	Lk 20,20-26
[15]Da gingen die Pharisäer hin und faßten einen Plan, wie sie in fängen mit einem Wort.		
[16]Und sie entsenden (zu) ihm ihre Jünger mit den Herodianern,	[13]Und sie entsenden zu ihm einige der Pharisäer und der Herodianer,	[20]Und sie belauerten ihn, entsandten Aufpasser, die heucheln sollten, selber gerecht zu sein,
vgl. V. 15	damit sie ihn ertappten bei einem Wort.	damit sie ihn festnähmen an einem Wort, um ihn zu überliefern der Obrigkeit und der Macht des Statthalters. [21]Und sie fragten ihn, sagten: Lehrer, wir wissen, daß du richtig sagst
die sollten sagen: Lehrer, wir wissen, daß du wahrhaftig bist und den Weg Gottes in Wahrheit lehrst, und es liegt dir an niemand, denn du blickst nicht auf ein Angesicht von Menschen.	[14]Und sie kommen und sagen (zu) ihm: Lehrer, wir wissen, daß du wahrhaftig bist, und es liegt dir an niemand; denn du blickst nicht auf ein Angesicht von Menschen, sondern auf Wahrheit (gestützt) den Weg Gottes lehrst:	und lehrst und nicht annimmst ein Angesicht, sondern auf Wahrheit (gestützt) den Weg Gottes lehrst:
[17]Sprich nun (zu) uns, was dünkt dir: Ist es erlaubt, Steuer zu geben (dem) Kaiser oder nicht?	Ist es erlaubt, Steuer zu geben (dem) Kaiser oder nicht? Sollen wir geben oder sollen wir nicht geben? [15]Er aber wußte um ihre Heuchelei und sprach (zu) ihnen: Was prüft ihr mich?	[22]Ist es erlaubt für uns, (dem) Kaiser Tribut zu geben oder nicht?
[18]Es erkannte aber Jesus ihre Bosheit und sprach: Was prüft ihr mich, Heuchler? [19]Zeigt mir vor die Münze der Steuer! Die aber brachten ihm herbei einen Denar. [20]Und er sagt ihnen:	Bringt mir einen Denar, damit ich (ihn) sehe! [16]Die aber brachten (einen). Und er sagt ihnen:	[23]Er aber bemerkte ihre Hinterlist und sprach zu ihnen: [24]Zeigt mir einen Denar!
Von wem (ist) dieses Bild und die Aufschrift? [21]Sagen sie: Vom Kaiser. Da sagt er (zu) ihnen: Gebt nun zurück das vom Kaiser dem Kaiser und das von Gott (Kommende) Gott.	Von wem (ist) dieses Bild und die Aufschrift? Die aber sprachen (zu) ihm: Vom Kaiser. [17]Jesus aber sprach (zu) ihnen: Das vom Kaiser gebt zurück dem Kaiser und das von Gott (Kommende) Gott.	Von wem hat er Bild und Aufschrift? Die aber sprachen: Vom Kaiser. [25]Er aber sprach zu ihnen: Also gebt zurück das vom Kaiser dem Kaiser und das von Gott (Kommende) Gott. [26]Und sie vermochten nicht, ihn festzunehmen an einem Ausspruch in Gegenwart des Volkes,

<table>
<tr>
<td>²²Und sie hörten (es), wunderten sich
und ließen ihn (und) gingen weg.</td>
<td>Und sie wunderten sich sehr über ihn.

vgl. V. 12b</td>
<td>und sich wundernd über seine Antwort waren sie still.</td>
</tr>
</table>

Papyrus Egerton 2 (Fragm. 2r)... [tra]ten zu ihm, um ihn auf die Pro[be zu] stellen und zu versuchen, indem [sie sagten]: Meister Jesus, wir wissen, daß du [von Gott] gekommen bist; denn was du tust, gibt (dir) ein Zeug[nis], (das) über (dasjenige) alle(r) Propheten hinaus(geht). [So sage] uns: ist es zulässig, den Königen die der Obrigkeit zukommenden (Gebühren) [zu entrichten?] [Sollen wir ih]nen entrichten oder nicht? Jesus aber durchschaute ihre [Ab]sicht, er[grimmte] und sprach zu ihnen: Was nennt ihr mich mit eu[rem Mun]d Meister und [tut] doch nicht, was ich sage? Trefflich hat Je[saja über] euch geweissagt, da er sprach: Dieses [Volk ehrt] mich mit sei[nen Lip]pen, aber ihr Herz ist weit weg von mir; vergeblich [ist ihr Gottesdienst]. Satzungen [von Menschen lehren.]

Thomasevangelium Spruch Nr. 100: Sie zeigten Jesus ein Goldstück und sprachen zu ihm: Die Kaiserlichen fordern von uns Abgaben. Er sprach zu ihnen: Gebt dem Kaiser, was des Kaisers, gebt Gott, was Gottes ist, und das was mein ist, gebt es mir!

72. Die Sadduzäerfrage nach der Auferstehung

<table>
<tr>
<td>Mt 22,23-33</td>
<td>Mk 12,18-27</td>
<td>Lk 20,27-40</td>
</tr>
<tr>
<td>²³An jenem Tag kamen herbei (zu) ihm Sadduzäer, (die) sagen, es gebe keine Auferstehung, und befragten ihn, ²⁴sagten: Lehrer, Mose sprach: Wenn jemand stirbt,

ohne Kinder zu haben, dann heirate sein Bruder dessen Weib und lasse erstehen Nachkommenschaft seinem Bruder.*
²⁵Es waren aber bei uns sieben Brüder. Und der erste hatte geheiratet und nahm ein Ende, und da er keine Nachkommenschaft hatte, ließ er sein Weib seinem Bruder. ²⁶Ebenso auch der zweite

und der dritte
              bis zu den sieben.

²⁷Zuletzt von allen aber starb das Weib. ²⁸In der Auferstehung nun, wem von den sieben wird sie zum Weib sein? Denn alle hatten sie. ²⁹Antwortete aber Jesus, sprach (zu) ihnen: Ihr irrt, weil ihr nichts wißt von den Schriften noch von der Kraft Gottes.</td>
<td>¹⁸Und es kommen Sadduzäer zu ihm, die da sagen, Auferstehung gebe es keine, und befragten ihn, sagten: ¹⁹Lehrer, Mose schrieb uns, daß „wenn jemandes Bruder stirbt und hinterläßt ein Weib und läßt kein Kind, dann nehme sein Bruder das Weib und lasse auferstehen Nachkommenschaft seinem Bruder.“*
²⁰Sieben Brüder waren (einmal). Und der erste nahm ein Weib, und da er starb, ließ er keine Nachkommenschaft.

²¹Und der zweite nahm sie und starb, ohne Nachkommenschaft zu hinterlassen. Und der dritte gleicherweis. ²²Und die sieben ließen keine Nachkommenschaft. Am Ende von allen starb auch das Weib. ²³In der Auferstehung [wenn sie auferstehen], wem von ihnen wird sie zum Weib sein? Denn die sieben hatten sie zum Weib. ²⁴Meinte (zu) ihnen Jesus: Ob ihr nicht deswegen irrt, weil ihr nichts wißt von den Schriften noch von der Kraft Gottes?</td>
<td>²⁷Als aber einige der Sadduzäer herbeikamen, die bestreiten, daß es eine Auferstehung gebe, befragten sie ihn, ²⁸sagten: Lehrer Mose schrieb uns, „wenn jemandes Bruder stirbt“, der ein Weib hat, „und dieser ist kinderlos, dann nehme sein Bruder das Weib und lasse auferstehen Nachkommenschaft seinem Bruder“.*
²⁹Sieben Brüder waren nun. Und der erste hatte ein Weib genommen und starb kinderlos.

³⁰Und der zweite,

³¹und der dritte nahm sie, gleicherweis aber auch die sieben hinterließen keine Kinder und starben. ³²Zuletzt starb auch das Weib. ³³Das Weib nun in der Auferstehung – wem von ihnen wird sie (zuteil) als Weib? Denn die sieben hatten sie zum Weib. ³⁴Und sprach (zu) ihnen Jesus:

Die Söhne dieser Weltzeit</td>
</tr>
</table>

		heiraten und werden verheiratet. ³⁵Die aber gewürdigt werden, jene Weltzeit zu erlangen und die Auferstehung, die von (den) Toten, weder heiraten sie noch werden sie verheiratet. ³⁶Denn auch sterben können sie nicht mehr, denn engelgleich sind sie, und Söhne sind sie Gottes, da sie (doch) der Auferstehung Söhne sind.
³⁰Denn in der Auferstehung heiraten sie weder noch werden sie verheiratet, sondern wie Engel im Himmel sind sie.	²⁵Denn sobald sie von (den) Toten auferstehn, heiraten sie weder noch werden sie verheiratet, sondern sind wie Engel in den Himmeln.	
³¹Über die Auferstehung der Toten aber habt ihr nicht gelesen, was gesagt wurde euch von Gott, der da sagt: ³²„Ich bin der Gott Abrahams und der Gott Isaaks und der Gott Jakobs"?** Er ist nicht der Gott von Toten, sondern von Lebendigen.	²⁶Über die Toten aber, daß sie erweckt werden, habt ihr nicht gelesen im Buch Mose beim Dornbusch, wie Gott gesprochen hat, der da sagt: „Ich der Gott Abrahams und Gott Isaaks und Gott Jakobs"?** ²⁷Er ist nicht ein Gott von Toten, sondern von Lebendigen. Gar sehr irrt ihr!	³⁷Daß aber erweckt werden die Toten, auch Mose hat es angezeigt beim Dornbusch, wie er den „Herrn" nennt, „den Gott Abrahams und Gott Isaaks und Gott Jakobs".** ³⁸Gott aber ist er nicht von Toten, sondern von Lebendigen. Denn vor ihm leben alle. ³⁹Antworteten aber einige der Schriftgelehrten, sprachen: Lehrer, ausgezeichnet hast du gesprochen! ⁴⁰Denn sie wagten nicht mehr, ihn etwas zu fragen.
³³Und als (das) die Volksscharen hörten, waren sie außer sich über seine Lehre.		
vgl. V. 46	vgl. V. 34b	

*Dtn 25,5-6.   **Ex 3,6.

73. Die Frage nach dem ersten Gebot

Mt 22,34-40	Mk 12,28-34	Lk 10,25-28
³⁴Die Pharisäer aber hörten, daß er verstummen gemacht habe die Sadduzäer, (da) versammelten sie sich am selben Ort, ³⁵und einer von ihnen, ein Gesetzeskundiger, fragte,	²⁸Und herbeikam einer der Schriftgelehrten, der hatte gehört, wie sie stritten, (und weil er) wußte, daß er ausgezeichnet geantwortet hatte, fragte er ihn:	²⁵Und siehe, ein Gesetzeskundiger stand auf,
um ihn zu prüfen: ³⁶Lehrer, welches Gebot (ist das) größte im Gesetz? ³⁷Er aber meinte (zu) ihm:	Welches ist (das) erste Gebot von allen? ²⁹Antwortete Jesus, daß (das) erste ist: „Höre, Israel, ‚Herr' (ist) unser Gott, ‚Herr' ist ein einziger,	um ihn zu (über)prüfen, sagte: Lehrer, was muß ich tun, (damit) ich ewiges Leben erbe? ²⁶Er aber sprach zu ihm: Im Gesetz, was steht geschrieben? Wie liest du? ²⁷Der aber antwortete, sprach: „Lieben
„Lieben sollst du (den) Herrn, deinen Gott,	und lieben sollst du (den) Herrn, deinen Gott,	sollst du (den) Herrn, deinen Gott,

mit deinem ganzen Herzen und mit deiner ganzen Seele und mit deiner ganzen Verstandeskraft."*	aus deinem ganzen Herzen und aus deiner ganzen Seele und aus deiner ganzen Verstandeskraft und aus deiner ganzen Stärke."*	aus deinem ganzen Herzen und mit deiner ganzen Seele und mit deiner ganzen Stärke und mit deiner ganzen Verstandeskraft",*

[38]Dieses ist das größte und erste Gebot. [39]Ein zweites (ist) ihm gleich: „Lieben sollst du deinen Nächsten wie dich selber."** [40]In diesen zwei Geboten hängt das ganze Gesetz und die Propheten.

[31]Ein zweites (ist) dieses: „Lieben sollst du deinen Nächsten wie dich selber."** Größer als diese ist kein anderes Gebot. [32]Und sprach (zu) ihm der Schriftgelehrte: Ausgezeichnet, Lehrer, wahrheitsgemäß sprachst du (daß): „Ein einziger ist er und kein anderer ist außer ihm."*** [33]Und das „ihn lieben aus ganzem Herzen und aus ganzer Einsicht und aus ganzer Stärke" und das „den Nächsten lieben, wie dich selber", weit mehr ist (das) als all „die Brandopfer und Schlachtopfer"****. [34]Und Jesus, wie er sah, daß er verständig antwortete, sprach (zu) ihm: Nicht fern bist du von der Königsherrschaft Gottes! Und niemand wagte mehr, ihn zu befragen.

und „deinen Nächsten wie dich selber".**

[28]Sprach er aber (zu) ihm: Richtig antwortest du! „Dies tue und du wirst leben!"*****

vgl. 20,40

vgl. V. 46

*Dtn 6,4-5. **Lev 19,18. ***Dtn 4,35; vgl. Jes 45,21. **** 1 Sam 15,22; vgl. Hos 6,6. *****Lev 18,5.

Röm 13,8-10: [8]Niemand schuldet ihr etwas, es sei denn das einander Lieben; denn der da liebt den anderen, (das) Gesetz hat er erfüllt. [9]Denn das „nicht ehebrechen sollst du, nicht töten sollst du, nicht stehlen sollst du, nicht begehren sollst du", und wenn (sonst) ein anderes Gebot, in diesem Wort wird es zusammengefaßt, in dem: „Lieben sollst du deinen Nächsten wie dich selber!" Die Liebe tut dem Nächsten nichts Übles; Erfüllung (des) Gesetzes also (ist) die Liebe.

Gal 5,14: [14]Denn jedes Gesetz, in *einem* Wort wird es erfüllt, in dem: „Lieben sollst du deinen Nächsten, wie dich selbst!"

Jak 2,8: [8]Wenn freilich (das) Gesetz ihr erfüllt, (das) königliche, gemäß der Schrift: „Lieben sollst du deinen Nächsten wie dich selber!", ausgezeichnet tut ihr (daran).

Thomasevangelium Spruch Nr. 25: Jesus sprach: Liebe deinen Bruder wie deine Seele; bewahre ihn wie deinen Augapfel.

74. Davids Sohn oder Herr

Mt 22,41-46	Mk 12,35-37a	Lk 20,41-44
[41]Als aber die Pharisäer versammelt waren, fragte sie Jesus, [41]sagte. Was dünkt euch vom Messias? Wessen Sohn ist er? Sagen sie ihm: Des David.	[35]Und Jesus antwortete, sagte lehrend im Heiligtum. Wieso sagen die Schriftgelehrten, daß der Messias Sohn Davids ist?	[41]Er sprach aber zu ihnen: Wieso sagen sie, der Messias sei Davids Sohn?

43Sagt er ihnen: Wieso nun nennt David im Geist ihn „Herr", sagt: 44„Sprach (der) Herr zu meinem Herrn: Setze dich zu meiner Rechten, bis daß ich lege deine Feinde unter deine Füße."* 45Wenn nun David ihn „Herr" nennt, wieso ist er (dann) sein Sohn? 46Und niemand konnte ihm ein Wort antworten, und auch wagte niemand mehr von jener Stunde an, ihn zu befragen.

*Ps 110,1.

36Er selbst, David, sprach im Geist, dem heiligen: „Sprach (der) Herr zu meinem Herrn: Setze dich zu meiner Rechten, bis daß ich lege deine Feinde unter deine Füße."* 37aEr selbst, David, sagt auf ihn „Herr", und woher ist er sein Sohn?

Vgl. V. 34b

42Denn er selber, David, sagt im Buch (der) Psalmen: „Sprach (der) Herr zu meinem Herrn: Setze dich zu meiner Rechten, 43bis daß ich lege deine Feinde als Schemel deiner Füße."* 44David nun nennt ihn „Herr", und wieso ist er (dann) sein Sohn?

vgl. V. 40

75. Scheltrede gegen die Pharisäer und Schriftgelehrten

Mt 23,1-14	Mk 12,37b-40	Lk 20,45-47;11,46;18,14;11,52

1Damals redete Jesus (zu) den Volksscharen und seinen Jüngern, 2sagte: Auf Moses Stuhl setzten sich die Schriftgelehrten und die Pharisäer. 3Alles nun, was immer sie sprechen (zu) euch, tuet und haltet, nach ihren Werken aber tuet nicht, denn sie sagen und tun (es) nicht. 4Sie binden aber schwere Lasten zusammen und legen sie auf die Schultern der Menschen, sie selbst aber, mit ihrem Finger nicht (einmal), wollen sie diese bewegen. 5Alle ihre Werke aber tun sie, um sich zur Schau zu stellen (vor) den Menschen. Denn breit machen sie ihre Gebetsriemen und lang machen sie die Quasten (ihrer Gewänder); 6sie lieben aber den Ehrenplatz bei den Gastmählern und die Ehrensitze in den Synagogen 7und die Begrüßungen auf den Märkten und genannt zu werden von den Menschen „Rabbi". 8Ihr aber, ihr sollt nicht genannt werden „Rabbi". Denn einer ist euer

37bUnd die große Volksschar hörte ihn gern. 38Und in seiner Lehre sagte er: Seht euch vor vor den Schriftgelehrten,

die da wollen: in (wallenden) Talaren einherwandeln und die

Begrüßungen auf den Märkten 39und Ehrensitze in den Synagogen und Ehrenplätze bei den Gastmählern;

45Es hörte aber das ganze Volk, wie er sprach (zu) seinen Jüngern: 46Nehmt euch in acht vor den Schriftgelehrten,

11,46Er aber sprach: Auch euch den Gesetzeskundigen wehe! Denn ihr belastet die Menschen mit kaum zu tragenden Lasten, und selbst, mit *einem* eurer Finger nicht (einmal), rührt ihr an die Lasten!

die da wollen: einherwandeln in (wallenden) Talaren, und die da lieben: Begrüßungen auf den Märkten und Ehrensitze in den Synagogen und Ehrenplätze bei den Gastmählern,

Lehrer, ihr alle aber seid Brüder! ⁹Und „Vater" sollt ihr nicht nennen (einen) von euch auf Erden; denn einer ist von euch der Vater, der himmlische. ¹⁰Auch sollt ihr nicht genannt werden „Katecheten", weil euer Katechet einer ist, der Christus. ¹¹Der Größte aber von euch soll ein Diener von euch sein. ¹²Wer aber erhöhen wird sich selber, wird klein gemacht werden, und wer klein machen wird sich selber, wird erhöht werden. ¹³Wehe aber euch, Schriftgelehrte und Pharisäer, Heuchler! Daß ihr verschließt die Königsherrschaft der Himmel vor den Menschen; denn ihr, ihr geht nicht hinein, und die hineingehen wollen, laßt ihr nicht hineingehen. [¹⁴Wehe euch, Schriftgelehrte und Pharisäer, Heuchler! Daß ihr verzehrt die Häuser der Witwen und zum Schein lange betet; deswegen werdet ihr nehmen ein um so strengeres Gericht.]*	vgl. 9,35 (Nr. 53) ⁴⁰die da verzehren die Häuser der Witwen und zum Schein lange beten, diese werden nehmen ein um so strengeres Gericht.	¹⁸,¹⁴Denn jeder, der da erhöht sich selber, wird klein gemacht werden, der aber klein macht sich selber, wird erhöht werden. ¹¹,⁵²Wehe euch den Gesetzeskundigen, daß ihr fortgeschafft habt den Schlüssel der Erkenntnis; selber seid ihr nicht hineingegangen, und die hineingehen wollen, habt ihr gehindert. ⁴⁷die verzehren die Häuser der Witwen und zum Schein lange beten; diese werden nehmen ein um so strengeres Gericht.

*V. 14 fehlt in den ältesten und besten Handschriften.

76. Das Scherflein der armen Witwe

Mk 12,41-44	Lk 21,1-4
⁴¹Und sitzend gegenüber dem Opferstock schaute er, wie die Volksschar Kupfergeld wirft in den Opferstock. Und viele Reiche warfen viel (hinein). ⁴²Und es kam *eine* Witwe, eine arme, warf zwei Lepta* (hinein), das ist ein Quadrans*. ⁴³Und er rief herbei seine Jünger, sprach (zu) ihnen: Amen, ich sage euch, daß diese Witwe, die arme, mehr als alle (hinein)geworfen hat von denen, die da (hinein)werfen in den Opferstock. ⁴⁴Denn alle warfen aus dem, was ihnen überfloß, (hinein), diese aber aus ihrem Entbehren: alles, was sie hatte, warf sie (hinein), ihren ganzen Lebensunterhalt.	¹Aufblickend aber sah er werfen in den Opferstock ihre Gaben die Reichen. ²Er sah aber eine Witwe, eine bedürftige, werfen dort (hinein) zwei Lepta*, ³und sprach: Wahrhaft, ich sage euch, daß diese Witwe, die arme, mehr als alle (hinein)geworfen hat. ⁴Denn alle diese warfen aus dem, was ihnen überfloß zu den Gaben [Gottes], diese aber aus ihrer Entbehrung; all den Lebensunterhalt, den sie hatte, warf sie (hinein).

*Lepton = die kleinste Kupfermünze in griechischer Währung; Quadrans = die kleinste römische Münze.

77. Jesus sagt die Zerstörung des Tempels voraus

(Einleitung zur Parusierede)

Mt 24,1-3	Mk 13,1-4	Lk 21,5-7
[1]Und als Jesus hinausging vom Heiligtum, zog er dahin und seine Jünger kamen herbei, ihm zu zeigen die Gebäude des Heiligtums. [2]Er aber antwortete, sprach (zu) ihnen: Seht ihr nicht dies alles? Amen, ich sage euch, es soll gelassen werden hier kein Stein auf Stein, der nicht niedergerissen werden wird. [3]Da er aber auf dem Berg der Ölbäume saß, kamen herbei (zu) ihm die Jünger, für sich allein, sagten: Sprich (zu) uns, wann wird dies sein? Und was das Zeichen deiner Parusie und (des) Endes der Weltzeit?	[1]Und da er hinauszog aus dem Heiligtum, sagt ihm einer seiner Jünger: Lehrer, sieh, was für Steine und was für Gebäude! [2]Und Jesus sprach (zu) ihm: Siehst du diese gewaltigen Gebäude? Es soll gelassen werden kein Stein auf Stein, der nicht niedergerissen werden soll. [3]Und da er am Berg der Ölbäume saß, gegenüber dem Heiligtum, fragten ihn, für sich allein, Petrus und Jakobus und Johannes und Andreas: [4]Sprich (zu) uns, wann wird dies sein? Und was das Zeichen, wann sich dies alles vollenden soll?	[5]Und als einige sagten über das Heiligtum, daß mit schönen Steinen und Weihegeschenken es geschmückt sei, sprach er: [6]Dies, was ihr (da) schaut – kommen werden Tage, an denen wird gelassen werden kein Stein auf Stein, der nicht niedergerissen werden wird. [7]Sie fragten ihn aber, sagten: Lehrer, wann nun wird dies sein? Und was das Zeichen, wann dies geschehen soll?

78. Parusierede: Zeichen der Endzeit?

Mt 24,4-8	Mk 13,5-8	Lk 21,8-11
[4]Und antwortete Jesus, sprach (zu) ihnen: Seht zu, daß nicht jemand euch irreführe! [5]Denn viele werden kommen unter meinen Namen, (werden) sagen: Ich bin der Messias, und viele werden sie irreführen. [6]Bestimmt aber werdet ihr hören von Kriegen und Kriegsgerüchten; merkt euch: werdet nicht unruhig! Denn „es muß geschehen",* aber noch ist nicht das Ende. [7]Denn „erheben wird sich Volk gegen Volk und Königsherrschaft gegen Königsherrschaft",** und es werden Hungersnöte und Erdbeben sein an mancherlei Orten.	[5]Jesus aber begann, (zu) ihnen zu sagen: Seht zu, daß nicht jemand euch irreführe! [6]Viele werden kommen unter meinem Namen, (werden) sagen (daß): Ich bin es, und viele werden sie irreführen. [7]Wenn ihr aber hört von Kriegen und Kriegsgerüchten, werdet nicht unruhig! „Es muß geschehen",* aber noch nicht (kommt) das Ende. [8]Denn „erheben wird sich Volk gegen Volk und Königsherrschaft gegen Königsherrschaft".** Es werden Erdbeben sein, an mancherlei Orten, es werden Hungersnöte sein:	[8]Er aber sprach: Seht zu, daß ihr nicht irregeführt werdet! Denn viele werden kommen unter meinem Namen, (werden) sagen: Ich bin es, und: Die Entscheidungszeit ist nahegekommen! Zieht nicht hinter ihnen her! [9]Wenn ihr aber hört von Kriegen und Aufständen, ängstigt euch nicht! Denn „es muß dies geschehen"* zuerst, aber nicht (kommt) sogleich das Ende. [10]Dann sagte er ihnen: „Erheben wird sich Volk gegen Volk und Königsherrschaft gegen Königsherrschaft",** [11]und es werden gewaltige Erdbeben und an mancherlei Orten Seuchen und Hungersnöte sein, und es werden schreckliche Dinge und

[8]Alles dies aber „Beginn (der)
Wehen".

„Beginn (der)
Wehen" (ist) dies.

*Dan 2,28   **Jes 19,2;2 Chr 15,6.

79. Parusierede: Künftige Verfolgungen

Mt 24,9-14; 10,17-22	Mk 13,9-13	Lk 21,12-19

[9a]Dann werden sie euch überliefern zu Drangsal und werden
euch töten...

10,17-22
[17]Nehmt euch aber in acht vor
den Menschen!

Denn
überliefern werden sie euch an
Gerichte, und in ihren Synagogen werden sie euch auspeitschen. [18]Und vor Statthalter aber
und Könige werdet ihr geführt
werden um meinetwillen, zum
Zeugnis für sie und die Völker.
vgl. V. 14

[19]Wenn sie euch aber
überliefern, sollt
ihr euch nicht sorgen, wie oder was
ihr redet. Denn gegeben wird euch
in jener Stunde, was ihr reden
sollt.

[20]Denn nicht *ihr* seid es, die da
reden, sondern der Geist eures
Vaters, der redet in euch.
[21]Überliefern aber wird Bruder
(den) Bruder zum Tod und
Vater (das) Kind, und „aufstehen werden Kinder gegen
Eltern",* und töten werden sie
sie. [22]Und ihr werdet gehaßt sein
von allen wegen meines Namens.

24,9b-14
... [9b]und ihr werdet gehaßt sein
von allen Völkern wegen meines
Namens. [10]Und dann „werden
viele abfallen"**, und werden sich

[9]Seht aber ihr auf euch
selbst!

Überliefern werden sie euch an
Gerichte und an Synago-
gen; ihr werdet geschlagen
werden, und vor Statthalter und
Könige werdet ihr gestellt werden um meinetwillen, zum
Zeugnis für sie.
[10]Und an alle Völker muß zuerst gepredigt werden das Evangelium. [11]Und wenn sie euch (ab-)
führen, überliefern, sollt ihr
euch nicht vorher sorgen, was ihr
redet, sondern was euch gegeben wird in jener Stunde, das
redet!

Denn nicht ihr seid es, die da
reden, sondern der Geist, der
heilige.
[12]Und überliefern wird Bruder
(den) Bruder zum Tod und
Vater (das) Kind, und „aufstehen werden Kinder gegen
Eltern",* und töten werden sie
sie.

[13]Und ihr werdet gehaßt sein von
allen wegen meines Namens.

[12]Vor diesem allem aber werden
sie Hand an euch legen
und (euch) verfolgen,
(euch) überliefern

an die Synago-
gen und Gefängnisse, (euch)
abführen vor Könige und Statthalter
um meines Namens willen.
[13]Ausschlagen wird es euch zum
Zeugnis.

[14]Hinterlegt also (dies) in euren
Herzen: nicht vorher einüben,
sich zu verteidigen. [15]Denn *ich*
werde euch geben Mund und
Weisheit, der nicht die Kraft
haben werden zu widerstehen
oder zu widersprechen alle, die
sich euch widersetzen.[+]

[16]Ihr aber werdet überliefert
werden sogar von Eltern und
Brüdern und Verwandten und
Freunden,
und töten werden sie aus euch.

[17]Und ihr werdet gehaßt sein von
allen wegen meines Namens.

einander überliefern und hassen werden sie einander. ¹¹Und viele Pseudopropheten werden sich erheben, und sie werden viele irreführen. ¹²Und wegen des sich Mehrens der Gesetzlosigkeit wird erkalten die Liebe der Vielen. ¹³Der aber ausharrt bis ans Ende, dieser wird gerettet werden. ¹⁴Und es wird gepredigt werden dieses Evangelium von der Königsherrschaft in der gesamten Welt zum Zeugnis für alle Völker, und dann wird kommen das Ende.

Der aber ausharrt bis ans Ende, dieser wird gerettet werden.

vgl.V.10

¹⁸Und nicht ein Haar aus eurem Haupt soll verlorengehen! ¹⁹In eurem Ausharren werdet ihr euch erwerben euer Leben.

*Mich 7,6.   **Dan 11,41 (LXX).   ⁺Lk 21,14-15 =12,11-12

Joh 14,26: ²⁶Der Beistand aber, der Geist der heilige, den schicken wird der Vater in meinem Namen, jener wird euch alles lehren und euch erinnern (an) alles, was ich gesprochen habe (zu) euch.

Joh 15,21: ²¹Aber dies alles werden sie tun an euch wegen meines Namens, weil sie den nicht kennen, der mich geschickt hat.

Joh 16,2: ²Aus der Synagoge werden sie euch tun; ja, es kommt eine Stunde, daß jeder, der euch mordet, meint, einen Dienst darzubringen für Gott.

Didache 16,3-5: ³Denn in den letzten Tagen werden sich mehren die Pseudopropheten und die Verderber, und kehren werden sich die Schafe in Wölfe, und die Liebe wird sich kehren in Haß. ⁴Denn da wächst die Gesetzlosigkeit, hassen werden sie einander und verfolgen und überliefern, und dann wird erscheinen der Weltverführer als Sohn Gottes, und tun wird er „Zeichen und Wunder", und die Erde wird überliefert werden in seine Hände, und tun wird er Frevel, die noch nie geschehen sind seit Ewigkeit. ⁵Dann wird kommen die Schöpfung der Menschen in die Feuersglut der Prüfung, „und abfallen werden viele" und verlorengehen, „die aber ausgeharrt haben" in ihrem Glauben „werden gerettet werden" von ihm selbst, dem Verfluchten.

80. Parusierede: Die Drangsale in Judäa

Mt 24,15-22	Mk 13,14-20	Lk 21,20-24;17,31
¹⁵Wenn aber ihr seht	¹⁴Wenn aber ihr seht	²⁰Wenn aber ihr seht umringt von Kriegsheeren Jerusalem, dann erkennt, daß nahegekommen ist seine Verwüstung.
„den Greuel der Verwüstung"*, von dem gesprochen wurde durch Daniel den Propheten, stehen, an heiligem Ort – der (es) liest, denke! – ¹⁶dann sollen die in Judäa fliehen in die Berge,	„den Greuel der Verwüstung"* stehen, wo er nicht darf – der (es) liest, denke nach! –, dann sollen die in Judäa fliehen in die Berge,	²¹Dann sollen die in Judäa fliehen in die Berge, und die inmitten von ihr sollen außer Landes gehen, und die auf dem Land sollen nicht hineingehen in sie, ²²denn „Tage der Rache"** sind dies, zu erfüllen alles Geschriebene.
¹⁷der auf dem Dach soll nicht hinabsteigen, zu holen das aus seinem	¹⁵der auf dem Dach soll nicht hinabsteigen und nicht hineingehen, was zu holen aus seinem	¹⁷,³¹An jenem Tag soll, wer auf dem Dach ist und dessen Habe im Haus ist, nicht hinabsteigen, um sie zu holen.

Haus, [18]und der auf dem Acker soll nicht umkehren (nach) „rückwärts"*** zu holen sein Gewand. [19]Wehe aber den (ein Kindlein) im Leibe Habenden und den Stillenden in jenen Tagen. [20]Betet aber, daß nicht geschehe eure Flucht im Winter und nicht am Sabbat. [21]Denn es wird dann sein gewaltige „Drangsal, wie nicht geschehen ist von Anbeginn der Welt bis jetzt"**** und auch nicht (mehr) geschehen soll.	Haus, [16]und der auf dem Acker soll nicht umkehren „nach rückwärts"**** zu holen sein Gewand. [17]Wehe aber den (ein Kindlein) im Leibe Habenden und den Stillenden in jenen Tagen. [18]Betet aber, daß nicht geschehe im Winter. [19]Denn es werden jene Tage sein eine „Drangsal, wie nicht geschehen ist eine solche von Anbeginn der Schöpfung", die geschaffen hat Gott, „bis jetzt"****und auch nicht (mehr) geschehen soll.	und wer auf dem Acker ist, soll sich ebenso nicht umkehren „nach rückwärts"***. [23]Wehe den (ein Kindlein) im Leibe Habenden und den Stillenden in jenen Tagen. Denn es wird gewaltige Not sein auf der Erde und Zorn(gericht) diesem Volk. [24]Und fallen werden sie durch den Rachen des Schwertes und gefangen weggeführt werden unter alle Heidenvölker, und „Jerusalem" wird „zertreten von Heidenvölkern"******, bis abgelaufen sind (die) Zeiten (der) Heidenvölker.
[22]Und wenn nicht verkürzt würden jene Tage, würde wohl nicht gerettet werden irgendein Fleisch. Wegen der Auserwählten aber werden verkürzt werden jene Tage.	[20]Und wenn nicht verkürzt hätte (der) Herr die Tage, würde wohl nicht gerettet werden irgendein Fleisch. Doch wegen der Auserwählten, die er sich ausgewählt hat, hat er verkürzt die Tage.	

*Dan 9,27; 11,31;12,11.   **Dtn 32,35; vgl. Hos 9,7 u.ö.   ***Gen 19,26.   ****Dan 12,1.   *****Sach 12,3; vgl. Jes 63,18.

2 Thess 2,3-4: [3]Niemand soll euch verführen, auf gar keine Weise: denn wenn nicht kommt der Abfall zuerst und geoffenbart wird der Mensch der Gesetzlosigkeit, der Sohn des Verderbens, [4]der Widersacher und sich Überhebende über alles, was da heißt „Gott" oder „Heiligtum", so daß er in den Tempel Gottes sich setzt, ausweisend sich selbst, daß er Gott sei (kann das Ende nicht kommen).

81. Parusierede: Das Auftreten falscher Propheten

Mt 24,23-28	Mk 13,21-23	Lk 17,23-24.37b
[23]Dann, wenn jemand (zu) euch spricht: Siehe, hier der Messias, oder: hier, ihr sollt (es) nicht glauben! [24]Denn auferstehen werden Pseudomessiasse und „Pseudopropheten", und „geben werden sie" gewal-	[21]Und dann, wenn jemand (zu) euch spricht: Seht, hier der Messias, seht dort, ihr sollt (es) nicht glauben! [22]Aber auferstehen werden Pseudomessiasse und „Pseudopropheten" und „tun werden sie Zeichen	[23]Und sie werden sagen (zu) euch: Siehe, dort! siehe, hier! Ihr sollt nicht hingehen und nicht hinterherlaufen!

tige „Zeichen und Wunder"*, so daß sie irreführen, wenn möglich, sogar die Auserwählten.

²⁵Siehe, vorausgesagt habe ich (es) euch.

²⁶Wenn sie nun sprechen (zu) euch: Siehe, in der Wüste ist er, sollt ihr nicht hinausgehen! Siehe, in den Gemächern (ist er), sollt ihr es nicht glauben!

²⁷Denn wie der Blitz ausgeht von Osten und scheint bis zum Westen,

so wird die Parusie des Menschensohnes sein.

²⁸Wo das Aas ist, dort sammeln sich die Adler.

*Dtn 13,1.

---

und Wunder"*, um in die Irre zu führen, wenn möglich, die Auserwählten.

²³Ihr aber seht zu! Vorausgesagt habe ich euch alles.

²⁴Denn wie der Blitz blitzend von dem (Land) unter dem Himmel zu dem (Land) unter (dem) Himmel leuchtet, so wird der Menschensohn sein an seinem Tag.

³⁷ᵇEr aber sprach (zu) ihnen: Wo der Leichnam (ist), dort versammeln sich auch die Adler.

---

2 Thess 2,8-10: ⁸Und dann wird geoffenbart werden der Gesetzlose, den der Herr Jesus beseitigen wird durch den Hauch seines Mundes und vernichten wird durch die Erscheinung seiner Parusie, ⁹dessen ist die Parusie gemäß des Wirkens des Satans in jeglicher Krafttat und Zeichen und Wunder (der) Lüge ¹⁰und in jeglichem Trug (der) Ungerechtigkeit für die, welche verlorengehen, dafür daß sie die Liebe der Wahrheit nicht willkommen hießen, auf daß sie gerettet würden.

82. Parusierede: Die Wiederkunft des Menschensohns

Mt 24,29-31	Mk 13,24-27	Lk 21,25-28
²⁹Sogleich aber nach der Drangsal jener Tage: „wird die Sonne sich verfinstern, und der Mond nicht geben seinen Schein, und die Sterne werden fallen" vom Himmel,	²⁴Aber in jenen Tagen nach jener Drangsal „wird die Sonne sich verfinstern, und der Mond nicht geben seinen Schein, ²⁵und die Sterne werden" aus dem Himmel „fallen,	²⁵Und es werden Zeichen sein an Sonne und Mond und Sternen, und auf der Erde Beklemmung (der) Völker in Ratlosigkeit vor (dem) Brausen (des) Meeres und (seinem) Gewoge, ²⁶so daß ihr Leben aushauchen (die) Menschen vor Furcht und Erwartung der (Dinge), die überkommen werden den Erdkreis. Denn „die Kräfte der Himmel"* werden erschüttert werden.
„und die Kräfte der Himmel"* werden erschüttert werden.	und die Kräfte, die in den Himmeln", * werden erschüttert werden.	
³⁰Und dann wird erscheinen das Zeichen des Menschensohns am		

Himmel, und dann werden „wehklagen alle Stämme der Erde",** und „sehen werden sie,, den Menschensohn kommen auf den Wolken des Himmels"*** mit Kraft und viel Herrlichkeit. ³¹Und entsenden wird er seine Engel mit gewaltigem Posaunenschall, und „zusammenführen werden sie" seine Auserwählten aus den vier Winden",**** „von (den) Enden (der) Himmel bis zu ihren Enden".*****

²⁶Und dann

werden sie sehen „den Menschensohn kommen in Wolken"*** mit viel Kraft und Herrlichkeit. ²⁷Und dann wird er entsenden die Engel,
und „zusammenführen wird er" (seine) Auserwählten „aus den vier Winden",**** „von (dem) Ende (der) Erde bis zum Ende (des) Himmels".*****

²⁷Und dann

werden sie sehen „den Menschensohn kommen in einer Wolke"*** mit Kraft und viel Herrlichkeit.

²⁸Wenn aber dies zu geschehen beginnt, richtet euch auf und erhebt eure Häupter, dieweil sich naht eure Erlösung.

*Vgl. Jes 13,10; 34,4; Ez 32,7-8; Joel 2,10.   **Vgl. Sach 12,10-12.   ***Dan 7,13-14.
****Sach 2,6.   *****Dtn 30,4; vgl. Jes 27,13.

1 Thess 4,16: Denn er selbst, der Herr, beim Signal, beim Ruf (des) Erzengels und beim Posaunenschall Gottes: herabsteigen wird vom Himmel, und die Toten in Christus werden auferstehen zuerst.

Didache 16,6-8: ⁶Und dann werden erscheinen die Zeichen der Wahrheit: zuerst, Zeichen (der) Ausstreckung (?) am Himmel, darauf Zeichen (des) Posaunenschalls, und das dritte: Auferstehung der Toten; ⁷nicht aller aber, sondern wie gesagt wurde: „Kommen wird der Herr und all die Heiligen mit ihm." ⁸Dann wird sehen die Welt den Herrn „kommen oben auf den Wolken des Himmels".

Didache 10,5: Gedenke, Herr, deiner Kirche, zu entreißen sie von allem Bösen und zu vollenden sie in deiner Liebe, „und zusammenführe sie von den vier Winden", die Geheiligte, in deine Königsherrschaft, die du bereitet hast für sie; denn dein ist die Kraft und die Herrlichkeit in die Ewigkeiten.

83. Gleichnis vom Feigenbaum

Mt 24,32-33

³²Vom Feigenbaum aber lernt das Gleichnis! Wenn schon sein Zweig saftig wird und die Blätter hervortreibt, erkennt ihr, daß nahe der Sommer. ³³So auch ihr, wenn ihr alles dies seht, erkennt ihr, daß er nahe ist vor (der) Tür.

Mk 13,28-29

²⁸Vom Feigenbaum aber lernt das Gleichnis! Wenn schon sein Zweig saftig wird und hervortreibt die Blätter, erkennt ihr, daß nahe der Sommer ist. ²⁹So auch ihr, wenn ihr dies geschehn seht, erkennt ihr, daß er nahe ist vor (der) Tür.

Lk 21,29-31

²⁹Und er sprach ein Gleichnis (zu) ihnen: Seht den Feigenbaum und all die (anderen) Bäume! ³⁰Wenn sie ausschlagen schon, (dies) sehend von selbst erkennt ihr, daß schon nahe der Sommer ist. ³¹So auch ihr, wenn ihr dies geschehn seht, erkennt ihr, daß nahe ist die Königsherrschaft Gottes.

1 Clem 23,3-5: ³Ferne sei von uns diese Schrift(stelle), wo es heißt: Unglückselig sind die Zweifler, die geteilten Herzens sind, die sagen: Dies hörten wir auch zur Zeit unserer Väter, und siehe, wir sind alt geworden und nichts davon ist uns widerfahren. ⁴O Unverständige, vergleicht euch mit einem Baum! Nehmt einen Weinstock: zuerst verliert er das Laub, dann entsteht ein Sproß, dann ein Blatt, dann eine Blüte und hierauf ein Herling, dann eine reife Traube. Seht, wie in kuzrer Zeit die Frucht des Baumes zur Reife kommt! ⁵Wahrhaftig, schnell und plötzlich wird sein Wille in Erfüllung gehen, was auch die Schrift bezeugt: Schnell wird er kommen und nicht zögern, und plötzlich wird der Herr in seinen Tempel kommen, und der Heilige, den ihr erwartet.

84. Gewißheit und Ungewißheit der Wiederkunft

Mt 24,34-36	Mk 13,30-32	Lk 21,32-33
³⁴Amen, ich sage euch, daß nicht vergehen soll dieses Geschlecht, bis alles dies geschieht. ³⁵Der Himmel und die Erde werden vergehen, meine Worte aber sollen nicht vergehen. ³⁶Über jenen Tag aber und jene Stunde weiß niemand, auch nicht die Engel des Himmels, [auch nicht der Sohn], es sei denn der Vater allein.	³⁰Amen, ich sage euch, daß nicht vergehen soll dieses Geschlecht, bevor dies alles geschieht. ³¹Der Himmel und die Erde werden vergehen, meine Worte aber werden nicht vergehen. ³²Über jenen Tag aber oder die Stunde weiß niemand, auch nicht die Engel im Himmel, auch nicht der Sohn, es sei denn der Vater.	³²Amen, ich sage euch, daß nicht vergehen soll dieses Geschlecht, bis alles geschieht. ³³Der Himmel und die Erde werden vergehen, meine Worte aber werden (gewiß) nicht vergehen.

85. Schluß der Parusierede bei Markus

Mt 25,13-15; 24,42	Mk 13,33-37	Lk 21,36; 19,12-13;12,40;12,38
¹³Seid auf der Hut also, denn ihr wißt nicht den Tag und nicht die Stunde!	³³Seht zu, wachet; denn ihr wißt nicht, wann die Zeit ist!	²¹,³⁶Wachet aber, zu jeder Zeit betend, daß ihr stark (genug) seid, zu entfliehen diesem allem, das geschehen soll, und zu stehen vor dem Menschensohn.
		19,12-13
¹⁴Denn wie ein Mensch, der auf Reisen gehen wollte:	³⁴Wie ein Mensch, der auf Reisen ging: Er verließ sein Haus und	¹²Er sprach also: Ein Mensch, ein wohlgeborener, zog in ein fernes Land, zu empfangen für sich die Königsherrschaft und zurückzukehren.
Er rief die ihm eigenen Knechte und übergab ihnen seine Habe, ¹⁵und dem einen gab er fünf Talente, dem anderen zwei, dem aber eins, jedem nach der ihm eigenen Kraft, und	gab seinen Knechten die Macht,	¹³Er rief aber seine zehn Knechte, gab ihnen zehn Minen
ging auf Reisen... ²⁴,⁴²Seid auf der Hut also, denn ihr wißt nicht, an was für einem Tag euer Herr kommt.	jedem sein Werk, und dem Türhüter trug er auf, daß er auf der Hut sei. ³⁵Seid auf der Hut also; denn ihr wißt nicht, wann der Herr des Hauses kommt, ob abends oder um Mitternacht oder beim Hahnenschrei oder früh. ³⁶Nicht daß er komme unversehens (und) fände euch schlafend! ³⁷Was ich aber euch sage, sage ich allen: Seid auf der Hut!	und sprach zu ihnen: Treibt Handel, während ich komme. ¹²,⁴⁰Auch ihr werdet bereit, denn zu einer Stunde, da ihr nicht denkt, kommt der Menschensohn! ¹²,³⁸Und wenn er in der zweiten und wenn er in der dritten Nachtwache kommt und findet (sie) so, selig sind jene!

86. Die Hohenpriester und Schriftgelehrten beschließen, Jesus zu töten

Mt 26,1-5	Mk 14,1-2	Lk 22,1-2
¹Und es geschah, da Jesus alle diese Worte beendet hatte, sprach er (zu) seinen Jüngern: ²Ihr wißt, daß nach zwei Tagen das Pascha ist und der Menschensohn überliefert wird zum Gekreuzigtwerden. ³Da versammelten sich die Hohenpriester und die Ältesten des Volkes im Palast des Hohenpriesters, der hieß Kajafas, ⁴und gemeinsam beschlossen sie, daß sie Jesus durch List faßten und töteten. ⁵Sie sagten aber: Nur nicht am Fest, damit ja kein Aufruhr geschehe im Volk!	¹Es war aber das Pascha und die ungesäuerten Brote in zwei Tagen. Und es suchten die Hohenpriester und die Schriftgelehrten, wie sie ihn mit List faßten (und) töteten. ²Denn sie sagten: Nur nicht am Fest, daß nicht etwa ein Aufruhr des Volkes sei!	¹Es nahte aber das Fest der ungesäuerte Brote, das da Pascha heißt. ²Und es suchten die Hohenpriester und die Schriftgelehrten, wie sie ihn beseitigen; denn sie fürchteten das Volk.

Joh 11,47-53: ⁴⁷Es beriefen nun die Hohenpriester und die Pharisäer eine Ratsversammlung, und sie sagen: Was tun wir? Denn dieser Mensch tut viele Zeichen. ⁴⁸Lassen wir ihn so, werden alle an ihn glauben, und die Römer werden kommen und uns sowohl den Ort als auch die Nation nehmen. ⁴⁹Einer aber aus ihnen, Kajafas, der Hoherpriester jenes Jahres war, sprach (zu) ihnen: Ihr, nichts wißt ihr, nichts! ⁵⁰Auch bedenkt ihr nicht, daß es zuträglich für euch ist, daß *ein* Mensch sterbe zugunsten des Volkes als daß die gesamte Nation zugrunde geht. ⁵¹Dies aber sprach er nicht aus sich selbst, sondern weil er Hoherpriester jenes Jahres war, weissagte er, daß es Jesus bestimmt sei, zu sterben für die Nation, ⁵²und nicht für die Nation allein, sondern damit er auch die Kinder Gottes, die verstreuten, zusammenführe zu Eins. ⁵³Von jenem Tag an nun hatten sie beschlossen, daß sie ihn töteten.

87. Jesus wird in Betanien gesalbt

Mt 26,6-13	Mk 14,3-9	Joh 12,1-8
⁶Jesus aber befand sich in Betanien, im Hause Simons, des Aussätzigen, ⁷da kam herbei zu ihm ein Weib, das hatte ein Alabastergefäß mit	³Und er war in Betanien, im Hause Simons, des Aussätzigen, und lag darnieder (zu Tisch), da kam ein Weib, das hatte ein Alabastergefäß mit	¹Jesus nun, sechs Tage vor dem Pascha kam nach Betanien, wo Lazarus war, den Jesus erweckt hatte von den Toten. ²Sie machten nun ihm ein Mahl dort, und Martha diente, Lazarus aber war einer aus denen, die mit ihm (zu Tische) lagen. ³Maria nun nahm ein Pfund

Salböl, ungemein wertvoll, und goß (das Öl) über sein Haupt, da er (zu Tische) lag.

⁸Das sahen aber die Jünger, wurden unwillig und sagten:

Wozu diese Verschwendung? ⁹Konnte doch dieses verkauft werden für viel (Geld) und den Armen gegeben werden!

¹⁰Dies erkannte aber Jesus (und) sprach (zu) ihnen: Was? Beschwerden verursacht ihr dem Weib? Ein gutes Werk doch wirkte sie an mir. ¹¹Allezeit habt ihr doch die Armen bei euch,

mich aber habt ihr nicht allzeit.

¹²Denn als sie dieses Salböl auf meinen Leib schüttete, hat sie es auf das mich Begraben hin getan. ¹³Amen, ich sage euch, wo immer dieses Evangelium verkündigt wird in der gesamten Welt, wird auch von dem geredet werden, was diese da tat, zu ihrem Gedächtnis.

Salböl, pistische Narde, sehr kostbar; sie zerbrach das Alabastergefäß (und) goß (die Narde) ihm über das Haupt.

⁴Es waren aber einige unwillig bei sich selbst:

Wozu ist diese Verschwendung des Salböls geschehen? ⁵Konnte doch dieses Salböl verkauft werden für über dreihundert Denare und den Armen gegeben werden! Und es fuhren sie zornig an.

⁶Jesus aber sprach: Laßt sie! Was? Ihr (wollt ihr) Beschwerden verursachen? Ein gutes Werk wirkte sie an mir! ⁷Allezeit doch habt ihr die Armen bei euch, und sooft ihr wollt, könnt ihr ihnen wohltun, mich aber habt ihr nicht allezeit. ⁸Was sie (zu tun) hatte, hat sie getan. Vorweg nahm sie zu salben meinen Leib zum Begräbnis.

⁹Amen, aber ich sage euch, wo immer dieses Evangelium verkündigt wird in der gesamten Welt, wird auch von dem geredet werden, was diese da tat, zu ihrem Gedächtnis.

Salböl, pistische Narde, sehr wertvoll, salbte die Füße Jesu und trocknete mit ihren Haaren seine Füße. Das Haus aber ward erfüllt von dem Duft des Salböls.

⁴Sagt aber Judas der Iskariote, einer von seinen Jüngern, der bestimmt war, ihn zu überliefern:

⁵Weshalb wurde dieses Salböl nicht verkauft für dreihundert Denare und (das Geld) an Arme gegeben? ⁶Er sprach aber dies nicht, weil ihm an den Armen gelegen war, sondern weil er ein Dieb war und den Beutel hatte (und) das (Hinein) geworfene beseite schaffte.

⁷Sprach nun Jesus: Laß sie! Damit sie für den Tag meines Begräbnisses dies aufbewahre!

⁸Die Armen habt ihr doch allzeit bei euch,

mich aber habt ihr nicht allzeit.

Lk 7,36-50: ³⁶Es bat ihn aber einer von den Pharisäern, daß er bei ihm esse; und er ging hinein in das Haus des Pharisäers (und) legte sich zu Tisch. ³⁷Und siehe ein Weib, die war in der Stadt eine Sünderin, und hatte erfahren, daß er sich niedergelegt zu Tisch im Haus des Pharisäers, brachte ein Alabastergefäß mit Salböl herbei ³⁸und stand hinten zu seinen Füßen weinend; mit den Tränen begann sie zu benetzen seine Füße, und mit den Haaren ihres Hauptes trocknete sie (sie), und küßte seine Füße und salbte (sie) mit dem Salböl. ³⁹Als (dies) aber der Pharisäer sah, der ihn geladen, sprach er bei sich, sagte: Wenn dieser ein Prophet wäre, wüßte er wohl, wer und was für eine das Weib (ist), das da ihn anrührt: denn eine Sünderin ist sie. ⁴⁰Und antwortete Jesus, sprach zu ihm: Simon, ich habe dir etwas zu sagen. Der aber: Lehrer, sprich!, sagte er. ⁴¹Zwei Schuldner waren einem Darlehnsgeber; der eine schuldete zweihundert Denare, der andere aber fünfzig. ⁴²Da sie (aber) nicht hatten, um zurückzugeben, schenkte er beiden (die Schuld). Wer nun von ihnen wird ihn mehr lieben? ⁴³Antwortete Simon, sprach: Ich nehme an, der, dem er die größere (Summe) geschenkt hat. Er aber sprach (zu) ihm: Richtig hast du geurteilt. ⁴⁴Und sich kehrend zu dem Weib, sagte er dem Simon: Siehst du dieses Weib? Ich kam in dein Haus hinein, Wasser für die Füße hast du mir nicht gegeben. Sie aber, mit Tränen netzte sie mir die Füße und mit ihren Haaren trocknete sie (sie). ⁴⁵Einen Kuß hast du mir nicht gegeben; sie aber, seit ich hineinkam, hörte nicht auf, mir die Füße zu küssen. ⁴⁶Mit Öl hast du mein Haupt nicht gesalbt; sie aber, mit Salböl salbte sie meine Füße. ⁴⁷Deshalb sage ich dir, nachgelassen sind ihre Sünden, die vielen, weil sie viel geliebt hat. Wem aber wenig nachgelassen wird, der liebt wenig. ⁴⁸Sprach aber (zu) ihr: Nachgelassen sind dir die Sünden! ⁴⁹Und die mit zu Tische Liegenden begannen zu sagen bei sich selbst: Wer ist dieser, der sogar Sünden nachläßt? ⁵⁰Sprach aber zu dem Weib: Dein Glaube hat dich gerettet; zieh hin in Frieden!

Ignatius ad Eph 17,1: Deswegen Salböl nahm auf sein Haupt der Herr, damit er zuwehe der Kirche Unverweslichkeit. Nicht sollt salben ihr euch mit dem üblen Geruch der Lehre des Fürsten dieser Weltzeit, damit er euch nicht in Gefangenschaft führe aus dem vor euch liegenden Leben.

88. Judas bietet sich als Verräter an

Mt 26,14-16	Mk 14,10-11	Lk 22,3-6
	¹⁰Und Judas Iskariot,	³Hineinfuhr aber Satan in Judas, der Iskariot gerufen wird, der aus der Zahl der Zwölf ist.
¹⁴Da begab sich einer von den Zwölf, der hieß Judas Iskariot,	der eine von den Zwölf, ging hin	
zu den Hohenpriestern, ¹⁵sprach: Was wollt ihr mir geben, und ich werde ihn euch überliefern. Die aber	zu den Hohenpriestern, damit er ihn ihnen überliefere. ¹¹ Die aber, (das) hörend, freuten sich	⁴Und er ging hin, besprach sich mit den Hohenpriestern und den Hauptleuten (der Tempelwache), wie er ihnen ihn überliefere. ⁵Und sie freuten sich
„setzten ihm dreißig Sielberlinge aus".* ¹⁶Und von da an suchte er eine günstige Gelegenheit, damit er ihn überliefere.	und verhießen ihm, Geld zu geben. Und er suchte, wie er ihn bei günstiger Gelegenheit überliefere.	und vereinbarten mit ihm, Geld zu geben. ⁶Und er stimmte zu und suchte eine günstige Gelegenheit, ihn an sie zu überliefern – ohne (Beisein einer) Volksschar.

*Sach 11,12.

89. Die Jünger bereiten das Paschamahl

Mt 26,17-20	Mk 14,12-17	Lk 22,7-14
¹⁷Am ersten (Tag) aber der ungesäuerten Brote kamen herbei die Jünger zu Jesus, sagten: Wo willst du, daß wir dir bereiten, das Pascha zu essen?	¹²Und am ersten Tag der ungesäuerten Brote, da sie das Pascha schlachteten, sagen ihm seine Jünger: Wo willst du, daß wir hingehen (und) bereiten, damit du das Pascha issest? ¹³Und er entsendet zwei seiner Jünger und sagt ihnen: Begebt euch	⁷Es kam aber der Tag der ungesäuerten Brote, an dem geschlachtet werden mußte das Pascha.

vlg. V. 8-9

⁸Und er entsandte Petrus und Johannes, sprach: Zieht hin, |
| ¹⁸Er aber sprach: Begebt euch | | bereitet uns das Pascha, damit wir (es) essen! ⁹Die aber sprachen (zu) ihm: Wo willst du, daß |
| Vgl. V. 17 | vgl. V. 12 | |

		wir (es) bereiten? ¹⁰Er aber sprach (zu) ihnen: Siehe, wenn

in die Stadt
zu dem und dem

in die Stadt und
ein Mensch wird euch begegnen,
einen Wasserkrug tragend. Folgt

sprach (zu) ihnen: Siehe, wenn
ihr in die Stadt hineinkommt,
wird euch ein Mensch begegnen,
einen Wasserkrug tragend. Folgt

und sprecht (zu) ihm:

ihm, und wo er hineingeht,
spricht (zu) dem Hausherrn,

ihm in das Haus, in das er hineinzieht; ¹¹und sprechen werdet

Der Lehrer sagt: Meine Zeit
ist nahe; bei dir halte ich das
Pascha mit meinen Jünger.

daß der Lehrer sagt: Wo ist
mein Gemach, wo ich das Pascha
mit meinen Jüngern esse? ¹⁵Und
er wird euch zeigen ein Obergemach, groß, (mit Polstern)
ausgelegt, bereit; und dort
bereitet (es) uns! ¹⁶Und die

ihr (zu) dem Hausherrn des
Hauses: Der Lehrer sagt: Wo
ist das Gemach, wo ich das Pascha mit meinen Jüngern esse?
¹²Und jener wird euch ein Obergemach zeigen, groß, (mit Polstern ausgelegt; dort

¹⁹Und
die Jünger taten,
wie ihnen
Jesus aufgetragen hatte, und
bereiteten das Pascha. ²⁰Als es
aber Abend geworden war, legte
er sich (zu Tisch) nieder mit
den zwölf [Jüngern.]

Jünger gingen hinaus und gingen
in die Stadt und fanden, wie er
zu ihnen gesprochen hatte, und
bereiteten das Pascha. ¹⁷Und als
es Abend geworden war,
kommt er mit
den Zwölf.

bereitet (es)!
¹³Sie gingen aber hinaus (und)
fanden, wie er
(zu) ihnen gesagt hatte, und
bereiteten das Pascha. ¹⁴Und da
die Stunde geworden war,
ließ er sich (zu Tisch) nieder und
die Apostel mit ihm.

90. Jesus sagt den Verrat des Judas voraus

Mt 26,21-25	Mk 14,18-21	Lk 22,21-23

²¹Und als sie aßen, sprach er:
Amen, ich sage euch,
daß einer aus euch mich überliefern wird.
²²Und sehr traurig
begannen sie, ihm zu sagen,
jeder einzelne: Doch nicht
ich bin es, Herr? ²³Er aber antwortete, sprach:
Der mit mir die Hand in die
Schüssel eingetaucht hat, der wird
mich überliefern. ²⁴Der Menschensohn geht zwar hin, wie geschrieben steht über ihn,
wehe aber jenem Menschen,
durch den der Menschensohn
überliefert wird. Gut wäre es
ihm, wenn er nicht geboren
wäre, jener Mensch. ²⁵Es antwortete aber Judas, der ihn überlieferte, (und) sprach: Doch

¹⁸Und als sie sich (zu Tisch)
niedergelegt hatten und aßen,
sprach Jesus: Amen, ich sage,
daß einer aus euch mich
überliefern wird, „der da ißt mit
mir"*. ¹⁹Sie begannen traurig zu
sein und ihm zu sagen, einer
nach dem anderen: Doch nicht
ich? ²⁰Er aber
sprach zu ihnen: Einer der
Zwölf, der mit mir in die [eine]
Schüssel eintaucht.
²¹Denn der Men-
schensohn geht zwar hin, wie
geschrieben steht über ihn;
wehe aber jenem Menschen,
durch den der Menschensohn
überliefert wird. Gut (wäre es)
ihm, wenn er nicht geboren
wäre, jener Mensch.

²¹Doch siehe, die Hand dessen,
der mich überliefert, ist mit
mir auf dem Tisch. ²²Denn der
Menschensohn – gemäß dem
ihm Bestimmten – zieht zwar
dahin, doch wehe jenem
Menschen, durch den er
überliefert wird.

nicht ich bin es, Rabbi? Sagt er
ihm: Du hast gesprochen.

²³Und sie begannen untereinander
zu streiten wer wohl aus ihnen
es sei, der dies verüben
werde.

Joh 13,21-30: ²¹(Kaum) hatte dies Jesus gesprochen, wurde er im Geist erschüttert, und er bezeugte
und sprach: Amen, Amen, ich sage euch, daß einer aus euch mich überliefern wird. ²²Da blickten die
Jünger einander an, ratlos, von wem er (dies) sage. ²³Es lag aber (zu Tisch) einer aus seinen Jüngern – an (der) Brust Jesu –, den liebte Jesus. ²⁴Nun winkt diesem Simon Petrus und sagt (zu) ihm:
Sprich, wer ist es, von dem er dies sagt! ²⁵Da beugt sich jener so an die Brust Jesu zurück (und) sagt
ihm: Herr, wer ist es? ²⁶Antwortet nun Jesus: Jener ist es, dem *ich* den Bissen tauchen werde und ihm
geben werde. Er taucht nun den Bissen, nimmt und gibt (ihn) dem Judas, (Sohn des) Simon Iskariot.
²⁷Und nach dem Bissen, da fuhr der Satan in jenen hinein. Nun sagt Jesus zu ihm: Was du tust, tue
möglichst schnell. ²⁸Dies aber erkannte niemand von den (zu Tische) Liegenden, wozu er zu ihm
gesprochen hatte. ²⁹Denn einige meinten, weil Judas den Beutel hatte, daß Jesus (zu) ihm sagt: Kaufe,
was wir zum Fest nötig haben, oder er solle den Armen etwas geben. ³⁰Nun nahm jener den Bissen,
und ging gleich hinaus. Es war aber Nacht.

91. Die Stiftung des Herrenmahles

Mt 26,26-29	Mk 14,22-25	Lk 22,15-20	1 Kor 11,23-26
		¹⁵Und er sprach zu ih-nen: Mit Sehnsucht habe ich begehrt, dieses Pa-scha mit euch zu essen vor meinem Leiden. ¹⁶Denn ich sage euch, daß ich es nimmermehr esse, bis daß es erfüllt ist in der Königsherr-schaft Gottes. ¹⁷Und er ergriff einen Becher, sagte Dank (und) sprach: Nehmt dies und teilt es unter euch. ¹⁸Denn ich sage euch, nicht werde ich trinken von jetzt an von dem Ge-wächs des Weinstocks, bis die Königsherr-schaft Gottes kommt.	²³Denn ich habe über-nommen vom Herrn, was ich auch überliefert habe an euch, daß der Herr Jesus, in der Nacht, in der er über-liefert wurde –,
vgl.V.29	vgl.V.25		
²⁶Während sie aber aßen, nahm Jesus Brot und sprach die Prei-sung, brach und gab den Jüngern, sprach:	²²Und während sie aßen, nahm er Brot, sprach die Preisung, brach und gab ihnen und sprach:	¹⁹Und er nahm Brot, sagte Dank, brach und gab ihnen, sagte:	(da) nahm er Brot ²⁴und sagte Dank, brach und sprach:

Nehmt, eßt! Dies ist mein Leib.	Nehmt! Dies ist mein Leib.	Dies ist mein Leib, der für euch gegebene. Dies tut zu meinem Gedächtnis.	Dies von mir ist der Leib, der für euch. Dies tut zu meinem Gedächtnis.
[27]Und nahm einen Becher und sagte Dank, gab ihnen, sagte: Trinkt aus ihm alle! [28]Denn dies ist mein „Blut des Bundes",* das im Hinblick auf viele vergossen ist zum Nachlaß von Sünden. [29]Ich sage euch aber, nicht trinken werde ich ich von jetzt an von diesem Gewächs des Weinstocks bis zu jenem Tage, da ich es trinke mit euch neu in der Königsherrschaft meines Vaters.	[23]Und nahm einen Becher, sagte Dank, gab ihnen, und es tranken aus ihm alle. [24]Und er sprach (zu) ihnen: Dies ist mein „Blut des Bundes",* das vergossen ist für viele. [25]Amen, ich sage euch, daß ich nicht mehr trinken werde von dem Gewächs des Weinstocks bis zu jenem Tage, da ich es trinken neu in der Königsherrschaft Gottes.	[20]Und den Becher ebenso nach dem Mahl, (wobei er) sagte: Dieser Becher (ist) der neue „Bund in meinem Blut",* das für euch vergossen ist. vgl.V. 18	[25]Ebenso auch den Becher nach dem Mahl, (wobei er) sagte: Dieser Becher, der „neue Bund" ist er „in meinem Blut".* Dies tut, sooft ihr trinkt, zu meinem Gedächtnis. [26]Denn sooft ihr dieses Brot esset und den Becher trinkt, vermeldet ihr den Tod des Herrn, bis er kommt.

*Ex 24,8; Jer 31,31; Sach 9,11.

1 Kor 10,16-17: [16]Der Becher der Preisung, über den wir die Preisung sprechen, ist er nicht Gemeinschaft mit dem Blut des Christus? Das Brot, das wir brechen, ist es nicht Gemeinschaft mit dem Leib des Christus? [17]Weil ein einziges Brot, sind wir, die vielen, ein einziger Leib; denn alle haben wir an dem einen Brot teil.

Justin, Apologie 1,66,3: Denn die Apostel, in den durch sie entstandenen Erinnerungen, die Evangelien genannt werden, so, haben sie überliefert, sei ihnen aufgetragen worden: Jesus habe genommen Brot, Dank gesagt (und) gesprochen: „Dies tut zu meinem Gedächtnis, dies ist mein Leib." Und den Becher habe er gleicherweise genommen und Dank gesagt (und) gesprochen: „Dies ist mein Blut." Und nur ihnen habe er (dies) mitgeteilt.

92. Jesus sagt Jüngerflucht und Verleugnung des Petrus voraus

Mt 26,30-35	Mk 14,26-31	Lk 22,31-34.39	Joh 18,1;16,32;13,36-38
[30]Und sie sangen den Hymnus und gingen hinaus zum Berg der Ölbäume.	[26]Und sie sangen den Hymnus und gingen hinaus zum Berg der Ölbäume.	[22,39]Und er ging hinaus, zog nach der Gewohnheit zum Berg der Ölbäume; es folgten aber ihm auch die Jünger.	[18,1]Dies sprach Jesus, und ging hinaus mit seinen Jüngern auf die andere Seite des Winterbaches Kedron, wo ein Garten war, in den hineinging er selbst und seine Jünger.
[31]Da sagt ihnen Jesus: Ihr alle, zu Fall kommen werdet ihr an mir in dieser Nacht;	[27]Und sagt ihnen Jesus, (daß): Alle, zu Fall kommen werdet ihr;		

denn geschrieben steht: „Schlagen werde ich den Hirten, und zerstreuen werden sich die Schafe der Herde."* ³²Aber nachdem ich auferweckt worden bin, werde ich euch vorausziehen nach Galiläa.

weil geschrieben steht: „Schlagen werde ich den Hirten, und die Schafe werden sich zerstreuen."* ²⁸Doch nachdem ich auferweckt worden bin, werde ich euch vorausziehen nach Galiläa.

22,31-34
³¹Simon, Simon, siehe der Satan hat sich euch ausgebeten, zu sieben wie den Weizen. ³²Ich aber habe für dich gebetet, daß dein Glaube nicht erlösche; und du, einst zurückgekehrt, stärke deine Brüder!

¹⁶,³²Siehe, es kommt eine Stunde und ist gekommen, daß ihr (zer)streut werdet, jeder in sein Eigentum, und mich werdet ihr allein lassen. Und ich bin nicht allein, weil der Vater mit mir ist.

13,36-38
³⁶Sagt ihm Simon Petrus: Herr, wohin gehst du? Antwortete Jesus: Wohin ich gehe, hast du nicht die Kraft, mir jetzt zu folgen, folgen wirst du aber später.

³³Antwortete aber Petrus, sprach (zu) ihm: Wenn alle zu Fall kommen werden an dir, *ich*, niemals werde ich zu Fall kommen. ³⁴Meinte (zu) ihm Jesus:

²⁹Aber Petrus meinte (zu) ihm: Wenn auch alle zu Fall kommen werden, aber nicht *ich*. ³⁰Und sagt (zu) ihm Jesus:

³³Der aber sprach (zu) ihm: Herr, mit dir bin ich bereit, auch ins Gefängnis und in den Tod zu ziehen. ³⁴Der aber sprach:

³⁷Sagt (zu) ihm Petrus: Herr, warum habe ich nicht die Kraft, dir gleich zu folgen? Mein Leben, für dich will ich es einsetzen. ³⁸Antwortet Jesus: Dein Leben, für mich willst du es einsetzen? Amen, Amen, ich sage dir,

Amen, ich sage dir, daß diese Nacht, ehe der Hahn kräht, du mich dreimal abgeleugnet haben wirst. ³⁵Sagt ihm Petrus: Auch wenn es sein müßte, daß ich mit dir sterbe, nie werde ich dich ableugnen. Gleicherweis sprachen auch all die (anderen) Jünger.

Amen, ich sage dir, daß *du* heute, diese Nacht, ehe noch zweimal der Hahn kräht, mich dreimal abgeleugnet haben wirst. ³¹Der aber, im Überschwang redete er: Wenn es sein müßte, daß ich mitsterbe mit dir, nie werde ich dich ableugnen. Ebenso aber sagten auch alle (anderen).

Ich sage dir Petrus, nicht wird heute krähen der Hahn, bis du dreimal abgeleugnet hast, mich zu kennen.

nicht soll der Hahn krähen, bis du mich dreimal verleugnet hast.

*Sach 13,7.

108

93. Jesus in Getsemani

Mt 26,36-46	Mk 14,32-42	Lk 22,39-46
³⁶Da kommt Jesus mit ihnen zu einem Landgut, genannt Getsemani,	³²Und sie kommen zu einem Landgut, dessen Namen Getsemani war,	³⁹Und er ging hinaus, zog nach der Gewohnheit zum Berg der Ölbäume; es folgten ihm aber auch die Jünger. ⁴⁰Angelangt aber an dem Ort, sprach er zu ihnen:
und sagt den Jüngern: Setzt euch da hin, bis daß ich weggehe, dorthin, und gebetet habe. ³⁷Und mit nahm er den Petrus und die zwei Söhne des Zebedäus und begann traurig zu werden und zu zagen. ³⁸Da sagt er ihnen: „Gar traurig ist meine Seele"* bis zum Tod. Bleibet hier und wachet mit mir! ³⁹Und weiter ging er ein wenig, fiel auf sein Angesicht, um zu beten und zu sagen:	und er sagt seinen Jünger: Setzt euch hier, bis ich gebetet habe. ³³Und mit nimmt er den Petrus und den Jakobus und den Johannes mit sich, und begann zu erschaudern und zu zagen, ³⁴und sagt ihnen: „Gar traurig ist meine Seele"* bis zum Tod. Bleibet hier und wachet! ³⁵Und weiter ging er ein wenig, fiel auf die Erde und betete, damit, wenn es möglich ist, vorübergehe an ihm die Stunde, ³⁶und sagte: Abba, Vater, alles ist dir möglich! Trage vorüber diesen Becher an mir; aber nicht was *ich* will, sondern was du!	Betet, daß ihr nicht in eine Versuchung hineingeht!
		⁴¹Und er riß sich los von ihnen, etwa einen Steinwurf (weit), und beugte die Knie, betete, ⁴²sagte:
Mein Vater, wenn es möglich ist, gehe vorüber dieser Becher an mir! Doch nicht wie *ich* will, sondern wie du!		Vater, wenn du es so beschließt, trage vorüber diesen Becher an mir! Doch nicht mein Wille, sondern der deine geschehe. [⁴³Es erschien ihm aber ein Engel vom Himmel, ihn zu stärken. ⁴⁴Und er ward in Angst, und angespannter betete er. Und es ward sein Schweiß wie Tropfen Blutes, die auf die Erde herabfallen.]
⁴⁰Und er kommt zu den Jüngern und findet sie schlafend und sagt dem Petrus:	³⁷Und er kommt und findet sie schlafend und sagt dem Petrus: Simon, du	⁴⁵Und er stand auf vom Gebet, kam zu den Jüngern, fand eingeschlafen sie vor Traurigkeit. ⁴⁶Und sprach (zu) ihnen:
So, nicht stark (genug) wart ihr, eine Stunde mit mir zu wachen? ⁴¹Wachet und betet, damit ihr nicht in eine Versuchung hineingeht. Der Geist ist zwar bereitwillig, das Fleisch aber schwach. ⁴²Wiederum, zum zweitenmal, ging er fort, betete, sagte: Mein Vater, wenn dieser (Becher) nicht vorübergehen kann, es sei denn, daß ich ihn trinke, geschehe dein Wille!	schläfst? Nicht stark (genug) warst du, eine Stunde zu wachen? ³⁸Wachet und betet, damit ihr nicht in eine Versuchung geht. Der Geist ist zwar bereitwillig, das Fleisch aber schwach. ³⁹Und wiederum ging er fort (und) betete, dasselbe Wort sprach er.	Was schlaft ihr? Steht auf, betet, damit ihr nicht in eine Versuchung hineingeht.

<table>
<tr><td colspan="2">

⁴³Und er kam, und wiederum fand er sie schlafend, es waren nämlich ihre Augen beschwert.

</td><td>

⁴⁰Und wiederum kam er und fand sie schlafend, es waren nämlich ihre Augen (ganz) schwer, und sie wußten nicht, was sie ihm antworteten.

</td></tr>
</table>

⁴⁴Und er ließ sie, wiederum fortgehend, betete zum drittenmal, dasselbe Wort sprach er wiederum. ⁴⁵Da kommt er zu den Jüngern, sagt ihnen: Ihr schlaft weiter und ruht euch aus? Siehe, genaht ist die Stunde, und der Menschensohn wird überliefert in (die) Hände (der) Sünder. ⁴⁶Steht auf, gehen wir! Siehe, genaht ist der mich überliefert.

⁴¹Und er kommt das drittemal und sagt ihnen: Ihr schlaft weiter und ruht euch aus? Genug damit! Gekommen ist die Stunde, siehe, überliefert wird der Menschensohn in die Hände der Sünder. ⁴²Steht auf, gehen wir! Siehe, der mich überliefert, ist genaht.

*Ps 42,6-12; Jon 4,9.

Joh 18,1: Dies sprach Jesus, (und) hinaus ging er mit seinen Jüngern auf die andere Seite des Winterbaches Kedron, wo ein Garten war, in den hinein ging er selbst und seine Jünger.

Joh 12,27: Jetzt ist meine Seele erschüttert, und was soll ich sprechen? Vater, rette mich aus dieser Stunde! Aber deswegen kam ich in diese Stunde.

Joh 18,11: Sprach nun Jesus (zu) Petrus: Stecke das Schwert in die Scheide! Den Becher, den mir der Vater gegeben hat, soll ich ihn nicht trinken?

94. Jesus wird gefangengenommen

Mt 26,47-56	Mk 14,43-52	Lk 22,47-53	Joh 18,2-11
			²Es wußte aber auch Judas der ihn überlieferte, den Ort, denn oft versammelte sich Jesus dort mit seinen Jüngern.
⁴⁷Und noch während er redet, siehe,	⁴³Und gleich, noch während er redet,	⁴⁷Noch während er redet, siehe, eine Volksschar, und der	
Judas, einer der Zwölf, kam und mit ihm eine große Volksschar	erscheint Judas, einer der Zwölf, und mit ihm eine Volksschar	besagte Judas, einer der Zwölf, ging ihnen voran,	³Judas nun nimmt die Kohorte und von den Hohenpriestern und den Pharisäern Diener (und) kommt dorthin mit Fakkeln und Lampen und
mit Schwertern und Knütteln von den Hohenpriestern und Ältesten des Volkes. ⁴⁸Der ihn aber überlieferte gab ihnen ein Zeichen, sagte: Wen ich küssen	mit Schwertern und Knütteln von den Hohenpriestern und den Schriftgelehrten und den Ältesten. ⁴⁴Gegeben hatte aber der ihn überlieferte ihnen ein Merkzeichen und ge-		Waffen. ⁴Jesus nun, der alles wußte, was über ihn kommen werde, kam hinaus und sagt ihnen: Wen sucht ihr? ⁵Sie antworteten ihm:

110

werde, der ist es. Faßt
ihn!

⁴⁹Und sogleich kam er
herbei (zu) Jesus,
sprach: Sei gegrüßt,
Rabbi! und küßte ihn.
⁵⁰Jesus aber sprach (zu)
ihm: Freund, (tu das)
wozu du da bist!

Da kamen sie herbei,
legten die Hände an
Jesus und faßten ihn.

⁵¹Und siehe, einer der
bei Jesus (Stehenden)
streckte die Hand aus,
zog sein Schwert und,
schlagend den Knecht
des Hohenpriesters,
hieb er ihm ab das
Ohr.

⁵²Da sagt zu ihm Je-
sus: Bringe dein Schwert
zurück an seinen Ort!
Denn alle, die ein
Schwert nehmen, werden
durch ein Schwert zu-
grunde gehen. ⁵³Oder
dünkt dir, daß ich nicht
die Kraft habe, meinen
Vater herbeizurufen,

sagt: Wen ich küssen
werde, der ist es. Faßt
ihn und führt (ihn) ab,
sicher (bewacht). ⁴⁵Und
er kam (und) gleich kam
er herbei (zu) ihm, sagt:

Rabbi! und küßte ihn.

⁴⁶Die aber
legten die Hände an
ihn und faßten ihn.

⁴⁷Einer aber, jemand
der Dabeistehenden,

zog das Schwert und
traf den Knecht
des Hohenpriesters und
hieb ihm ab die
Ohrmuschel.

und naht sich Jesus,

ihn zu küssen.
⁴⁸Jesus aber sprach (zu)
ihm: Judas, mit einem
Kuß (willst du) den
Menschensohn über-
liefern?

⁴⁹Es sahen aber die um
ihn, was bevorstand,
sprachen: Herr, ob wir
(drein)schlagen sollen
mit dem Schwert?

⁵⁰Und es schlug einer,
jemand aus ihnen,

(nach) des Hohen-
priesters Knecht und
hieb ab sein Ohr,
das rechte.

⁵¹Antwortete aber Je-
sus, sprach:

Jesus, den Nazoräer.
Sagt er ihnen: ICH BIN
ES. Stand aber auch
Judas, der ihn überlie-
ferte, bei ihnen. ⁶Wie er
nun sprach (zu) ihnen:
ICH BIN ES, gin-
gen sie weg nach rück-
wärts und fielen zu Bo-
den. ⁷Wiederum nun
fragte er sie: Wen sucht
ihr? Die aber sprachen:
Jesus, den Nazoräer.

⁸Antwortete Jesus:
Sprach (schon zu) euch,
daß ICH ES BIN. Wenn
ihr nun mich sucht,
laßt diese gehen! ⁹Da-
mit erfüllt werde das
Wort, das er gesprochen
hatte: Die du mir
gegeben hast, habe ich
nicht verloren, aus ih-
nen keinen. (vgl. 17,12)

¹⁰Simon Petrus nun,
hatte ein Schwert,

zückte es und
traf (den) des Hohen-
priesters Knecht und
hieb ihm ab die Ohr-
muschel, die rechte. Es
war aber (der) Name
des Knechtes Malchus.
¹¹Sprach nun Jesus
(zu) Petrus: Stecke das
Schwert in die Scheide!

Den Becher, den mir

und bereitstellen wird er mir sofort mehr als zwölf Legionen Engel? ⁵⁴Wie nun sollten erfüllt werden die Schriften, daß es so geschehen muß? ⁵⁵In jener Stunde sprach Jesus (zu) den Volksscharen:

⁴⁸Und es antwortete Jesus, sprach (zu) ihnen:

Laßt (das)! Bis hierher (und nicht weiter)!

der Vater gegeben hat soll ich ihn nicht trinken?

Und er berührte das Ohr, heilte ihn. ⁵²Sprach aber Jesus zu den wider ihn herbeigekommenen Hohenpriestern und Hauptleuten der Heiligtums(-wache) und Ältesten:

Wie gegen einen Räuber seid ihr ausgegangen mit Schwertern und Knütteln, mich festzunehmen! Täglich saß ich im Heiligtum, lehrte, und ihr habt mich nicht gefaßt. ⁵⁶Dies ganze aber ist geschehen, damit erfüllt würden die Schriften der Propheten. Da, die Jünger alle, sie verließen ihn, flohen.

Wie gegen einen Räuber seid ihr ausgegangen mit Schwertern und Knütteln, mich festzunehmen! ⁴⁹Täglich war ich bei euch im Heiligtum, lehrte, und ihr habt mich nicht gefaßt. Aber damit erfüllt würden die Schriften.

Wie gegen einen Räuber seid ihr ausgegangen mit Schwertern und Knütteln! ⁵³Täglich war ich doch unter euch im Heiligtum, und ihr habt nicht die Hände wider mich ausgestreckt. Aber dies ist eure Stunde und die Macht der Finsternis.

⁵⁰Und sie verließen ihn, flohen, alle. ⁵¹Und ein Jüngling folgte ihm nach, der hatte umgeworfen ein Linnentuch um den nackten (Leib), und sie fassen ihn. ⁵²Der aber ließ fahren das Linnentuch, nackt floh er.

95. Jesus wird vor dem Synedrium verhört

Mt 26,57-68	Mk 14,53-65	Lk 22,54-55.66-71.63-65
⁵⁷Die aber faßten Jesus, führten ihn ab zu Kajafas, dem Hohenpriester, wo die Schriftgelehrten und die Ältesten sich versammelten. ⁵⁸Petrus aber folgte ihm von Ferne bis zum Hof des Hohenpriesters und ging hinein,	⁵³Und sie führten Jesus ab zum Hohenpriester, und zusammenkommen alle Hohenpriester und die Ältesten und die Schriftgelehrten. ⁵⁴Und Petrus folgte ihm von ferne bis in den Hof des Hohenpriesters hinein.	⁵⁴Sie aber nahmen ihn fest, führten ihn und führten ihn hinein in das Haus des Hohenpriesters. Petrus aber folgte von ferne.

setzte sich mit den Dienern, den Ausgang zu sehen.

vgl. 27,1

[59]Die Hohenpriester aber und das Synedrium insgesamt suchten ein Falschzeugnis gegen Jesus, auf daß sie ihn töteten, [60]und fanden keins, obwohl viele (als) Falschzeugen herbeikamen.
Zuletzt aber kamen zwei herbei [61]und sprachen:
Dieser hat verlautet: Kraft habe ich, den Tempel Gottes
niederzureißen und binnen drei Tagen
zu erbauen.

[62]Und der Hohepriester stand auf,
sprach zu ihm: Nichts antwortest du auf das, was diese gegen dich bezeugen? [63]Jesus aber schwieg.
Und der Hohepriester sprach zu ihm: Ich beschwöre dich bei Gott, dem Lebendigen, daß du es uns sagst, wenn du der Messias, der Sohn Gottes bist.
[64]Sagt ihm Jesus: Du hast es gesagt;

doch ich sage euch, von nun an werdet ihr sehen „den Menschensohn sitzen zur Rechten der Kraft"* und „kommen auf den Wolken des Himmels".**

[65]Da zerriß der Hohepriester

Und er saß mit den Dienern zusammen und wärmte sich an der Flamme.

vgl. 15,1

[55]Die Hohenpriester aber und insgesamt das Synedrium suchten gegen Jesus ein Zeugnis, um ihn zu töten,
und fanden keins; [56]denn viele bezeugten Falsches gegen ihn, und gleich waren die Zeugnisse nicht. [57]Und einige standen auf, bezeugten Falsches gegen ihn, sagten, [58]daß wir ihn sagen gehört haben (daß): ich werde diesen mit Händen gemachten Tempel niederreißen und binnen drei Tagen einen anderen, nicht mit Händen gemachten, erbauen. [59]Und auch so war ihr Zeugnis nicht gleich.
[60]Und der Hohepriester stand auf, (trat) in (die) Mitte, befragte Jesus und sagte: Antwortest du nicht auf das, was diese gegen dich bezeugen? [61]Er aber schwieg und antwortete nichts. Wiederum befragte ihn der Hohepriester und sagt zu ihm:

Du bist der Messias, der Sohn des Gepriesenen? [62]Jesus aber sprach: Ich bin es,

und sehen werdet ihr „den Menschensohn zur Rechten sitzen der Kraft"* und „kommen mit den Wolken des Himmels".**

[63]Der Hohepriester aber zerriß

---

[55]Sie hatten aber ein Feuer angezündet inmitten des Hofes und sich zusammengesetzt, (da) setzte sich Petrus mitten unter sie.
[66]Und wie es Tag geworden war, versammelte sich der Ältestenrat des Volkes, Hohepriester und Schriftgelehrte, und sie führten ihn ab nach ihrem Synedrium

[67]und sagten:

Wenn du der Messias bist, sag es uns. Sprach er aber zu ihnen: Wenn ich es euch sage, glaubt ihr nicht. [68]Wenn ich aber frage, antwortet ihr nicht. [69]Von jetzt an aber wird der Menschensohn sitzen zur Rechten" der Kraft „Gottes".*
[70]Sprachen aber alle: Du also bist der Sohn Gottes? Er aber, zu ihnen (gewandt), verlautete: Ihr sagt, daß ich es bin.

seine Gewänder, sagte: Gelästert hat er! Was haben wir noch Zeugen nötig? Seht, jetzt habt ihr die Lästerung gehört! 66Was dünkt euch? Sie aber antworteten, sprachen: Schuldig des Todes ist er! 67Da spien sie in sein Gesicht und ohrfeigten ihn, andere aber schlugen ihn (mit dem Stock), 68sagten: Weissage uns, Messias, wer ist es, der dich geschlagen hat?

seine Kleider und sagt: Was haben wir noch Zeugen nötig? 64Gehört habt ihr die Lästerung! Was scheint euch? Sie aber alle verurteilten ihn, schuldig sei er des Todes. 65Und einige begannen, ihn anzuspeien und ihm das Gesicht zu umhüllen und ihn zu ohrfeigen und ihm zu sagen: Weissage! Und die Diener bedachten ihn mit Stockschlägen.

71Die aber sprachen: Was haben wir noch ein Zeugnis nötig? Denn wir haben selbst aus seinem Mund es gehört. 63Und die Männer, die ihn gefangenhielten, verspotteten ihn, schlugen ihn, 64und umhüllten ihn, fragten und sagten: Weissage, wer es ist, der dich geschlagen hat? 65Und viele andere Lästerungen sagten sie gegen ihn.

*Ps 110,1. **Dan 7,13.

Joh 18,12–24: 12Die Kohorte nun und der Befehlshaber und die Diener der Juden, nahmen Jesus gefangen und banden ihn 13und führten ihn zuerst zu Annas; denn er war Schwiegervater des Kajafas, der Hoherpriester jenes Jahres war. 14Es war aber Kajafas, der den Juden geraten hatte, daß es zuträglich sei, wenn ein Mensch sterbe für das Volk. 15Es folgten aber Jesus Simon Petrus und ein anderer Jünger. Jener Jünger aber war dem Hohenpriester bekannt, und er ging mit Jesus hinein in den Hof des Hohenpriesters. 16Petrus aber stand an der Tür draußen. Nun ging der Jünger heraus, der andere, der Bekannte des Hohenpriesters, und sprach (zur) Türhüterin, und der führte den Petrus hinein. 17Nun sagt dem Petrus die Magd, die Türhüterin: Bist du nicht auch aus den Jüngern dieses Menschen? Sagt jener: Bin es nicht. 18Es standen aber die Knechte und die Diener da, ein Kohlenfeuer hatten sie gemacht, weil es kalt war, und wärmten sich. Aber auch Petrus war mit ihnen, stand da und wärmte sich. 19Der Hohepriester nun fragte Jesus nach seinen Jüngern und nach seiner Lehre. 20Antwortete ihm Jesus: Ich habe offen zur Welt geredet; allezeit habe ich in (der) Synagoge und im Heiligtum gelehrt, wo alle Juden zusammenkommen, und im Verborgenen habe ich nichts geredet. 21Was fragst du mich? Frage die gehört haben, was ich zu ihnen geredet habe! Siehe, diese wissen, was ich gesprochen habe. 22Dies aber hatte er (kaum) gesprochen, (als) einer von den Dienern, der dabeistand, Jesus einen Schlag gab (und) sprach: So antwortest du dem Hohenpriester? 23Antwortete ihm Jesus: Wenn ich übel geredet habe, bezeuge mir das Üble. Wenn aber recht, was schlägst du mich? 24Nun entsandte ihn Annas gebunden zu Kajafas, dem Hohenpriester.

Apg 6,14: Denn gehört haben wir diesen sagen, daß Jesus der Nazaräer, dieser werde niederreißen diesen Ort und die Gewohnheiten verändern, die uns Mose überliefert hat.

96. Jesus wird von Petrus verleugnet

Mt 26,69–75	Mk 14,66–72	Lk 22,56–62	Joh 18,17.25–27
			17Nun sagt dem Petrus die Magd, die Türhüterin: Bist du nicht auch aus den Jüngern dieses Menschen? Sagt jener: Bin es nicht.

⁶⁹Petrus aber saß draußen im Hof. Und eine Magd kam herbei zu ihm,

und sagt: Auch du warst bei Jesus, dem Galiläer. ⁷⁰Er aber leugnete vor allen, sagte: Ich weiß nicht, was du sagst. ⁷¹Wie er aber hinausging in das Torgebäude, sah ihn eine andere (Magd) und sagt denen, (die) dort (waren):

Dieser war bei Jesus dem Nazoräer! ⁷²Und wiederum leugnete er unter Eid: Ich weiß nichts von diesem Menschen. ⁷³Nach einer kleinen (Weile) aber kamen die Umstehenden herbei, sprachen (zu) Petrus: Wahrhaftig, auch du bist aus ihnen, denn auch deine Redeweise macht dich offenbar. ⁷⁴Da begann er zu fluchen und zu schwören (daß): Ich weiß nichts von dem Menschen. Und gleich

krähte ein Hahn.

⁷⁵Und inne wurde Petrus des Ausspruchs Jesu, der gesagt hatte:

Ehe ein Hahn kräht,

---

⁶⁶Und Petrus war unten im Hof, (da) kommt eine der Mägde des Hohenpriesters ⁶⁷und sah den Petrus sich wärmen, blickte ihm (ins Gesicht und) sagt: Auch du warst bei dem Nazarener, dem Jesus. ⁶⁸Er aber leugnete, sagte: Weder weiß ich noch verstehe ich, was du sagst. Und er ging hinaus nach draußen in den Vorhof. ⁶⁹Und die Magd sah ihn (und) begann wiederum den Dabeistehenden zu sagen,

daß dieser aus ihnen ist. ⁷⁰Der aber, wiederum leugnete er.

Und nach einer kleinen (Weile) sagten wiederum die Dabeistehenden (zu) Petrus: Wahrhaftig, du bist aus ihnen; denn auch du bist ein Galiläer. ⁷¹Der aber begann zu verfluchen und zu schwören: Ich weiß nichts von dem Menschen da, von dem ihr redet. ⁷²Und gleich – zum zweitenmal – krähte ein Hahn.

Und wieder inne wurde Petrus des Ausspruchs, wie Jesus zu ihm gesprochen hatte: Ehe ein Hahn zweimal

---

⁵⁶Es sah ihn aber irgendeine Magd sitzen an der Flamme und starrte ihm (ins Gesicht und) sprach: Auch dieser war mit ihm. ⁵⁷Er aber leugnete, sagte: Ich weiß nichts von ihm, Weib.

⁵⁸Und nach kurzem sah ihn ein anderer, meinte: Auch du bist aus ihnen! Petrus aber sprach: Mensch, bin es nicht.

⁵⁹Und vergangen war etwa eine Stunde, da bekräftigte es irgendein anderer, sagte: In Wahrheit, auch dieser war bei ihm, denn auch er ist ein Galiläer.

⁶⁰Sprach aber Petrus: Mensch, ich weiß nicht, was du redest. Und sofort – noch redete er – krähte ein Hahn. ⁶¹Und es wandte sich der Herr, blickte den Petrus an, und (da) erinnerte sich Petrus des Wortes des Herrn, wie er zu ihm gesprochen hatte: Ehe ein Hahn kräht

---

²⁵War aber Simon Petrus (dort), stand da

und wärmte sich.

Sie sprachen nun zu ihm: Nicht daß auch du aus seinen Jüngern bist! Leugnete jener und sprach: Bin es nicht.

²⁶Sagt einer von den Knechten des Hohenpriesters, ein Verwandter dessen, dem Petrus das Ohr abgehauen hatte: Habe ich dich nicht gesehen im Garten bei ihm? ²⁷Wiederum nun leugnete Petrus,

und sogleich

krähte ein Hahn.

| Mt 27,1–2 | Mk 15,1 | Lk 22,66; 23,1 | Joh 18,28 |

wirst du dreimal verleugnen mich. Und hinausging er nach draußen, weinte bitterlich.

kräht, wirst du dreimal mich verleugnen. Und er begann zu weinen.

heute, verleugnen wirst du micht dreimal. [62]Und hinausging er nach draußen, weinte bitterlich.

97. Jesus wird dem Pilatus überliefert

Mt 27,1–2	Mk 15,1	Lk 22,66; 23,1	Joh 18,28
[1]Frühmorgens aber war es geworden, (als) einen Beschluß faßten all die Hohenpriester und die Ältesten des Volkes	[1]Und gleich frühmorgens fertigten einen Beschluß aus die Hohenpriester mit den Ältesten und Schriftgelehrten und dem gesamten Synedrium,	[22,66]Und wie es Tag geworden war, versammelte sich der Ältestenrat des Volkes, Hohepriester und Schriftgelehrte, und sie führten ihn ab nach ihrem Synedrium.	
gegen Jesus, daß sie ihn töteten. [2]Und sie fesselten ihn, führten ihn weg und überlieferten ihn Pilatus, dem Statthalter.	fesselten Jesus, brachten ihn weg und überlieferten ihn Pilatus.	[23,1]Und es stand auf ihre ganze Versammlung, und sie führten ihn zu Pilatus.	[28]Sie führten nun Jesus von Kajafas weg in das Prätorium. Es war aber frühmorgens; und sie selbst gingen nicht hinein in das Prätorium, damit sie nicht befleckt würden, sondern das Pascha essen könnten.

97a. Das Ende des Judas

Mt 27,3–10	Apg 1,15–20
[3]Als Judas, der ihn überliefert hatte, sah, daß er (Jesus) verurteilt worden war, da wurde er von Reue gepackt und brachte die dreißig Silberlinge den Hohenpriestern und Ältesten zurück [4]und sagte: Gesündigt habe ich, indem ich unschuldiges Blut überlieferte. Die aber sprachen: Was (geht das) uns an? Sie du zu!	[15]Und in diesen Tagen stand Petrus inmitten der Brüder auf und sprach (es war eine Schar von etwa hundertzwanzig Personen beisammen): [16]Männer, Brüder! Es mußte die Schrift erfüllt werden, die im voraus der heilige Geist gesprochen hat durch den Mund Davids über Judas, der zum Führer denen geworden ist, die Jesus festgenommen haben; [17]denn er war uns zugezählt und hatte das Los dieses Dienstes erhalten. [18]Dieser nun erwarb ein (kleines) Landgut von dem Lohn der Ungerechtigkeit, und vornüber stürzend barst er mitten durch, und alle seine Eingeweide quollen heraus.
[5]Und er warf die Silberlinge in den Tempel und entfernte sich, und ging hin und erhängte sich. [6]Die Hohenpriester aber nahmen die Silberlinge und sprachen: Es ist nicht erlaubt, sie in den Tempelschatz zu legen, da es Blutgeld ist. [7]Sie faßten aber einen Beschluß und kauften von ihnen den Acker des Töpfers als Begräbnisplatz für die Fremden. [8]Daher wurde jener Acker „Blutacker" genannt, bis auf den heutigen Tag.	[19]Und bekannt wurde (dies) allen Bewohnern Jerusalems,

so daß jenes Landgut in ihrer Sprache „Hakeldamach" genannt wurde, das heißt: Blutlandgut. |

⁹Da wurde erfüllt, was gesprochen ward durch den Propheten Jeremia, der da sagt: „Und sie nahmen die dreißig Silberlinge, den (Geld)wert des Bewerteten, den bewertet hatten (einige) von den Söhnen Israels, ¹⁰und sie gaben sie für den Acker des Töpfers, was mir der Herr aufgetragen hatte" (vgl. Sach 11,12–13; Jer 32,7–9).

²⁰Denn geschrieben steht im Buch der Psalmen:
„Werden soll sein Gehöft öde, und niemand soll wohnen auf ihm" (ps 69,26) und „Sein Aufsichtsamt erhalte ein anderer!" (Ps 109,8).

98. Jesus wird von Pilatus verhört

Mt 27,11-14	Mk 15,2-5	Lk 23,2-5
		²Sie begannen aber, ihn zu verklagen, sagten: Diesen fanden wir (als einen, der) unsere Nation zum Abfall bewegt und verbietet, Steuern dem Kaiser zu geben, und der sagt, selber Messiaskönig zu sein.
¹¹Jesus aber wurde vor den Statthalter gestellt; und es befragte ihn der Statthalter, sagte: Du bist der König der Juden? Jesus aber meinte: Du sagst es! ¹²Und als er verklagt wurde von den Hohenpriestern und Ältesten, antwortete er nichts. ¹³Da sagt ihm Pilatus: Hörst du nicht, wie viele (Dinge) sie gegen dich bezeugen? ¹⁴Und er antwortete ihm nicht, auch nicht auf eine einzige Aussage, so daß sich der Statthalter sehr wunderte.	²Und es befragte ihn Pilatus: Du bist der König der Juden? Er aber antwortete ihm, sagt: Du sagst es! ³Und die Hohenpriester verklagten ihn viel. ⁴Pilatus aber befragte ihn wiederum, sagte: Antwortest du nichts? Sieh, wie vieler (Dinge) sie dich verklagen! ⁵Jesus aber antwortete überhaupt nichts mehr, so daß sich Pilatus wunderte.	³Pilatus aber fragte ihn, sagte: Du bist der König der Juden? Er aber antwortete ihm, meinte: Du sagst es! ⁴Pilatus aber sprach zu den Hohenpriestern und den Volksscharen: Keine Schuld finde ich an diesem Menschen. ⁵Sie aber verstärkten (ihre Anklagen), sagten: Er wiegelt das Volk auf, lehrt in ganz Judäa und angefangen von Galiläa bis hierher.

Joh 18,29-38: ²⁹Nun ging Pilatus zu ihnen hinaus und sagt: Welche Anklage bringt ihr wider diesen Menschen? ³⁰Sie antworteten und sprachen zu ihm: Wenn dieser nicht ein Übeltäter wäre, hätten wir ihn dir nicht überliefert. ³¹Sprach nun zu ihnen Pilatus: Nehmt *ihr* ihn, und nach eurem Gesetz richtet ihn. Sprachen zu ihm die Juden: Uns ist es nicht erlaubt, jemand zu töten; ³²damit das Wort Jesu erfüllt würde, das er gesprochen hatte, um anzuzeigen, was für ein Tod ihm bestimmt war zu sterben. ³³Nun ging Pilatus wiederum in das Prätorium hinein und ließ Jesus rufen und sprach zu ihm: Du bist der König der Juden? [34]Antwortete Jesus: Sagst du das von selbst, oder haben andere zu dir über mich gesprochen? [35]Antwortete Pilatus: Bin *ich* vielleicht ein Jude? Deine Nation und die Hohenpriester haben dich mir überliefert. Was hast du getan? [36]Antwortete Jesus: Meine Königsherrschaft ist nicht von dieser Welt; Wenn meine Königsherrschaft von dieser Welt wäre, würden meine Diener wohl kämpfen, damit ich nicht überliefert werde den Juden. Jetzt aber ist meine Königsherrschaft nicht von hier. [37]Sprach nun zu ihm Pilatus: Also ein König bist du? Antwortete Jesus: Du sagst es, daß ein König ich bin. Ich bin dazu geboren und dazu in die Welt gekommen, damit ich zeuge für die Wahrheit. Jeder, der aus der Wahrheit ist, hört meine Stimme. [38]Sagt zu ihm Pilatus: Was ist Wahrheit? Und dies sprach er (und) wiederum ging er hinaus zu den Juden und sagt ihnen: *Ich* finde an ihm keine Schuld.

98 a. Jesus vor Herodes

Lk 23,6-16: [6]Als aber Pilatus das hörte, fragte er, ob der Mensch ein Galiläer sei, [7]und als er erfuhr, daß er aus dem Machtbereich des Herodes sei, schickte er ihn zu Herodes, der auch in Jerusalem war in diesen Tagen. [8]Als aber Herodes Jesus sah, freute er sich sehr; denn seit geraumer Zeit wollte er ihn sehen, weil er von ihm gehört hatte, und er hoffte ein Zeichen zu sehen, das von ihm geschähe. [9]Er fragte ihn aber mit vielen Worten; er jedoch antwortete ihm nichts. [10]Es standen aber die Hohenpriester und die Schriftgelehrten dabei und klagten ihn heftig an. [11]Da verhöhnte ihn Herodes mit seinen Soldaten und verspottete ihn, warf ihm ein weißglänzendes Gewand um und schickte ihn zu Pilatus (zurück). [12]Herodes und Pilatus wurden aber Freunde miteinander am selben Tag; denn vorher hatten sie in Feindschaft zueinander gelebt.
[13]Pilatus aber rief die Hohenpriester und die Fürsten und das Volk [14]und sprach zu ihnen: Hergebracht habt ihr mir diesen Menschen als einen, der das Volk zum Abfall bewege, und siehe, ich habe vor euren Augen (die Sache) untersucht und an diesem Menschen keine Schuld gefunden (bezüglich der Dinge), deren ihr ihn anklagt. [15]Aber auch Herodes nicht; denn er hat ihn zu uns zurückgeschickt. Und sieh, nichts Todeswürdiges ist von ihm verübt worden. [16]Züchtigen also werde ich ihn und (dann) freilassen.

99. Barabbas wird freigelassen und Jesus verurteilt

Mt 27,15-26	Mk 15,6-15	Lk 23,17-25
[15]Zu jedem Fest aber pflegte der Statthalter, der Volksschar einen Gefangenen freizulassen, wen sie wollten. [16]Sie hatten aber damals einen berüchtigten Gefangenen, der hieß Barabbas.	[6]Zu jedem Fest aber ließ er ihnen frei einen Gefangenen, wen sie sich losbaten. [7]Es war aber einer, der hieß Barabbas, mit den Aufrührern gefesselt, die bei dem Aufruhr einen Mord verübt hatten. [8]Und die Volksschar, stieg hinauf, begann zu fordern, wie er ihnen (gewöhnlich) tat.	[[17]Die Verpflichtung hatte er aber, ihnen freizulassen zu jedem Fest einen.]
[17]Als sie nun versammelt waren, sprach Pilatus zu ihnen: Wen wollt ihr, und freilassen werde ich euch den Barabbas oder Jesus, der da heißt Christus? [18]Er wußte nämlich, daß sie ihn aus Neid überlieferten.	[9]Pilatus aber antwortete ihnen, sagte: Wollt ihr, und freilassen werde ich euch den König der Juden? [10]Er hatte nämlich erkannt, daß ihn die Hohenpriester aus Neid überliefert hatten.	

¹⁹Als er aber auf dem Richterstuhl saß, entsandte zu ihm sein Weib, sagte: Nichts (sei zwischen) dir und jenem Gerechten! Denn vieles litt ich heute im Traum wegen ihm. ²⁰Die Hohenpriester aber und die Ältesten überredeten die Volksscharen, damit sie den Barabbas erbäten, den Jesus aber umbrächten. ²¹Antwortete aber der Statthalter, sprach zu ihnen: Wen wollt ihr von den zwei, und freilassen werde ich ihn euch? Die aber sprachen:

Den Barabbas!

²²Sagt zu ihnen Pilatus: Was nun soll ich mit Jesus tun, der da heißt Christus? Sagen alle: Gekreuzigt werde er! ²³Er aber meinte: Was denn Übles tat er?

Die aber schrien noch mehr, sagten: Gekreuzigt werde er!

²⁴Als aber Pilatus sah, daß es nichts nützt, sondern erst recht Tumult ausbricht, nahm er Wasser, wusch sich die Hände im Angesicht der Volksschar, sagte: Unschuldig bin ich am Blut dieses Gerechten. Ihr werdet sehen! ²⁵Und es antwortete das ganze Volk, sprach: Sein Blut über uns und über unsere Kinder! ²⁶Da ließ er ihnen Barabbas frei,

Jesus aber ließ er auspeitschen und überlieferte ihn, damit er gekreuzigt werde.

---

¹¹Die Hohenpriester aber wiegelten auf die Volksschar, damit er ihnen lieber den Barabbas freilasse. ¹²Pilatus aber antwortete wiederum sagte zu ihnen: Was nun soll ich mit dem tun, den ihr heißt den König der Juden? ¹³Die aber schrien wiederum: Laß ihn kreuzigen! ¹⁴Pilatus aber sagte ihnen: Was denn tat er Übles?

Die aber schrien noch mehr:

Kreuzige ihn!

¹⁵Pilatus aber, entschlossen, der Volksschar Genüge zu tun, ließ ihnen den Barabbas frei

und überlieferte Jesus – auspeitschen ließ er ihn zuvor –, damit er gekreuzigt werde.

---

¹⁸Sie schrien aber allesamt, sagten: Schaffe diesen fort, lasse uns aber den Barabbas frei. ¹⁹Der war wegen eines Aufruhrs, geschehen in der Stadt, und (wegen) Mordes ins Gefängnis geworfen worden. ²⁰Wiederum aber rief ihnen Pilatus zu, er wolle Jesus freilassen. ²¹Die aber riefen laut, sagten: Kreuzige, kreuzige ihn! ²²Er aber sprach zum drittenmal zu ihnen: Was tat dieser denn Übles? Keine Schuld zum Tod fand ich an ihm. Züchtigen also werde ich ihn und dann freilassen. ²³Die aber setzten ihm zu mit lauten Stimmen, fordernd, daß er gekreuzigt werde, und stärker waren ihre Stimmen. ²⁴Und Pilatus entschied, daß ihre Forderung geschehe. ²⁵Er aber ließ den wegen Aufruhr und Mord ins Gefängnis Geworfenen, den sie forderten, frei, Jesus aber überlieferte er ihrem Willen.

Joh 18,39-40: ³⁹Es ist aber eine Gepflogenheit bei euch, daß ich euch einen freilasse am Pascha. Entschließt euch nun und freilassen werde ich euch den König der Juden? ⁴⁰Sie schrien nun wiederum, sagten: Nicht diesen, sondern den Barabbas. Es war aber der Barabbas ein Räuber.

Joh 19,16a: Da nun überlieferte er ihn ihnen, damit er gekreuzigt werde.

100. Jesus wird von den Soldaten verspottet

Mt 27,27-31a	Mk 15,16-20a	Lk	Joh 19,1-3
²⁷Da nahmen die Soldaten des Statthalters Jesus mit sich in das Prätorium und versammelten wider ihn die gesamte Kohorte. ²⁸Und ausgezogen haben sie ihn (und) einen scharlachfarbenen Mantel ihm umgelegt, ²⁹und geflochten haben sie einen Kranz aus Dornen, und ihn aufgelegt auf sein Haupt, und ein Rohr in seine Rechte, und, auf die Knie fallend vor ihm, haben sie ihn verspottet, gesagt: Heil dir, König der Juden!	¹⁶Die Soldaten aber führten ihn ab, hinein in den Palast, das ist das Prätorium, und rufen die gesamte Kohorte zusammen. ¹⁷Und sie ziehen ihm ein Purpur(gewand) an, und legen ihm – sie haben (ihn zuvor) geflochten – einen Dornenkranz um.		¹Da nahm nun Pilatus Jesus und ließ ihn geißeln. ²Und die Soldaten, geflochten haben sie einen Kranz aus Dornen, und ihn aufgelegt ihm aufs Haupt, und ein Gewand, purpurfarbig, haben sie ihm umgeworfen, ³und gingen zu ihm und sagten: Heil dir, o König der Juden!
³⁰Und sie spien auf ihn, nahmen das Rohr und schlugen auf sein Haupt. ³¹Und als sie ihn verspottet hatten, zogen sie ihm den Mantel aus und zogen ihm seine Gewänder an;	¹⁸Und sie begannen, ihn zu begrüßen: Heil dir, König der Juden! ¹⁹Und sie schlugen ihm das Haupt mit einem Rohr und spien ihn an und beugten die Knie, huldigten ihm. ²⁰Und als sie ihn verspottet hatten, zogen sie ihm den Purpur aus und zogen ihm seine Gewänder an.		und sie haben ihm Bakkenstreiche gegeben.

Petrusevangelium 6-9: ⁶Sie aber nahmen den Herrn und stießen ihn eilends und sprachen: „Lasset uns den Sohn Gottes schleifen, da wir Gewalt über ihn bekommen haben." ⁷Und sie legten ihm ein Purpurgewand um und setzten ihn auf den Richterstuhl und sprachen: „Richte gerecht, o König Israels!" ⁸Und einer von ihnen brachte einen Dornenkranz und setzte ihn auf das Haupt des Herrn. ⁹Und andere, die dabeistanden, spien ihm ins Angesicht, und andere schlugen ihm auf die Wangen, andere stießen ihn mit einem Rohr, und etliche geißelten ihn und sprachen: „Mit solcher Ehre wollen wir den Sohn Gottes ehren."

100a. Jesus vor Pilatus

Joh 19,4-16: ⁴Und wiederum ging Pilatus hinaus und sagt ihnen: Seht, ich führe ihn euch hinaus, damit ihr erkennet, daß ich keine Schuld an ihm finde. ⁵Nun ging Jesus hinaus, er trug den Dornenkranz und das pur-

purfarbene Gewand. Und er sagte ihnen: Seht da, der Mensch! [6]Als ihn nun die Hohenpriester und die Diener sahen, schrien sie: Kreuzige, kreuzige (ihn)! Sagt ihnen Pilatus: Nehmt *ihr* ihn und kreuzigt (ihn)! Denn *ich* finde an ihm keine Schuld. [7]Es antworteten ihm die Juden: Wir haben ein Gesetz, und nach diesem Gesetz ist er schuldig zu sterben, weil er sich zum Sohn Gottes gemacht hat. [8]Als nun Pilatus dieses Wort hörte, fürchtete er sich noch mehr, [9]und er ging wiederum in das Prätorium hinein und sagt zu Jesus: Woher bist du? Jesus aber gab ihm keine Antwort. [10]Nun sagt Pilatus: Mit mir redest du nicht? Weißt du nicht, daß ich Macht habe, dich freizulassen, und Macht habe, dich kreuzigen zu lassen? [11]Antwortete Jesus: Du hättest keine Macht über mich, wenn sie dir nicht von oben gegeben wäre. Deswegen hat der, der mich dir überliefert hat, eine größere Sünde. [12]Seitdem suchte Pilatus, ihn freizulassen. Die Juden aber schrien, sagten: Wenn du diesen freiläßt, bist du kein Freund des Kaisers! Jeder, der sich zum König macht, sagt sich los vom Kaiser. [13]Nachdem nun Pilatus diese Worte gehört hatte, führte er Jesus hinaus und setzte sich auf den Richterstuhl, an dem Ort, der Lithostrotos heißt, hebräisch aber Gabbata. [14]Es war aber der Rüsttag des Pascha, um die sechste Stunde. Und er sagt zu den Juden: Seht, euer König! [15]Nun schrien jene: Fort, fort, kreuzige ihn! Sagt ihnen Pilatus: Euren König soll ich kreuzigen? Antworteten die Hohenpriester: Wir haben keinen König außer dem Kaiser! [16]Da nun überlieferte er ihnen, damit er gekreuzigt werde.

101. Jesus auf dem Kreuzweg

Mt 27,31b-32	Mk 15,20b-21	Lk 23,26-32
[31b]Und sie führten ihn ab zum Kreuzigen. [32]Beim Hinausgehen aber fanden sie einen Mann von Zyrene, mit Namen Simon; den nötigten sie,	[20b]Und sie führen ihn hinaus, damit sie ihn kreuzigen. [21]Und sie nötigen einen Vorübergehenden, Simon von Zyrene, der vom Acker kam, den Vater (des) Alexander und Rufus,	[26]Und wie sie ihn hinaus führten, ergriffen sie einen gewissen Simon von Zyrene, der kam vom Acker,
damit er sein Kreuz aufnehme.	damit er sein Kreuz aufnehme.	und legten ihm das Kreuz auf, es hinter Jesus herzutragen. [27]Es folgte ihm aber eine große Menge des Volkes und von Weibern, die klagten und trauerten um ihn. [28]Da wandte sich Jesus zu ihnen und sprach: Töchter Jerusalems, weinet nicht über mich! Doch über euch selber weinet und über eure Kinder; [29]denn siehe, es kommen Tage, an denen sie sagen werden: Selig die Unfruchtbaren und die Leiber, die nicht geboren haben, und (die) Brüste, die nicht nährten. [30]Dann werden sie beginnen „zu sagen den Bergen: Fallet über uns! und den Hügeln: Bedecket uns!"* [31]Denn wenn sie dies am grünen Holz tun, am dürren – was soll (dann) geschehen! [32]Es wurden aber auch zwei andere Übeltäter mit ihm geführt, um hingerichtet zu werden.

*Hos 10,8.

102. Jesus wird gekreuzigt

Mt 27,33–37	Mk 15,22–26	Lk 23,33–34	Joh 19,17–24
[33]Und gekommen an eine Stätte, geheißen Golgota, das ist „Schädelstätte" geheißen, [34]gaben sie ihm „zu trinken" Wein mit „Galle" vermischt*; und er kostete, wollte aber nicht trinken. [35]Als sie ihn aber gekreuzigt hatten,	[22]Und sie bringen ihn zu der Golgota-Stätte, das ist übersetzt: „Schädelstätte", [23]und gaben ihm mit Myrrhen gewürzten Wein; er aber nahm ihn nicht. [24]Und sie kreuzigen ihn	[33]Und als sie zu der Stätte kamen, dem sogenannten „Schädel", kreuzigten sie ihn dort und die Übeltäter, den einen zur Rechten, den anderen zur Linken. [34]Jesus aber sagte: Vater, vergib ihnen; denn sie wissen nicht, was sie tun.	[17]Und sich selber das Kreuz tragend, kam er hinaus an die (so) geheißene „Schädelstätte", was hebräisch „Golgota" heißt, [18]wo sie ihn kreuzigten, und mit ihm zwei andere, von der Seite und von der Seite, in der Mitte aber Jesus.
	vgl. V. 27		
vgl. V. 38			
„verteilten sie seine Gewänder, warfen ein Los"**, [36]und sie saßen und bewachten ihn dort.	und „verteilen seine Gewänder, werfend ein Los über sie"**, wer was an sich nehme. [25]Es war aber die dritte Stunde, als sie ihn kreuzigten.	„Verteilend aber seine Gewänder, warfen sie Lose"**.	vgl. V. 24
[37]Und sie setzten über seinem Haupt eine Schuld, geschrieben: Dieser ist Jesus, der König der Juden.	[26]Und es war die Aufschrift seiner Schuld aufgeschrieben: Der König der Juden.	vgl. V. 38	[19]Pilatus schrieb aber auch einen Titel und setzte ihn auf das Kreuz. Es war aber geschrieben: Jesus, der Nazoräer, der König der Juden. [20]Diesen Titel nun lasen viele der Juden, denn nahe war die Stätte bei der Stadt, wo Jesus gekreuzigt ward. Und er war geschrieben auf Hebräisch, auf Lateinisch, auf Griechisch. [21]Nun sagten dem Pilatus die Hohenpriester der Juden: Du sollst nicht schreiben: Der König der Juden, sondern daß jener gesprochen hat: König bin ich der Juden. [22]Antwortete Pilatus: Was ich geschrieben

habe, habe ich geschrieben. [23]Die Soldaten nun, als sie Jesus kreuzigten, nahmen seine Gewänder und machten vier Teile, jedem Soldaten einen Teil, und den Leibrock. Es war aber der Leibrock ohne Naht, von oben durchgewebt, im ganzen. [24]Nun sprachen sie zueinander: Zerschneiden wir ihn nicht, sondern losen wir um ihn, wessen er sein soll; damit die Schrift erfüllt werde: „Verteilt haben sie meine Gewänder (unter) sich, und über meine Gewandung warfen sie ein Los"**. Die Soldaten haben dies nun getan.

*Ps 69,22.   **Ps 22,19.

103. Jesus wird am Kreuz verhöhnt

Mt 27,38-44	Mk 15,27-32	Lk 23,35-43
[38]Da werden mit ihm zwei Räuber gekreuzigt, einer zur Rechten und einer zur Linken.	[27]Und mit ihm kreuzigen sie zwei Räuber, einen zur Rechten und einen zu seiner Linken.	vgl. V. 33
	[[28]Und erfüllt wurde die Schrift, die sagt: „Und unter Gesetzlose wurde er gezählt."]+	vgl. 22,37
[39]Die Vorbeiziehenden aber lästerten ihn, „schüttelten ihre Köpfe"* [40]und sagten: Der will den Tempel niederreißen und ihn in drei Tagen aufbauen! Rette dich selbst, wenn du ein Sohn Gottes bist, und steige herab vom Kreuz!	[29]Und die Vorbeiziehenden lästerten ihn, „schüttelten ihre Köpfe"* und sagten: Aha! der will den Tempel niederreißen und ihn aufbauen in drei Tagen! [30]Rette dich selbst,	[35]Und das Volk stand da und schaute zu.
[41]Ebenso spotteten auch die Hohenpriester, mit den Schriftgelehrten und Ältesten, sagten: [42]Andere hat er gerettet, sich selber hat er nicht die Kraft zu retten. König	herabsteigend vom Kreuz! [31]Ebenso spotteten auch die Hohenpriester untereinander mit den Schriftgelehrten, sagten: Andere hat er gerettet, sich selber hat er nicht die Kraft zu retten. [32]Der Messias, der Kö-	Es höhnten aber auch die Fürsten (des Volkes), sagten: Andere hat er gerettet, rette er sich selber, wenn dieser

Israels ist er, herab steige er jetzt vom Kreuz, und
glauben werden wir an ihn! [43]„Vertraut hat er auf Gott, reiße (der ihn) jetzt heraus, wenn er ihn will."** Denn gesprochen hat er: Gottes Sohn bin ich.

nig Israels, herab steige er jetzt vom Kreuz, damit wir sehen und glauben!

der Messias Gottes ist, der Erwählte!

[36]Es verspotteten ihn aber auch die Soldaten, sie kamen herbei, „Essig" brachten sie ihm*** [37]und sagten: Wenn du der König der Juden bist, rette dich selber! [38]Es war aber auch eine Aufschrift über ihm: Der König der Juden (ist) dieser.

vgl. V. 48

vgl. V. 36

vgl. V. 37

vgl. V. 26

[44]Auf dieselbe (Weise) aber auch die Räuber, die Mitgekreuzigten mit ihm, sie schmähten ihn.

Auch die Mitgekreuzigten mit ihm, sie schmähten ihn.

[39]Einer aber der gehenkten Übeltäter lästerte ihn: Du, bist du nicht der Messias? Rette dich selber und uns! [40]Antwortete aber der andere, schalt ihn, sagte: Nicht einmal du fürchtest Gott, daß du in demselben Gericht bist? [41]Und wir (leiden) gerechterweise, denn entsprechend dem, was wir verübt haben, nehmen wir entgegen. Dieser aber hat nichts Ungebührliches verübt. [42]Und er sagte: Jesus, gedenke meiner, sobald du in deine Königsherrschaft gekommen bist! [43]Und er sprach zu ihm: Amen, dir sage ich, heute wirst du mit mir im Paradies sein.

*Ps 22,8.   **Ps 22,9.   ***Ps 69,22.

[+]Mk 15,28 fehlt in den besten und ältesten Handschriften; der Vers, der auf Jes 53,12 Bezug nimmt, ist aus Lk 22,37 in den Markus-Text eingedrungen.

Petrusevangelium 10-14: [10]Und sie brachten zwei Übeltäter und kreuzigten den Herrn mitten zwischen ihnen. Er aber schwieg, wie wenn er keinen Schmerz empfände. [11]Und als die das Kreuz aufgerichtet hatten, schrieben sie darauf: Dies ist der König Israels. [12]Und sie legten die Kleider vor ihm nieder und teilten sie unter sich und warfen das Los über sie. [13]Einer aber von den Übeltätern schalt sie und sprach: Wir sind ins Leiden geraten um der Freveltaten willen, die wir begangen haben. Dieser aber, der Heiland der Menschen geworden ist, was hat er euch zu Leide getan? [14]Und sie wurden zornig über ihn und befahlen, daß ihm die Schenkel nicht gebrochen würden, damit er unter Qualen sterbe.

104. Jesus stirbt am Kreuz

Mt 27,45-54	Mk 15,33-39	Lk 23,44-48	Joh 19,28-30
[45]Von der sechsten Stunde an ward Finsternis über die gesamte Erde bis zur neunten Stunde.	[33]Und als es die sechste Stunde geworden war, ward Finsternis über die gesamte Erde bis zur neunten Stunde.	[44]Und es war schon ungefähr die sechste Stunde, und Finsternis ward über die gesamte Erde bis zur neunten Stunde, [45]die Sonne erlosch. Es zerriß aber der Vorhang des Tempels mitten (hindurch).	
vgl. V. 51 [46]Um die neunte Stunde aber schrie Jesus auf mit gewaltiger Stimme, sagte: Eli, Eli, lama sabachtani? dies ist: „Mein Gott, mein Gott, warum hast du mich im Stich gelassen?"* [47]Einige aber der dort Stehenden hörten es, sagten: Elija ruft dieser!	vgl. V. 38 [34]Und in der neunten Stunde schrie Jesus mit gewaltiger Stimme: Eloi, Eloi, lama sabachtani? das ist verdolmetscht: „Mein Gott mein Gott, wozu hast du mich im Stich gelassen?"* [35]Und einige der Dabeistehenden hörten es, sagten: Sieh an, Elija ruft er!		
			[28]Danach – wußte doch Jesus, daß schon alles vollbracht war –, damit vollendet werde die Schrift, sagt er: Mich dürstet. [29]Ein Gefäß stand da voll Essig. Einen Schwamm nun voll des Essigs auf einen Ysopstengel steckten sie, und brachten (ihn) herbei an seinen Mund.
[48]Und sogleich lief einer aus ihnen und nahm einen Schwamm, füllte ihn mit „Essig", steckte ihn auf ein Rohr und „tränkte" ihn**.	[36]Jemand aber lief, machte einen Schwamm voll mit „Essig", steckte ihn auf ein Rohr und „tränkte" ihn,**	vgl. V. 36	
[49]Die übrigen aber sprachen: Laß, wir wollen sehen, ob Elija kommt, ihn zu retten!	sagte: Lasset, wir wollen sehen, ob Elija kommt, ihn herabzunehmen.		
[50]Jesus aber, wiederum schreiend mit gewaltiger Stimme,	[37]Jesus aber entlassend eine gewaltige Stimme,	[46]Und rufend mit gewaltiger Stimme, sprach Jesus: Vater, „in deine Hände überantworte ich meinen Geist."*** Dies aber sprach er und hauchte aus (seinen Geist).	[30]Als Jesus nun genommen hatte den Essig, sprach er: Es ist vollbracht!
entließ den Geist. [51]Und siehe, der Vorhang des Tempels zer-	hauchte aus (seinen Geist). [38]Und der Vorhang des Tempels zer-		Und er neigte das Haupt und überlieferte den Geist.

riß von oben bis unten entzwei, und die Erde bebte, und die Felsen zerrissen. ⁵²Und die Gräber öffneten sich, und viele Leiber der entschlafenen Heiligen wurden erweckt; ⁵³und sie gingen hinaus aus den Gräbern nach seiner Erweckung, und gingen hinein in die heilige Stadt, und sichtbar wurden sie vielen. ⁵⁴Der Hundertschaftsführer aber und die, welche mit ihm Jesus bewachten, sahen das Erdbeben und die Geschehnisse, da fürchteten sie sich sehr, sagten: Wahrhaftig, Gottes Sohn war dieser!	riß entzwei von oben bis unten. ³⁹Es sah aber der Centurio, der dabeistand, ihm gegenüber, daß er so den Geist aushauchte, da sprach er: Wahrhaftig, dieser Mensch war Gottes Sohn!	vgl. V. 45 ⁴⁷Es sah aber der Hundertschaftsführer das Geschehnis, da verherrlichte er Gott, sagte: Wirklich, dieser Mensch war gerecht! ⁴⁸Und all die zu diesem Schauspiel mit herbeigekommenen Volksscharen, die den Geschehnissen zugeschaut hatten, schlugen an die Brust und kehrten zurück.

*Ps 22,2.   **Ps 69,22.   ***Ps 31,6.

Petrusevangelium 15-20: ¹⁵Es war aber Mittag, und eine Finsternis bedeckte ganz Judäa. Und sie gerieten in Angst und Unruhe darüber, daß die Sonne schon untergegangen sei, da er ja noch am Leben war. (Denn) es steht ihnen geschrieben, die Sonne dürfe nicht über einem Getöteten untergehen. ¹⁶Und einer unter ihnen sprach: „Gebet ihm Galle mit Essig zu trinken." Und sie mischten es und gaben ihm zu trinken. ¹⁷Und sie erfüllten alles und machten das Maß der Sünden über ihr Haupt voll. ¹⁸Viele aber gingen mit Lichtern umher, (und) da sie meinten, es sei Nacht (begaben sie sich zur Ruhe *oder:* sie fielen hin). ¹⁹Und der Herr schrie auf und rief: „Meine Kraft, o Kraft, du hast mich verlassen!" Und indem er dies sagte, wurde er aufgenommen. ²⁰Und zu derselben Stunde riß der Vorhang des Tempels zu Jerusalem entzwei.

105. Frauen schauen der Kreuzigung zu

Mt 27,55-56	Mk 15,40-41	Lk 23,49	Joh 19,25-27
⁵⁵Es waren aber dort viele Frauen, die von ferne zuschauten. Die waren Jesus gefolgt von Galiläa, ihm dienend;	⁴⁰Es waren aber auch Frauen, die von ferne zuschauten,	⁴⁹„Es standen" aber alle seine „Bekannten von ferne"* und Frauen, die ihm mitgefolgt waren von Galiläa, sahen dies.	²⁵Es standen aber bei dem Kreuz Jesu seine Mutter und die Schwester seiner Mutter, Maria, die des Klo-

<table>
<tr><td>

⁵⁶unter ihnen war Maria, die Magdalenerin, und Maria, die Mutter des Jakobus und (des) Josef, und die Mutter der Söhne des Zebedäus.

*Ps 38,12.

</td><td>

unter ihnen auch Maria, die Magdalenerin, und Maria, die Mutter (des) Jakobus des Kleinen und (des) Joses, und Salome, ⁴¹die – als er in Galiläa war – ihm folgten und ihm dienten, und viele andere, die mit hinaufgestiegen waren (mit) ihm nach Jerusalem.

</td><td></td><td>

pas, und Maria, die Magdalenerin. ²⁶Jesus nun sieht die Mutter und den Jünger, den er liebte, dabeistehen, da sagt er der Mutter: Weib, sieh da dein Sohn! ²⁷Darauf sagt er dem Jünger: Sieh da, deine Mutter! Und von jener Stunde an nahm der Jünger sie in sein Eigentum.

</td></tr>
</table>

106. Jesus wird ins Grab gelegt

Mt 27,57-66	Mk 15,42-47	Lk 23,50-56	Joh 19,38-42
⁵⁷Als es aber Abend geworden war,	⁴²Und als es schon Abend geworden war, weil es Rüsttag war, das ist der Vorsabbat, ⁴³kam Josef, der von Arimathäa, ein angesehener Ratsherr,		³⁸Danach aber
kam ein reicher Mensch von Arimathäa, namens Josef,		⁵⁰Und siehe, ein Mann mit Namen Josef, der ein Ratsherr war, ein Mann gut und gerecht ⁵¹– dieser war nicht einverstanden gewesen mit ihrem Rat und ihrem Handeln –, von Arimathäa, einer Stadt der Juden, der	fragte den Pilatus Josef von Arimathäa,
der auch selber Jünger für Jesus geworden war.	der auch selber ein Wartender auf die Königsherrschaft Gottes war, faßte Mut und ging hinein zu Pilatus und erbat sich den Leib Jesu. ⁴⁴Pilatus aber wunderte sich, ob er schon tot sei, und herbeirufend den Centurio, fragte er ihn, ob er schon lange gestorben sei. ⁴⁵Und als er es vom Centurio erfahren hatte, schenkte er den Leichnam dem Josef.	wartete auf die Königsherrschaft Gottes,	ein Jünger Jesu, ein verborgener aber aus Furcht vor den Juden,
⁵⁸Dieser ging zu Pilatus und erbat sich den Leib Jesu.		⁵²dieser ging zu Pilatus und erbat sich den Leib Jesu,	ob er den Leib Jesu fortnehmen dürfe;
Da befahl Pilatus, ihn herauszugeben.			und Pilatus gewährte es. Er kam nun und nahm seinen Leib fort. ³⁹Es kam aber auch Nikodemus, der zu ihm das erstemal des Nachts gekommen

[59]Und Josef nahm den Leib, umwickelte ihn mit reiner Leinwand

[46]Und er kaufte Leinwand, nahm ihn herab, umhüllte ihn mit der Leinwand,

[53]und er nahm ihn herab, umwickelte ihn mit Leinwand

war, und brachte eine Mischung von Myrrhe und Aloe, an hundert Pfund. [40]Sie nahmen nun den Leib Jesu und banden ihn mit leinenen Binden, samt den wohlriechenden Stoffen, wie es Sitte ist bei den Juden zu begraben. [41]Es war aber an der Stätte, wo er gekreuzigt wurde, ein Garten, und in dem Garten eine neue Gruft, in die noch niemand gelegt worden war. [42]Dorthin nun – wegen des Rüsttags der Juden, weil nahe war die Gruft – legten sie Jesus.

[60]und legte ihn in seine neue Gruft, die er ausgehauen hatte im Fels, und nachdem er herangewälzt hatte einen großen Stein vor die Tür der Gruft, ging er hinweg.

und legte ihn nieder in ein Grab, das war ausgehauen aus Fels, und wälzte heran einen Stein an die Tür des Grabes.

und legte ihn in ein ausgehauenes Grab, wo niemand bisher gelegen war. [54]Und es war Rüsttag, und der Sabbat leuchtete auf.

[61]Es war aber dort Mariam, die Magdalenerin, und die andere Maria, die saßen gegenüber der Beerdigungsstätte.

[47]Maria, die Magdalenerin, aber und Maria, die (des) Joses, schauten zu, wo er gelegt worden war.

vgl. 16,1

[55]Nachgefolgt waren aber die Frauen, die mitgekommen waren aus Galiläa (mit) ihm. Sie schauten sich die Gruft an und wie sein Leib gelegt ward; [56]zurückgekehrt aber, bereiteten sie wohlriechende Stoffe und Salböle. Und am Sabbat ruhten sie nach dem Gebot.

[62]Am folgenden Tag aber, das heißt nach dem Rüsttag, versammelten sich die Hohenpriester und Pharisäer bei Pilatus [63]und sagten: Herr, wir erinnern uns, daß jener Verführer, als er noch am Leben war, gesprochen hat: Nach drei Tagen werde ich auferstehn! [64]Befiehl nun, daß die Beerdigungsstätte sicher bewacht werde bis zum dritten Tag, damit nicht die Jünger kom-

men, ihn stehlen und zum Volk sprechen: Auferweckt wurde er von den Toten! Und dann wäre die letzte Irreführung schlimmer als die erste. [65]Es sagte ihnen Pilatus: Da habt ihr eine Wache! Geht hin, bewacht (das Grab) sicher, wie ihr es versteht. [66]Die aber zogen hin, ließen die Beerdigungsstätte sicher bewachen, nachdem sie, zusammen mit der Wache, den Stein versiegelt hatten.

Petrusevangelium 3-5.21-24: [3]Es stand aber daselbst Josef, der Freund des Pilatus und des Herrn, und als er sah, daß sie ihn kreuzigen würden, kam er zu Pilatus und bat um den Leib des Herrn zum Begräbnis. [4]Und Pilatus sandte zu Herodes und bat um seinen Leib. [5]Und Herodes sprach: „Bruder Pilatus, auch wenn niemand um ihn gebeten hätte, würden wir ihn begraben, da ja auch der Sabbat aufleuchtet. Denn es steht im Gesetz geschrieben, die Sonne dürfe nicht über einem Getöteten untergehen." – [21]Und da zogen die Juden die Nägel aus den Händen des Herrn und legten ihn auf die Erde. Und die ganze Erde erbebte und große Furcht entstand. [22]Da leuchtete die Sonne (wieder), und es fand sich, daß es die neunte Stunde war. [23]Die Juden aber freuten sich und gaben seinen Leib dem Josef, damit er ihn beerdige, da er ja all das Gute geschaut hatte, das er (Jesus) getan hatte. [24]Er nahm aber den Herrn, wusch ihn, hüllte ihn in eine Leinwand und brachte ihn in sein eigenes Grab, genannt Josefs Garten.

107. Die Auferstehungsbotschaft am leeren Grab

Mt 28,1-10	Mk16,1-8	Lk 24,1-12
	[1]Und als der Sabbat vergangen war, kauften Maria, die Magdalenerin, und Maria, die des Jakobus, und Salome wohlriechende Stoffe, damit sie kämen und ihn salbten. [2]Und	
[1]Nach dem Sabbat aber, beim Aufleuchten zum ersten (Tag) der Woche, kamen Mariam, die Magdalenerin, und die andere Maria, die Beerdigungsstätte zu schauen.	sehr früh am ersten (Tag) der Woche kommen sie zu dem Grab, aufgegangen war (gerade) die Sonne.	[1]Am ersten (Tag) der Woche aber, im Morgengrauen, kamen sie zu dem Grab und brachten, was sie bereitet hatten: wohlriechende Stoffe.
	[3]Und sie sagten zueinander: Wer wird uns wegwälzen den Stein aus der Tür der Gruft? [4]Und aufblickend schauen sie, daß der Stein hinweggewälzt ist; er war nämlich sehr groß.	[2]Sie fanden aber den Stein weggewälzt von der Gruft,

²Und siehe, ein gewaltiges Erdbeben geschah; denn ein Engel des Herrn, herabgestiegen aus dem Himmel und herbeigekommen, hatte den Stein weggewälzt und sich auf ihn gesetzt. ³Es war aber sein Aussehen wie ein Blitz, und seine Kleidung weiß wie Schnee. ⁴Aus Furcht vor ihm aber erbebten die Bewacher und wurden wie tot. ⁵Es antwortete aber der Engel, sprach (zu) den Frauen: Ihr sollt euch nicht fürchten, ihr! Denn ich weiß, daß ihr Jesus den Gekreuzigten sucht. ⁶Er ist nicht hier; denn auferweckt wurde er, wie er gesprochen hat. Kommt, seht die Stätte, wo er gelegen hat! ⁷Und schnell (des Weges) ziehend, sprecht zu seinen Jüngern: Auferweckt wurde er von den Toten, und siehe, voran geht er euch nach Galiläa, dort werdet ihr ihn sehen. Siehe, gesprochen habe ich zu euch. ⁸Und sie gingen schnell weg von der Gruft mit Furcht und gewaltiger Freude,

liefen, es seinen Jüngern zu melden. ⁹Und siehe, Jesus begegnete ihnen und sagte: Seid gegrüßt! Die aber kamen herbei, umfaßten seine Füße und huldigten ihm. ¹⁰Da sagt ihnen Jesus: Fürchtet euch nicht! Geht hin, verkündigt meinen Brüdern, daß sie nach Galiläa hingehen, und dort werden sie mich sehen.

⁵Und wie sie hineingingen in die Gruft,

sahen sie einen Jüngling sitzen zur Rechten, umgeworfen einen (wallenden) weißen Umhang, und sie erschauderten.

⁶Der aber sagt zu ihnen: Ihr sollt nicht erschaudern! Jesus sucht ihr, den Nazarener, den Gekreuzigten? Auferweckt wurde er, er ist nicht hier.

Siehe, die Stätte wo sie ihn hingelegt haben! ⁷Sondern geht hin, sprecht (zu) seinen Jüngern und zu Petrus:

Voran geht er euch nach Galiläa; dort werdet ihr ihn sehen, wie er gesprochen hat zu euch. ⁸Und sie gingen hinaus, flohen von der Gruft, denn gepackt hatte sie Zittern und Entsetzen. Und zu niemand sprachen sie etwas; sie fürchteten sich nämlich.

³wie sie aber hineingingen, fanden sie nicht den Leib des Herrn Jesus. ⁴Und es geschah, während sie ratlos waren darüber, siehe, zwei Männer traten zu ihnen, in blitzender Gewandung. ⁵Als sie aber in Furcht gerieten und das Angesicht zur Erde neigten,

sprachen sie zu ihnen:

Was sucht ihr den Lebenden bei den Toten? ⁶Er ist nicht hier, sondern auferweckt wurde er. Erinnert euch, wie er zu euch geredet hat – noch war er in Galiläa –, ⁷sagte: Der Menschensohn müsse überliefert werden in Menschenhände, von Sündern, und gekreuzigt werden und am dritten Tag auferstehen. ⁸Und sie erinnerten sich seiner Aussprüche, ⁹und kehrten zurück von der Gruft,

meldeten dies alles den Elf und all den übrigen. ¹⁰Es waren aber die Magdalenerin Maria und Johanna und Maria, die des Jakobus, und die übrigen mit ihnen; die sagten zu den Aposteln dieses. ¹¹Und es erschienen ihnen diese Worte wie läppisches Gerede und sie glaubten ihnen nicht. [¹²Petrus aber stand auf, lief zur Gruft und, sich vorbeugend, sieht er die leinenen Binden allein; und er ging weg, zu sich (nach Haus), sich wundernd über das Geschehene.]⁺

⁺Lk 24,12 fehlt in manchen alten Textzeugen; die Echtheit des Verses wird wegen seiner Verwandtschaft mit Joh 20,3-10 bezweifelt.

Joh 20,1-18: [1]Am ersten Tag der Woche kommt Maria, die Magdalenerin, früh – es war noch dunkel – zur Gruft und sieht den Stein weggenommen von der Gruft. [2]Sie läuft nun und kommt zu Simon Petrus und zu dem anderen Jünger, den Jesus liebhatte, und sagt ihnen: Weggenommen haben sie den Herrn aus der Gruft, und wir wissen nicht, wohin sie ihn gelegt haben. [3]Es ging nun Petrus und der andere Jünger hinaus, und sie kamen zur Gruft. [4]Es liefen aber die zwei zugleich; und der andere Jünger lief voraus, schneller als Petrus, und kam zuerst an die Gruft, [5]und sich vorbeugend sieht er die leinenen Binden liegen, doch hinein ging er nicht. [6]Nun kommt auch Simon Petrus, ihm folgend, und er ging hinein in die Gruft. Und er nimmt wahr, wie die leinenen Binden liegen, [7]und wie das Schweißtuch, das auf seinem Haupt gewesen war, nicht bei den leinenen Binden liegt, sondern für sich zusammengewickelt an einem (besonderen) Ort. [8]Da ging nun auch der andere Jünger hinein, der zuerst an die Gruft gekommen war, und sah und glaubte. [9]Denn sie kannten noch nicht die Schrift, daß er von den Toten auferstehen müsse. [10]Nun gingen die Jünger wieder zu sich nach Haus. [11]Maria aber stand draußen bei der Gruft und weinte. Wie sie nun weinte, beugte sie sich vor in die Gruft [12]und nimmt zwei Engel wahr, die in weißen Kleidern dasitzen, einen beim Haupt und einen bei den Füßen, wo der Leib Jesu gelegen hatte. [13]Und jene sagen ihr: Weib, was weinst du? Sie sagt ihnen: Weggenommen haben sie meinen Herrn und ich weiß nicht, wohin sie ihn gelegt haben. [14]Während sie dies sprach, wandte sie sich nach rückwärts und nimmt wahr, wie Jesus dasteht, doch wußte sie nicht, daß es Jesus ist. [15]Da sagt ihr Jesus: Weib, was weinst du? Wen suchst du? Jene meint, daß es der Gärtner ist, und sagt ihm: Herr, wenn du ihn fortgetragen hast, sag mir, wohin du ihn gelegt hast, und ich will ihn wegnehmen. [16]Da sagt ihr Jesus: Mariam! Jene wandte sich um und sagt zu ihm auf hebräisch: Rabbuni! d.h. „Lehrer". [17]Da sagt ihr Jesus: Halte mich nicht fest, denn noch bin ich nicht hinaufgestiegen zum Vater! Ziehe aber hin zu meinen Brüdern und sprich zu ihnen: Ich steige hinauf zu meinem Vater und eurem Vater und meinem Gott und eurem Gott. [18]Es kommt Mariam, die Magdalenerin, und meldet den Jüngern: Gesehen habe ich den Herrn, und dies habe er zu ihr gesprochen.

Petrusevangelium 35-44.50-57: [35]In der Nacht aber, in welcher der Herrentag aufleuchtete, als die Soldaten, jede Ablösung zu zweit, Wache standen, erscholl eine laute Stimme am Himmel, [36]und sie sahen die Himmel geöffnet und zwei Männer in einem großen Lichtglanz von dort herniedersteigen und sich dem Grab nähern. [37]Jener Stein, der vor den Eingang des Grabes gelegt war, geriet von selbst ins Rollen und wich zur Seite, und das Grab öffnete sich und beide Jünglinge traten ein. [38]Als nun jene Soldaten dies sahen, weckten sie den Hauptmann und die Ältesten – auch diese waren nämlich bei der Wache zugegen. – [39]Und während sie erzählten, was sie gesehen hatten, sahen sie wiederum drei Männer aus dem Grab herauskommen und die zwei den einen stützen und ein Kreuz ihnen folgen [40]und das Haupt der zwei bis zum Himmel reichen, dasjenige des von ihnen an der Hand geführten aber die Himmel überragen. [41]Und sie hörten eine Stimme aus den Himmeln rufen: „Du hast den Entschlafenen gepredigt", [42]und es wurde vom Kreuz her die Antwort laut: „Ja." [43]Jene erwogen nun miteinander, hinzugehen und dies dem Pilatus zu melden. [44]Und während sie noch beratschlagten, sieht man wieder, wie die Himmel sich öffnen und ein Mensch heruntersteigt und ins Grab hineingeht. – [50]In der Früh des Herrentages nahm Maria Magdalena, die Jüngerin des Herrn – aus Furcht wegen der Juden, da (diese) vor Zorn brannten, hatte sie am Grab des Herrn nicht getan, was die Frauen an den von ihnen geliebten Sterbenden zu tun pflegen – [51]mit sich ihre Freundinnen und kam zum Grab, wo er hingelegt war. [52]Und sie fürchteten, die Juden würden sie sehen, und sprachen: „Wenn wir auch an jenem Tag, da er gekreuzigt wurde, nicht weinen und klagen konnten, so wollen wir solches wenigstens jetzt an seinem Grab tun. [53]Wer aber wird uns auch den Stein, der an den Eingang des Grabes gelegt ist, wegwälzen, damit wir hineingelangen, uns neben ihn setzen und tun, was sich gehört? – [54]Denn der Stein war groß – und wir fürchten, daß uns jemand sieht. Und wenn wir es nicht können, so wollen wir wenigstens am Eingang niederlegen, was wir zu seinem Gedächtnis mitbringen, wollen weinen und klagen, bis wir wieder heimgehen." [55]Und als hingingen, fanden sie das Grab geöffnet. Und sie traten herzu, bückten sich nieder und sahen dort einen Jüngling sitzen mitten im Grab, anmutig und bekleidet mit einem hell leuchtenden Gewand, welcher zu ihnen sprach: [56]„Wozu seid ihr gekommen? Wen sucht ihr? Doch nicht jenen Gekreuzigten? Er ist auferstanden und weggegangen. Wenn ihr aber nicht glaubt, so bückt euch hierher und sehet den Ort, wo er gelegen hat, denn er ist nicht da. Denn er ist auferstanden und dorthin gegangen, von woher er gesandt worden ist." [57]Da flohen die Frauen voller Entsetzen.

108. Die Ostergeschichten des Matthäusevangeliums

a. Der Betrug der Hohenpriester (Mt 28,11-15)

[11]Während sie aber dahinzogen, siehe, da kamen einige von der Wache in die Stadt und verkündigten den Hohenpriestern all das Geschehene. [12]Und sie versammelten sich mit den Ältesten, faßten einen Beschluß und gaben den Soldaten viele Silberlinge, [13]wobei sie sagten: Sprecht, daß seine Jünger des Nachts gekommen sind und ihn gestohlen haben, während wir schliefen. [14]Und wenn dies dem Statthalter zu Ohren kommt, werden *wir* (ihn) bereden und euch die Sorge abnehmen. [15]Die aber nahmen die Silberlinge und taten, wie sie gelehrt worden waren. Und es verbreitete sich dieses Gerede bei den Juden bis auf den heutigen Tag.

b. Der Tauf- und Missionsbefehl Jesu (Mt 28,16-20)

[16]Die elf Jünger aber zogen nach Galiläa auf den Berg, wohin sie Jesus beordert hatte; [17]und als sie ihn sahen, huldigten sie (ihm), andere aber zweifelten. [18]Und Jesus kam herbei, redete zu ihnen und sagte: Gegeben ward mir alle Macht im Himmel und auf Erden! [19]Zieht also hin und macht zu Jüngern alle Völker, tauft sie auf den Namen des Vaters und des Sohnes und des heiligen Geistes, [20]lehrt sie alles halten, was ich euch aufgetragen habe. Und siehe, ich bin bei euch alle Tage, bis zur Vollendung der Weltzeit.

109. Die Ostergeschichten des Lukas- und Johannesevangeliums

a. Jesus begegnet den Emmausjüngern (Lk 24,13-35)

[13]Und siehe, zwei von ihnen zogen am selben Tage nach einem Dorf, sechzig Stadien von Jerusalem entfernt, mit Namen Emmaus. [14]Und sie unterhielten sich miteinander über all diese Begebenheiten. [15]Und es geschah, während sie sich unterhielten und sich besprachen, da nahte sich Jesus und zog mit ihnen. [16]Ihre Augen aber waren gehalten, daß sie ihn nicht erkannten. [17]Er aber sprach zu ihnen: Was sind das für Reden, die ihr miteinander wechselt auf der Wanderung? Und sie blieben stehen, traurig dreinblickend. [18]Es antwortete aber einer, namens Kleopas, und sprach zu ihm: Wohnst du allein als Fremder in Jerusalem und hast nicht erfahren, was dort geschehen ist in diesen Tagen? [19]Und er sprach zu ihnen: Was denn? Die aber sprachen zu ihm: Das mit Jesus dem Nazarener, der ein Prophet war, gewaltig in Werk und Wort vor Gott und dem ganzen Volk, [20]und wie ihn unsere Hohenpriester und Fürsten zum Todesurteil überlieferten und ihn gekreuzigt haben. [21]Wir aber hofften, daß er es sei, der Israel erlösen werde. Aber zu alldem bringt er schon den dritten Tag zu, seitdem dies geschehen ist. [22]Aber auch einige Frauen von uns haben uns entsetzt: sie waren frühmorgens am Grab [23]und fanden seinen Leib nicht; sie kamen dann und sagten, sie hätten sogar eine Erscheinung von Engeln gesehen, die sagen, er lebe. [24]Und einige der Unsrigen gingen hin zum Grab und fanden es so, wie die Frauen gesagt hatten, ihn aber sahen sie nicht. [25]Und er selber sprach zu ihnen: O ihr Unverständigen und im Herzen zu träge, um all dem zu glauben, was die Propheten geredet haben. [26]Mußte nicht der Christus (Messias) das leiden und in seine Herrlichkeit eingehen? [27]Und angefangen von Mose und von allen Propheten erklärte er ihnen in allen Schriften, was über ihn (geschrieben steht).

[28]Und sie nahten sich dem Dorf, wohin sie zogen, und er tat so, als ob er weiterziehen wollte. [29]Und sie nötigten ihn und sagten: Bleibe bei uns, denn es geht auf den Abend zu und der Tag hat sich schon geneigt. Und er ging hinein, um mit ihnen zu bleiben. [30]Und es geschah, während er sich bei ihnen zu Tisch niederlegte, nahm er das Brot, sprach die Preisung und, nachdem er es gebrochen hatte, reichte er es ihnen. [31]Ihnen aber wurden die Augen aufgetan, und sie erkannten ihn. Und er wurde unsichtbar vor ihnen. [32]Und sie sprachen zueinander: Brannte nicht unser Herz in uns, wie er auf dem Weg zu uns redete, wie er uns die Schrift auftat? [33]Und sie standen noch zur selben Stunde auf und kehrten nach Jerusalem zurück; und sie fanden die Elf versammelt und die zu ihnen Gehörenden, [34]die sagten: Wirklich auferweckt wurde der Herr, und er schienen ist er dem Simon! [35]Und sie erzählten, was auf dem Weg geschehen, und wie er sich ihnen zu erkennen gegeben hatte beim Brechen des Brotes.

1 Kor 15,3-8: ³Denn ich habe euch vor allem überliefert, was ich auch übernommen habe: Christus ist für unsere Sünden gestorben – gemäß den Schriften; ⁴Er ist begraben worden.
Er wurde auferweckt am dritten Tag – gemäß den Schriften; ⁵Er ist dem Kephas erschienen, danach den Zwölfen.
⁶Danach erschien er über fünfhundert Brüdern auf einmal, von denen die meisten bis jetzt (am Leben) geblieben, einige aber entschlafen sind. ⁷Danach erschien er dem Jakobus, dann allen Aposteln. ⁸Zuallerletzt, gleichsam wie der Fehlgeburt, erschien er auch mir.

b. Der Auferstandene erscheint den Jüngern

Lk 24,36-49

³⁶Während sie aber davon redeten, stand er selbst in ihrer Mitte [und sagte ihnen: Friede sei euch!] ³⁷Eingeschüchtert und von Furcht erfüllt meinten sie, einen Geist wahrzunehmen. ³⁸Und er sprach zu ihnen: Was seid ihr verstört und warum steigen (solche) Gedanken in eurem Herzen auf? ³⁹Seht meine Hände und meine Füße: Ich bin es selbst! Betastet mich und seht, daß ein Geist nicht Fleisch noch Bein hat, wie ihr es an mir wahrnehmt. [⁴⁰Und nachdem er dies gesprochen hatte, zeigte er ihnen die Hände und die Füße.] ⁴¹Als sie aber noch ungläubig waren vor Freude und sich wunderten, sprach er zu ihnen: Habt ihr etwas Eßbares hier? ⁴²Die aber reichten ihm ein Stück gebratenen Fisch [und von einer Honigwabe]. ⁴³Und er nahm es und aß vor ihren Augen.
⁴⁴Er sprach aber zu ihnen: Das sind meine Worte, die ich zu euch geredet habe, als ich noch mit euch zusammen war: Es muß alles erfüllt werden, was geschrieben steht über mich im Gesetz des Mose und in den Propheten und Psalmen. ⁴⁵Dann tat er ihnen den Sinn auf, die Schrift zu verstehen. ⁴⁶Und er sprach zu ihnen: So steht geschrieben: Leiden wird der Messias und auferstehen von den Toten am dritten Tag, ⁴⁷und gepredigt soll werden unter seinem Namen Sinnesänderung zum Nachlaß von Sünden allen Völkern, angefangen von Jerusalem. ⁴⁸Ihr seid Zeugen dafür. ⁴⁹Und siehe, *ich* entsende die Verheißung meines Vaters auf euch. Ihr aber laßt euch in der Stadt nieder, bis ihr aus der Höhe mit Kraft angetan werdet.

Joh 20,19-23

¹⁹Es war am Abend jenes Tages, dem ersten der Woche, und die Türen waren verschlossen, wo die Jünger waren, aus Furcht vor den Juden. Da kam Jesus und stand in der Mitte und sagt ihnen: Friede sei euch! ²⁰Und nachdem er dies gesprochen hatte, zeigte er ihnen die Hände und die Seite.

Da freuten sich nun die Jünger, als sie den Herrn sahen.

²¹Nun sprach Jesus wiederum zu ihnen: Friede sei euch! Wie mich der Vater gesandt hat, so sende auch ich euch. ²²Und nachdem er dies gesprochen hatte, hauchte er sie an und sagt ihnen: Empfanget heiligen Geist!

²³Welchen ihr die Sünden nachlaßt, denen sind sie nachgelassen; welchen ihr sie behaltet, denen sind sie behalten.

vgl. V.22

Joh 20,24-29: [24]Thomas aber, einer von den Zwölf, der Didymus heißt, war nicht bei ihnen, als Jesus kam. [25]Nun sagten ihm die anderen Jünger: Gesehen haben wir den Herrn! Der aber sprach zu ihnen: Wenn ich nicht an seinen Händen das Mal der Nägel sehe und meinen Finger an den Ort der Nägel lege und meine Hand in seine Seite lege, glaube ich nicht. [26]Und nach acht Tagen waren seine Jünger wiederum drinnen und Thomas bei ihnen. Da kommt Jesus bei verschlossenen Türen, und er stand in der Mitte und sprach: Friede sei euch! [27]Darauf sagt er dem Thomas: Bringe deinen Finger hierher und sieh meine Hände, und bringe deine Hand und lege sie in meine Seite, und sei nicht ungläubig, sondern gläubig! [28]Da antwortete Thomas und sprach zu ihm: Mein Herr und mein Gott! [29]Sagt Jesus zu ihm: Weil du mich gesehen hast, hast du geglaubt? Selig, die nicht sehen und (doch) glauben.

c. Schlußwort des Johannesevangeliums (Joh 20,30-31)

[30]Noch viele andere Zeichen hat nun Jesus getan vor den Augen seiner Jünger, die nicht aufgeschrieben sind in diesem Buch. [31]Diese aber stehen geschrieben, damit ihr glaubt, das Jesus der Christus ist, der Sohn Gottes, und damit ihr als Gläubige Leben habt in seinem Namen.

Schluß des Lukasevangeliums vgl. Nr. 110a.
Joh 21,1-14 vgl. Nr. 6 (S.25).

110. Der Markusschluß (Nachtrag)

Mt	[Mk 16,9-20 (18)]	Lk	Joh
	[9]Auferstanden aber früh am ersten (Tag) der Woche, erschien er zuerst Maria, der Magdalenerin, von der er ausgetrieben hatte sieben Dämonen. [10]Jene zog hin, meldete (es) den mit ihm Gewesenen, (den nun) Klagenden und Weinenden. [11]Und (obwohl) jene hörten, daß er lebe und von ihr geschaut worden sei, glaubten sie nicht.		
vgl. 28,9-10			vgl. 20,14-18
	[12]Danach aber offenbarte er sich zweien aus ihnen, die dahinwanderten, in anderer Gestalt, sie zogen (gerade) aufs Feld. [13]Auch jene gingen hin, meldeten es den übrigen, aber auch jenen glaubten sie nicht.	vgl. 24,13-35	
	[14]Später aber — zu Tische lagen sie (ge-		

vgl. 28,16-20	rade) – offenbarte er sich den Elfen selbst und schalt ihren Unglauben und ihre Herzenhärte, daß sie denen, die ihn geschaut hatten als Auferweckten, nicht geglaubt hatten. [15]Und er sprach (zu) ihnen: Ziehet hin in alle Welt, predigt das Evangelium aller Schöpfung.	vgl. 24,36-43 vgl. 24,47	vgl. 20,19-23 vgl. 20,24-29

[16]Wer geglaubt hat und getauft wurde, wird gerettet werden, wer aber nicht geglaubt hat, wird verurteilt werden. [17]Als Zeichen aber werden denen, die geglaubt haben, diese folgen: In meinem Namen werden sie Dämonen austreiben, mit neuen Zungen reden, [18]Schlangen werden sie aufheben, und wenn sie etwas Tödliches trinken, wird es ihnen keinesfalls schaden, auf Sieche werden sie Hände auflegen, und wohl wird es denen ergehen.

110a. Die Himmelfahrt

Lk 24,50-53	Mk 16,19-20	Apg 1,9-12
[50]Er führte sie aber hinaus bis nach Betanien, und seine Hände emporhebend, segnete er sie. [51]Und es geschah, während er sie segnete, entfernte er sich von ihnen [und wurde in den Himmel hinaufgetragen]. [52]Und sie [warfen sich anbetend vor ihm nieder]	[19]Der Herr [Jesus] nun zwar, nachdem er (zu) ihnen geredet hatte, „wurde hinaufgenommen in den Himmel"* und „setzte sich zur Rechten Gottes"**.	[9]Und als er dies gesprochen hatte, wurde er vor ihren Blicken emporgehoben, und eine Wolke nahm ihn auf, weg von ihren Augen. [10]Und wie sie gespannt hinsahen zum Himmel, während er dahinfuhr, und siehe, zwei Männer standen bei ihnen in weißen Gewändern,

kehrten zurück nach Jerusalem mit gewaltiger Freude, [53]und waren allezeit im Heiligtum, Gott preisend.

*2 Kön 2,11.   **Ps 110,1.

[20]Jene aber gingen hinaus, predigten überall, und der Herr wirkte mit und bekräftigte das Wort durch die beglaubigenden Zeichen.

[11]die sprachen: Männer, Galiläer, was steht ihr, blickend zum Himmel? Dieser Jesus, der hinaufgenommen wurde von euch weg in den Himmel, wird so kommen, auf die Weise, wie ihr ihn schautet dahinfahren in den Himmel. [12]Da kehrten sie zurück nach Jerusalem vom Berg, der genannt wird (Berg des) Olivenhains; der ist nah (bei) Jerusalem, einen Sabbatweg weit.

Beispiele aus der zweifachen Überlieferung

(Mt/Lk = Q)

111. Bußpredigt Johannes des Täufers

Mt 3,7-10

[7]Als er aber viele der Pharisäer und Sadduzäer zur Taufe kommen sah, sprach er zu ihnen: Gezücht von Schlangen, wer hat euch angewiesen, zu fliehen vor dem künftigen Zorn (gericht)? [8]Tut nun Frucht, würdig der Buße! [9]Und wähnt nicht zu sagen bei euch selbst: Zum Vater haben wir den Abraham! Denn ich sage euch: Kraft hat Gott, aus diesen Steinen Kinder zu erwecken dem Abraham. [10]Schon aber ist die Axt an die Wurzel der Bäume gelegt. Jeder Baum nun, der nicht gute Frucht tut, wird ausgehauen und ins Feuer geworfen!

Vgl. Mt 23,33: Ottern, Gezücht von Schlangen, wie (wollt) ihr fliehen vor dem Gericht der Hölle?
Vgl. Mt 7,19: Jeder Baum, der nicht gute Frucht tut, wird ausgehauen und ins Feuer geworfen!

Lk 3,7-9

[7]Er sagte nun (zu) den hinausziehenden Volksscharen, die getauft werden (wollten) von ihm: Gezüchtet von Schlangen, wer hat euch angewiesen, zu fliehen vor dem zukünftigen Zorn (gericht)? [8]Tut nun Früchte, würdig der Buße! Und beginnt nicht zu sagen bei euch selbst: Zum Vater haben wir den Abraham! Denn ich sage euch: Kraft hat Gott, aus diesen Steinen Kinder zu erwecken dem Abraham. [9]Schon aber ist auch die Axt an die Wurzel der Bäume gelegt. Jeder Baum nun, der nicht gute Frucht tut, wird ausgehauen und ins Feuer geworfen!

Die Bergpredigt

112. Einleitung

Mt 5,1-2

[1]Als er aber die Volksscharen sah, stieg er hinauf auf den Berg; und als er sich gesetzt hatte, kamen herbei (zu) ihm seine Jünger. [2]Und er öffnete seinen Mund, lehrte sie, sagte:

Lk 6,17a.20a

[17a]Und er stieg mit ihnen hinab, stellte sich auf einen ebenen Platz ....
[20a]Und er erhob seine Augen zu seinen Jüngern und sagte:

113. Die Seligpreisungen

Mt 5,3-12

[3]Selig die Armen dem Geiste (nach),
denn ihrer ist die Königsherrschaft der Himmel.
[4]Selig die Trauernden,
denn *sie* werden getröstet werden.
[5]Selig „die Freundlichen",
denn *sie* „werden erben die Erde".*
[6]Selig die Hungernden und Dürstenden nach der Gerechtigkeit, denn *sie* werden gesättigt werden.

Lk 6,20b-23

[20b]Selig (ihr,) die Armen,
denn euer ist die Königsherrschaft Gottes.
vgl. 21 b

[21]Selig (ihr,) die jetzt Hungernden,
denn ihr werdet gesättigt werden.
Selig (ihr,) die jetzt Weinenden,
denn lachen werdet ihr.

⁷Selig die Barmherzigen,
denn *sie* werden Barmherzigkeit erfahren.
⁸Selig die Reinen dem Herzen (nach),
denn *sie* werden Gott schauen.
⁹Selig die Friedensstifter,
denn *sie* werden Söhne Gottes gerufen werden.
¹⁰Selig die Verfolgten um (der) Gerechtigkeit willen; denn ihrer ist die Königsherrschaft der Himmel.
¹¹Selig seid ihr,
wenn sie euch schmähen und verfolgen und sprechen alles Schlechte wieder euch – lügend – um meinetwillen.
¹²Freuet euch und frohlocket;
denn euer Lohn (ist) groß in den Himmeln;
Denn so verfolgten sie die Propheten, die vor euch.

²²Selig seid ihr, wenn euch hassen die Menschen und wenn sie euch ausschließen und schmähen und euren Namen hinauswerfen als einen schlechten um des Menschensohnes willen.
²³Freuen sollt ihr euch an jenem Tag und hüpfen; denn siehe, euer Lohn (ist) groß im Himmel; denn auf - dieselbe Weise taten den Propheten ihre Väter.

*Ps 37,11. Vgl. zu den Seligpreisungen im allgemeinen: Jes 57,15;61,1-3; Ps 24,3-5; 51,12;126,5.
Thomasevangelium (Spruch Nr. 69): Selig sind die, welche verfolgt wurden in ihrem Herzen! Jene sind es, die den Vater in Wahrheit erkannt haben. – Selig sind die Hungernden, denn man wird den Leib dessen füllen, der wünscht.

114. Die Weherufe

Lk 6,24-26

²⁴Doch wehe euch, den Reichen! Denn ihr habt weg euren Trost.
²⁵Wehe euch, die ihr jetzt gefüllt seid, denn hungern werdet ihr!
Wehe (euch), den jetzt Lachenden, denn trauern und weinen werdet ihr.
²⁶Wehe, wenn gut von euch sprechen alle Menschen; denn auf dieselbe Weise taten den Pseudopropheten ihre Väter.

115. Vom Salz der Erde

Mt 5,13	Mk 9,49-50 (vgl. Nr. 55)	Lk 14,34-35
¹³Ihr seid das Salz der Erde!	⁴⁹Denn jeder wird mit Feuer gesalzen werden. ⁵⁰Gut (ist) das Salz. Wenn aber das Salz salzlos wird, womit werdet ihr es würzen?	³⁴Gut (ist) nun das Salz. Wenn aber auch das Salz fade wird, womit wird es gewürzt werden?
Wenn aber das Salz fade wird, womit wird es gesalzen werden?		
Zu nichts taugt es mehr, es sei denn, daß es hinausgeworfen und zertreten wird von den Menschen.		³⁵Weder für das Land noch für einen Düngerhaufen brauchbar ist es. Hinaus werfen sie es.
	Habt in euch selbst Salz und haltet Frieden untereinander!	

116. Vom Licht der Welt

Mt 5,14-16	Mk 4,21 (vgl. Nr. 24)	Lk 8,16
[14]Ihr seid das Licht der Welt! Nicht kann eine Stadt verborgen bleiben, die auf einem Berg liegt.		
[15]Auch brennen sie nicht eine Leuchte an und stellen sie unter den Scheffel, sondern auf den Leuchter, und sie leuchtet allen, die im Hause (sind). [16]So leuchte euer Licht vor den Menschen, auf daß sie eure guten Werke sehen und euren Vater verherrlichen, der in den Himmeln (ist).	[21]Und er sagte zu ihnen: Kommt etwa die Leuchte, damit sie unter den Scheffel gestellt werde oder unter das Bett? Nicht, damit sie auf den Leuchter gestellt werde?	[16]Niemand aber, der eine Leuchte angezündet hat, verdeckt sie mit einem Gefäß oder stellt sie unter ein Bett, sondern auf einen Leuchter stellt er sie, damit die Eintretenden sehen das Licht.

Lk 11,33: Niemand, der eine Leuchte angezündet hat, stellt sie in einen versteckten Winkel und auch nicht unter den Scheffel, sondern auf den Leuchter, damit die Eintretenden den Schein sehen.

Joh 8,12: Wiederum nun (zu) ihnen redete Jesus, sagte: Ich bin das Licht der Welt. Der mir folgt, soll nicht wandeln in der Finsternis, sondern das Licht des Lebens haben.

Thomasevangelium (Spruch Nr. 32): Jesus sprach: Eine Stadt, die man erbaut auf einem hohen Berg (und) befestigt, kann nicht fallen und sich nicht verbergen.

117. Vom Gesetz und seiner Erfüllung

Mt 5,17-20	Lk 16,16-17
[17]Ihr sollt nicht annehmen, daß ich gekommen sei, aufzulösen das Gesetz und die Propheten. Ich bin nicht gekommen, aufzulösen, sondern zu erfüllen. [18]Amen, denn ich sage euch: Bis daß vergehen der Himmel und die Erde, soll kein einziges Jota oder Strichlein vergehen vom Gesetz, bis daß alles geschieht. [19]Wer nun ein einziges dieser Gebote löst, der geringsten, und so die Menschen lehrt, wird „Geringster" gerufen werden in der Königsherrschaft der Himmel. [20]Denn ich sage euch, daß wenn eure Gerechtigkeit nicht überfließt mehr als (die) der Schriftgelehrten und Pharisäer, werdet ihr keinesfalls hineinkommen in die Königsherrschaft der Himmel.	[16]Das Gesetz und die Propheten (reichen) bis Johannes. Von da an wird die Königsherrschaft Gottes verkündigt und jeder will in sie mit Gewalt hinein. [17]Leichter aber ist es, daß der Himmel und die Erde vergehen, als daß vom Gesetz ein einziges Strichlein verfalle.

Ebionäerevangelium: Ich bin gekommen, die Opfer abzuschaffen, und wenn ihr nicht abläßt zu opfern, wird der Zorn von euch nicht ablassen (Epiphanius, Haer. 30,16,5).

Ägypterevangelium: Der Heiland selbst sprach: „Ich bin gekommen, die Werke des Weiblichen aufzulösen" – des Weiblichen, nämlich der Begierde –, die Werke aber, Werden und Vergehen (Clemens Alex., Strom. III, 63).

118. Erfüllung des fünften Gebotes

Mt 5,21-26

²¹Ihr habt gehört, daß den Alten gesagt wurde: „Nicht morden sollst du!"* Wer aber mordet, sei verfallen, dem Gericht. ²²*Ich* aber sage euch, daß jeder, der da zürnt seinem Bruder, verfallen sei dem Gericht. Wer aber spricht (zu) seinem Bruder „Raka" (= Dummkopf), sei verfallen dem Synedrium. Wer aber spricht „Du Tor", sei verfallen hinein in die Hölle des Feuers. ²³Wenn du nun herbeiträgst deine Gabe zum Altar und dort dich erinnerst, daß dein Bruder etwas wider dich hat, ²⁴laß dort deine Gabe vor dem Altar und geh zuerst hin, versöhne dich mit deinem Bruder und dann komm, trage herbei deine Gabe. ²⁵Sei wohlgesinnt deinem Widersacher, schnell, solange du mit ihm auf dem Weg bist!

Damit dich nicht etwa überliefere der Widersacher dem Richter und der Richter dem (Gerichts-)diener, und du ins Gefängnis geworfen wirst. ²⁶Amen, ich sage dir, du sollst nicht herauskommen von dort, bis du zurückgegeben hast den letzten Pfennig.

Lk 12,57-59

⁵⁷Warum aber auch beurteilt ihr nicht von selbst das Rechte? ⁵⁸Denn während du dahingehst mit deinem Widersacher zum Archonten, auf dem Weg (noch) gib dir Mühe, (im guten) loszukommen von ihm, damit er nicht etwa dich hinschleife vor den Richter, und der Richter wird dich überliefern dem Gerichtsvollzieher, und der Gerichtsvollzieher wird dich ins Gefängnis werfen.⁵⁹Ich sage dir, du sollst nicht herauskommen von dort, bis du auch den letzten Pfennig zurückgegeben hast.

*Ex 20,13; Dtn 5,17.

Hebräerevangelium: Und niemals sollt ihr fröhlich sein, wenn ihr nicht auf euren Bruder in Liebe blickt (Hieronymus, Kom. zu Eph 5,4).

In dem Evangelium nach dem Hebräischen, das die Nazarener zu lesen sich gewöhnt haben, wird unter die schwersten Verbrechen gezählt: Wer seines Bruders Geist betrübt hat (Hieronymus, Kom. zu Ez 18,7).

Didache 14,2: Jeder aber, der da hat (den) Streit mit seinem Gefährten, soll nicht zusammenkommen mit euch, bis sie sich versöhnt haben, damit nicht verunreinigt werde euer Opfer.

119. Zum sechsten Gebot

Mt 5,27-30

²⁷Ihr habt gehört, daß gesagt wurde: „Nicht ehebrechen sollst du!"* ²⁸*Ich* aber sage euch, daß jeder, der da anblickt ein Weib, um sie zu begehren, bereits die Ehe gebrochen hat mit ihr in seinem Herzen. ²⁹Wenn aber dein Auge, das rechte, dich verführt, reiße es aus und wirf (es) von dir! Denn zuträglich ist dir, daß eines deiner Glieder verdirbt und nicht dein gesamter Leib geworfen wird in (die) Hölle. ³⁰Und wenn deine rechte Hand dich verführt, haue sie aus und wirf (sie) von dir! Denn zuträglich ist dir, daß eines deiner Glieder verdirbt und nicht dein gesamter Leib in (die) Hölle geht.⁺

⁺Vgl. Mt 18,8-9 = Mk 9,43-48 (Nr. 55).

*Ex 20,14; Dtn 5,17.

120. Zur Ehescheidung[+]

Mt 5,31-32

[31]Gesagt wurde aber: „Wer sein Weib entläßt, soll ihr einen Scheidebrief geben"*. [32]*Ich aber sage euch, daß jeder, der da entläßt sein Weib – ausgenommen im Fall (der) Unzucht –, (der) macht, daß die Ehe mit ihr gebrochen wird, und wer eine Entlassene heiratet, treibt Ehebruch.*

+Vgl. Mt 19,7.9 = Mk 10,4.11-12 (Nr. 57).
*Dtn 24,1.

Lk 16,18

[18]Jeder, der da entläßt sein Weib und eine andere heiratet, bricht die Ehe, und der eine vom Mann Entlassene heiratet, bricht die Ehe.

Hermas, Pastor (Hirt), Mand. IV, 1,6: Was nun, meine ich, Herr, soll machen der Mann, wenn ergeben bleibt dieser Leidenschaft das Weib? Entlassen, sagt er, soll er sie, und der Mann soll für sich bleiben; wenn er aber, nachdem er entlassen hat das Weib, eine andere heiratet, treibt auch er Ehebruch.

121. Zum zweiten und achten Gebot

Mt 5,33-37[+]

[33]Wiederum habt ihr gehört, daß den Alten gesagt wurde: „Nicht falsch schwören sollst du, zurückgeben aber dem Herrn deine Schwüre."* [34]*Ich aber sage euch: Ihr sollt überhaupt nicht schwören! Weder beim „Himmel", denn „Thron Gottes ist er"**, [35]noch bei der „Erde", denn „Schemel ist sie seiner Füße"***, noch bei Jerusalem, denn „Stadt" ist sie „des großen Königs"****; [36]noch bei deinem Haupte schwören sollst du, denn du hast nicht die Kraft, ein einziges Haar weiß zu machen oder schwarz. [37]Es sei aber euer Wort: Ja, ja; nein, nein; was aber über dieses hinausgeht, ist aus dem Bösen.*

+Vgl. Mt 23,16-22.
*Ex 20,7; Lev 19,12; Num 30,3; Dtn 23,22; Ps 50,14.   **Jes 66,1.   ***Jes 66,1; Ps 99,5.
****Ps 48,3.

Jak 5,12: Vor allem aber, meine Brüder, nicht schwören sollt ihr, weder beim Himmel noch bei der Erde noch irgendeinen anderen Schwur; sei aber euer Ja ein Ja und das Nein ein Nein, damit ihr nicht unter ein Gericht fallt.

122. Verbot der Wiedervergeltung

Mt 5,38-42

[38]Ihr habt gehört, daß gesagt wurde: „Auge um Auge" und „Zahn um Zahn"*. [39]*Ich aber sage euch, ihr sollt nicht widerstehen dem Bösen; sondern jeder, der dich ohrfeigt auf deine rechte Wange, dem kehre auch die andere zu, [40]und dem, der mit dir vor Gericht streiten und deinen Rock nehmen will, laß dem auch den Mantel; [41]und jeder, der dich nötigt, eine Meile (mitzugehen), geh mit ihm zwei. [42]Dem, der dich bittet, gib und von dem, der von dir (Geld) borgen will, sollst du dich nicht abkehren.*

*Ex 21,24; Lev 24,20; Dtn 19,21.

Lk 6,29-30

[29]Dem, der dich schlägt auf die Wange, dem halte auch die andere hin, und dem, der deinen Mantel wegnimmt, sollst du auch den Rock nicht verweigern.

[30]Jedem, der dich bittet, gib (immer wieder) und von dem, der das Deine wegnimmt, sollst du (es) nicht zurück erbitten.

Apg 20,35: In jeder Hinsicht unterwiesen habe ich euch, daß so arbeitend wir uns annehmen müssen der Schwachen und eingedenk sein der Worte des Herrn Jesus, weil er selber gesprochen hat: Seliger ist zu geben als zu nehmen.

123. Die Feindesliebe – Merkmal des Christen

Mt 5,43-48

⁴³Ihr habt gehört, daß gesagt wurde: „Lieben sollst du deinen Nächsten"* und hassen sollst du deinen Feind! ⁴⁴*Ich* aber sage euch: Liebet eure Feinde

und betet für die euch Verfolgenden; ⁴⁵damit ihr Söhne eures Vaters werdet, der in (den) Himmeln (ist), weil er seine Sonne aufgehen läßt über Böse und Gute und regnen läßt über Gerechte und Ungerechte. ⁴⁶Denn wenn ihr liebt die euch Liebenden, welchen Lohn habt ihr (da)? (Ist es) nicht (so, daß) auch die Zöllner dasselbe tun? ⁴⁷Und wenn ihr grüßt eure Brüder allein, was Besonderes tut ihr (da)? (ist es) nicht (so, daß) auch die Heiden dasselbe tun?

Lk 6,27-28.32-36

²⁷Aber euch sage ich, denen, die hören: Liebet eure Feinde, wohl tuet denen, die euch hassen, ²⁸segnet die euch fluchen, betet für die euch Beschimpfenden.

vgl. V. 35

³²Und wenn ihr liebt die euch Liebenden, was für ein Gnadenerweis ist (dann) euch (eigentümlich)? Denn auch die Sünder lieben die sie Liebenden. ³³Und wenn ihr Gutes tut den euch Gutes Tuenden, was für ein Gnadenerweis ist (dann) euch (eigentümlich)? Auch die Sünder tun dasselbe. ³⁴Und wenn ihr (Geld) borgt denen, von denen ihr hofft, (es zurück) zu erhalten, was für ein Gnadenerweis ist (dann) euch (eigentümlich)? Auch Sünder borgen Sündern, damit sie zurück erhalten das Gleiche. ³⁵Vielmehr liebet eure Feinde und tut Gutes und borget, nichts zurück erhoffend. Und euer Lohn wird groß sein, und ihr werdet Söhne (des) Höchsten sein, weil er selber gütig ist gegen die Undankbaren und Bösen. ³⁶Werdet barmherzig, so wie euer Vater barmherzig ist.

⁴⁸„Seid" *ihr* nun „vollkommen"**, wie euer Vater, der himmlische, vollkommen ist.

*Lev 19,18.   **Vgl. Dtn 18,13;Lev 19,2.

Thomasevangelium (Spruch Nr. 95): Wenn ihr Geld habt, leiht nicht auf Zins aus, sondern gebt ... dem, von dem ihr sie nicht (zurück) bekommen werdet.

124. Vom Almosengeben

Mt 6,1-4

¹Gebt aber acht, eure Gerechtigkeit nicht zu tun vor den Menschen, um sich ihnen zur Schau zu stellen! Andernfalls habt ihr nicht Lohn bei eurem Vater, dem in den Himmeln. ²Wenn du nun ein Almosen gibst, sollst (es) nicht ausposaunen vor dir her, wie die Heuchler tun in den Synagogen und in den Gassen, auf daß sie verherrlicht werden von den Menschen. Amen, ich sage euch: Erhalten haben sie ihren Lohn. ³Wenn du aber ein Almosen gibst, soll deine Linke nicht wissen, was deine Rechte tut, ⁴auf daß dein Almosen im Verborgenen sei. Und dein Vater, der (da) sieht im Verborgenen, wird dir zurückgegeben.

125. Vom Beten

Mt 6,5-8

⁵Und wenn ihr betet, seid nicht wie die Heuchler! Denn sie lieben es, in den Synagogen und an den Ecken der Straßen stehend zu beten, auf daß sie sich den Menschen zeigen. Amen, ich sage euch: Erhalten haben sie ihren Lohn.

⁶Du aber, wenn du betest, „gehe hinein in deine Kammer und schließe deine Türe"*, zu deinem Vater zu beten, dem im Verborgenen. Und dein Vater, der (da) sieht im Verborgenen, wird dir zurückgeben. ⁷Betet ihr aber, (dann) sollt ihr nicht leeres Zeug reden wie die Heiden; den sie wähnen, daß sie durch ihr vieles Reden erhört werden werden. ⁸Ihr sollt nun ihnen nicht gleichwerden! Denn [Gott], euer Vater, weiß, wessen ihr nötig habt, bevor ihr ihn bittet.

*Jes 26,20; 2 Kön 4,33.

126. Das Vaterunser

<table>
<tr><td>Mt 6,9-15</td><td>Lk 11,1-4</td></tr>
<tr><td></td><td>¹Und es geschah, als er an einem Ort war (und) betete, wie er aufhörte, sprach einer seiner Jünger zu ihm: Herr, lehre uns beten, so wie auch Johannes gelehrt hat seine Jünger. ²Er sprach</td></tr>
<tr><td>⁹So nun betet *ihr:*
Vater unser, der in den Himmeln,
geheiligt soll sein dein Name!</td><td>aber (zu) ihnen: Wenn ihr betet, sagt:
Vater,
geheiligt soll sein dein Name!</td></tr>
<tr><td>¹⁰Kommen soll deine Königsherrschaft!
Geschehen soll dein Wille,
wie im Himmel auch auf Erden.</td><td>Kommen soll deine Königsherrschaft!⁺⁺⁺</td></tr>
<tr><td>¹¹Unser Brot, das für morgen⁺, gib uns heute.</td><td>³Unser Brot, das für morgen⁺, gib uns täglich.</td></tr>
<tr><td>¹²Und erlaß uns unsere Schulden,
wie auch wir erlassen haben unseren Schuldnern.</td><td>⁴Und erlaß uns unsere Sünden,
denn auch wir selber erlassen jedem, der uns</td></tr>
<tr><td>¹³Und du sollst uns nicht hineinbringen in Versuchung, sondern bewahre uns vor dem Bösen. ¹⁴Denn wenn ihr erlaßt den Menschen ihre Verfehlungen, erlassen wird auch euch euer Vater, der himmlische. ¹⁵Wenn ihr aber nicht erlaßt den Menschen, wird auch euer Vater nicht erlassen eure Verfehlungen.⁺⁺</td><td>schuldet. Und du sollst uns nicht hineinbringen in Versuchung.</td></tr>
</table>

⁺Die Bedeutung des griechischen Beiwortes, das gewöhnlich mit „täglich" übersetzt wird, ist unsicher. Obige Übersetzung stützt sich auf eine Angabe des Nazaräerevangeliums, von dem uns Hieronymus (Matthäus-Kommentar zu 6,11) berichtet: In dem sogenannten Evangelium nach den Hebräern habe ich an Stelle von „zum Dasein notwendig" gefunden „mahar", das heißt morgig, so daß der Sinn ist: „Unser morgiges" – das heißt zukünftiges – „Brot gib uns heute."

⁺⁺Vgl. Mk 11,25-[26] (Nr. 68).

⁺⁺⁺In einigen Textzeugen lautet die Bitte: „Kommen soll dein Geist, der heilige, über uns, und reinigen soll er uns."

Didache 8;2-3; 10,5: 8² Ihr sollt auch nicht „beten wie die Heuchler", sondern wie befohlen hat der Herr in seinem Evangelium, „so betet: Vater unser, der im Himmel, geheiligt sein soll dein Name, kommen soll deine Königsherrschaft, geschehen soll dein Wille wie im Himmel auch auf Erden. Unser Brot, das für morgen, gib uns heute, und erlaß uns unsere Schuld, wie auch wir erlassen unsern Schuldnern, und sollst nicht hineinbringen uns in Versuchung, sondern bewahre uns vor dem Bösen." Denn dein ist die Kraft und die Herrlichkeit in Ewigkeit. ³Dreimal des Tages sollt ihr so beten. – 10⁵ Gedenke, Herr, deiner Kirche, sie zu bewahren vor allem Bösen und sie zu vollenden in deiner Liebe, „und zusammenführe sie von den vier Winden", die geheiligte, in deine Königsherrschaft, die du ihr bereitest hast; denn dein ist die Kraft und die Herrlichkeit in Ewigkeit. (Eine ähnliche Preisung bieten viele jüngere Handschriften auch als Abschluß des Vaterunsers.)

127. Vom Fasten

Mt 6,16-18

[16]Wenn ihr aber fastet, sollt ihr nicht werden wie die Heuchler Finsterlinge; denn sie entstellen ihre Gesichter, auf daß sie sich den Menschen zeigen als Fastende. Amen, ich sage euch: Erhalten haben sie ihren Lohn. [17]Du aber, fastend, salbe dein Haupt und wasche dein Gesicht, [18]auf daß du dich nicht zeigest den Menschen als Fastender, sondern deinem Vater, dem in der Verborgenheit. Und dein Vater, der (da) sieht in der Verborgenheit, wird dir zurückgegeben.

Didache 8,1: Eure Fasten aber sollen nicht sein mit den Heuchlern; denn sie fasten am zweiten (Tag) der Woche und am fünften. Ihr aber fastet den vierten (Tag) und den Rüsttag (Freitag).

128. Vom Schätzesammeln

Mt 6,19-21	Lk 12,33-34
[19]Ihr sollt euch nicht Schätze sammeln, Schätze auf Erden, wo Motte und Wurmfraß (sie) entstellen und wo Diebe (die Mauer) durchgraben und stehlen. [20]Schätze sammelt euch aber, Schätze im Himmel, wo weder Motte noch Wurmfraß (sie) entstellen und wo Diebe (die Mauer) nicht durchgraben und stehlen. [21]Denn wo dein Schatz ist, dort wird auch dein Herz sein.	[33]Verkauft euren Besitz und gebt Almosen! Macht euch (Geld)beutel, die nicht veralten, einen unerschöpflichen Schatz in den Himmel, wo kein Dieb herankommt und keine Motte zerstört. [34]Denn wo dein Schatz ist, dort wird dein Herz sein.

Thomasevangelium (Spruch Nr. 76): Jesus sprach: Das Reich des Vaters gleicht einem Kaufmann, der eine Warenladung hatte (und) eine Perle fand. Der kluge Kaufmann verkaufte die Warenladung; er kaufte sich einzig die Perle. Sucht auch ihr für euch nach dem Schatz, der nicht vergeht, der bleibt, dem Ort, in den keine Motten eindringen, um zu fressen und (in dem) kein Wurm zerstört.

129. Ein Bildwort vom Auge

Mt 6,22-23	Lk 11,34-36
[22]Die Lampe des Leibes ist das Auge. Wenn nun dein Auge lauter ist, wird dein ganzer Leib licht sein. [23]Wenn aber dein Auge böse ist, wird dein ganzer Leib finster sein. Falls nun das Licht, das in dir, Finsternis ist, die Finsternis, wie groß (wird sie dann sein)!	[34]Die Lampe des Leibes ist dein Auge. Wann immer dein Auge lauter ist, ist auch dein ganzer Leib licht. Sobald (es) aber böse ist, (ist) auch dein Leib finster. [35]Gib nun acht, ob nicht (etwa) das Licht, das in dir, Finsternis ist! [36]Falls nun dein ganzer Leib licht ist und er hat gar keinen finsteren Teil, (dann) wird er ganz licht sein, wie wenn die Lampe mit (hellstem) Schein dich erleuchtet.

Thomasevangelium (Spruch Nr. 24). Es sprachen seine Jünger: Belehre uns über den Ort, wo du bist; denn es ist nötig, daß wir danach suchen. Er sprach zu ihnen: Wer Ohren hat, möge hören. Es ist Licht in dem Innern eines Lichtmenschen, und er leuchtet der ganzen Welt. Wenn er nicht leuchtet, ist Finsternis.

130. Gott oder Mammon?

²⁴Keiner kann zwei Herren dienen; denn entweder wird er den einen hassen und den anderen lieben, oder er wird sich an einen halten und den anderen verachten. Ihr könnt nicht Gott dienen und dem Mammon.

¹³Kein Haussklave kann zwei Herren dienen; denn entweder wird er den einen hassen und den anderen lieben, oder er wird sich an einen halten und den anderen verachten. Ihr könnt nicht Gott dienen und (dem) Mammon.

Thomasevangelium (Spruch Nr. 47): Jesus sprach: Es ist unmöglich, daß ein Mensch reitet auf zwei Pferden (und) zwei Bogen spannt, und es ist unmöglich, daß ein Diener dient zwei Herren. Oder er wird ehren den einen und den anderen wird er beleidigen...

131. Von menschlicher Sorge

²⁵Deswegen sage ich euch: Ihr sollt nicht sorgen um euer Leben, was ihr esset [oder was ihr trinket], noch um euren Leib, was ihr anziehet. Ist nicht Leben mehr als die Nahrung und der Leib (mehr) als die Bekleidung? ²⁶Blickt auf die Vögel des Himmels, denn: sie säen nicht und sie ernten nicht und sie sammeln nicht in Scheunen, und euer Vater, der himmlische, ernährt sie. Unterscheidet *ihr* euch nicht mehr von diesen? ²⁷Wer aber aus euch, mag er sich (noch so) sorgen, kann hinzufügen zu seinem Lebensalter eine einzige Elle?

²⁸Und um Bekleidung, was sorgt ihr euch? Merkt auf die Lilien des Feldes, wie sie wachsen: sie arbeiten nicht und sie spinnen nicht. ²⁹Ich sage euch aber, daß auch Salomon in all seiner Herrlichkeit nicht angezogen war wie eine einzige von diesen. ³⁰Wenn aber das Gras des Feldes, das heute ist und morgen in den Ofen geworfen wird, Gott so umhüllt, nicht viel mehr euch, ihr Kleingläubigen? ³¹Ihr sollt euch also nicht sorgen und sagen: Was sollen wir essen? oder: Was sollen wir trinken? oder: Was sollen wir anziehen? ³²Denn nach all dem suchen die Heiden. Es weiß nämlich euer Vater, der himmlische, daß ihr dies alles braucht. ³³Sucht aber zuerst die Königsherrschaft und ihre Gerechtigkeit, und dies alles wird euch hinzugefügt werden. ³⁴Ihr sollt euch also nicht sorgen um den morgigen (Tag); denn der morgige (Tag) wird sorgen für sich selbst. Genug (ist) dem Tag seine (eigene) Plage.

²²Er sprach aber zu (seinen) Jüngern: Deswegen sage ich euch: Ihr sollt nicht sorgen um das Leben, was ihr esset, noch um (euren) Leib, was ihr anziehet. ²³Denn das Leben ist mehr als die Nahrung und der Leib (mehr) als die Bekleidung. ²⁴Betrachtet die Raben, denn: sie säen nicht und sie ernten nicht, ihnen ist nicht Kammer noch Scheune, und Gott ernährt sie. Um wieviel mehr unterscheidet *ihr* euch von den Vögeln. ²⁵Wer aber aus euch, mag er sich (noch so) sorgen, kann zu seinem Lebensalter hinzufügen eine Elle? ²⁶Wenn ihr nun nicht einmal (etwas) ganz Geringes könnt, was sorgt ihr euch um die übrigen (Dinge)? ²⁷Betrachtet die Lilien, wie sie weder spinnen noch weben. Ich sage euch aber, (daß) auch nicht Salomon in all seiner Herrlichkeit angezogen war wie eine einzige von diesen. ²⁸Wenn aber auf dem Felde das Gras, das heute ist und morgen in den Ofen geworfen wird, Gott so umkleidet, wieviel mehr euch, ihr Kleingläubigen! ²⁹Und ihr sollt nicht suchen, was ihr eßt und was ihr trinkt, und sollt euch nicht beunruhigen. ³⁰Denn nach dem allem suchen die Heiden der Welt. Euer Vater aber weiß, daß ihr dies braucht. ³¹Vielmehr sucht seine Königsherrschaft,

und dies wird euch hinzugefügt werden. ³²Fürchte dich nicht, du kleine Herde! Denn wohlgefallen hat es eurem Vater, euch zu geben die Königsherrschaft.

132. Richtet nicht!

Mt 7,1-5

¹Ihr sollt nicht richten, damit ihr nicht gerichtet werdet! ²Denn mit welchem Gericht ihr richtet, werdet ihr gerichtet werden.

und mit welchem Maß ihr meßt, wird euch gemessen.

vgl. 15,14 (Nr. 39)

vgl. 10,24-25

³Was aber siehst du den Splitter im Auge deines Bruders, den aber in deinem Auge (liegenden) Balken bemerkst du nicht? ⁴Oder wie wirst du deinem Bruder sagen: Laß herausziehen den Splitter aus deinem Auge, und siehe, der Balken in deinem Auge (stört dich nicht)? ⁵Heuchler, ziehe heraus zuerst aus deinem Auge den Balken, und dann sieh scharf hin, herauszuziehen den Splitter aus dem Auge deines Bruders.

Lk 6,37-42

³⁷Und ihr sollt nicht richten, und ihr sollt nicht gerichtet werden.

Und ihr sollt nicht verurteilen, und ihr sollt nicht verurteilt werden. Laßt frei, und ihr werdet freigelassen werden. ³⁸Gebt, und es wird euch gegeben werden: ein gutes Maß, festgedrückt, gerüttelt, überfließend, werden sie geben in euren Schoß; denn mit welchem Maß ihr meßt, wird euch wieder gemessen werden. ³⁹Er sprach aber auch ein Gleichnis (zu) ihnen: Kann etwa ein Blinder einen Blinden des Weges führen? Werden nicht beide in eine Grube hineinfallen? ⁴⁰Ein Schüler ist nicht über dem Lehrer; (ganz) ausgebildet aber, wird jeder wie sein Lehrer sein. ⁴¹Was aber siehst du den Splitter im Auge deines Bruders, den Balken aber im eigenen Auge bemerkst du nicht? ⁴²Wie kannst du deinem Bruder sagen: Bruder, laß, ich will herausziehen den Splitter, der in deinem Auge (ist), (wenn du) selber den in deinem Auge (liegenden) Balken nicht siehst? Heuchler, ziehe heraus zuerst den Balken aus deinem Auge, und dann sieh scharf hin, den Splitter, der im Auge deines Bruders (ist), herauszuziehen.

133. Entweihung des Heiligen

Mt 7,6

⁶Ihr sollt das Heilige nicht den Hunden geben und sollt nicht werfen eure Perlen vor die Schweine, daß sie nicht etwa sie zertreten mit ihren Füßen und, sich umkehrend, euch zerreißen.

Didache 9,5: Niemand aber esse und trinke von eurer Eucharistie, sondern (nur) die Getauften auf den Namen des Herrn; denn auch darüber hat gesprochen der Herr: „Ihr sollt nicht geben das Heilige den Hunden!"

Thomasevangelium (Spruch Nr. 93): Gebt nicht das Heilige den Hunden, damit sie es nicht auf den Mist werfen. Werft nicht die Perlen den Säuen hin, damit sie es nicht machen...

Evangelium des Basilides: Wir sind die Menschen, aber die andern alle Schweine und Hunde. Und deswegen hat er gesagt: „Werft die Perlen nicht vor die Schweine und gebt das Heilige nicht den Hunden" (Epiphanius, Panarion haer. 24,5,2).

134. Vom Gebet und seiner Erhörung

Mt 7,7-11

⁷Bittet, und es wird euch gegeben werden! Suchet, und ihr werdet finden! Klopfet, und es wird euch aufgetan werden! ⁸Denn jeder,

Lk 11,9-13

⁹Und *ich* sage euch: Bittet, und es wird euch gegeben werden. Suchet, und ihr werdet finden! Klopfet, und es wird euch aufgetan werden. ¹⁰Denn jeder,

der bittet, empfängt, und wer sucht, findet, und dem, der klopft, wird aufgetan werden. ⁹Oder wer aus euch ist (so ein) Mensch, den sein Sohn bitten wird um Brot, doch nicht einen Stein wird er ihm hingeben? ¹⁰Oder auch, (wenn er) um einen Fisch bitten wird, doch nicht eine Schlange wird er ihm hingeben?

¹¹Wenn nun ihr, die ihr böse seid, gute Gaben zu geben wißt euren Kindern, um wieviel mehr wird euer Vater in den Himmeln Gutes geben den ihn Bittenden.

der bittet, empfängt, und wer sucht, findet, und dem, der klopft, wird aufgetan werden. ¹¹Wen aber aus euch, den Vater, wird bitten der Sohn um einen Fisch, doch nicht statt eines Fisches wird er ihm eine Schlange hingeben? ¹²Oder auch, wenn er bitten wird um ein Ei, hingeben wird er ihm einen Skorpion? ¹³Wenn nun ihr, die ihr böse seid, gute Gaben zu geben wißt euren Kindern, um wieviel mehr der Vater, (der) aus dem Himmel, wird heiligen Geist geben den ihn Bittenden.

Hebräerevangelium: Wer staunt, wird zur Herrschaft gelangen; und wer zur Herrschaft gelangt ist, wird ruhen (Clemens Alex., Strom. II 9,45). – Nicht ruhen wird, wer sucht, bis daß er findet; wer aber gefunden hat, wird staunen; wer aber erstaunt ist, wird zur Herrschaft gelangen; wer aber zur Herrschaft gelangt ist, wird ruhen (Clmens Alex., Strom. V 14,96).

135. Die goldene Regel

Mt 7,12

¹²Alles nun, was ihr wollt, daß euch die Menschen tun, tut auch *ihr* ihnen; denn dies ist das Gesetz und die Propheten.

Lk 6,31

³¹Und so wie ihr wollt, daß euch die Menschen tun, tut ihr ihnen gleichfalls

Didache 1,2: Der Weg des Lebens nun ist dieser: Erstens, liebe Gott, der dich gemacht hat, zweitens, den Nächsten wie dich selbst; alles aber, was immer du willst, daß es dir nicht geschehe, sollst auch du einem anderen nicht tun.

136. Die zwei Wege

Mt 7,13-14

¹³Geht hinein durch die enge Pforte! Denn weit (ist) die Pforte und breit der Weg, der wegführt ins Verderben, und viele sind, die hineingehen durch sie. ¹⁴Denn eng (ist) die Pforte und schmal der Weg, der wegführt ins Leben, und wenige sind, die ihn finden.

Lk 13,23-24

²³Sprach aber einer (zu) ihm: Herr, ob wenige (sind), die gerettet werden? Er aber sprach zu ihnen: ²⁴Kämpft, hineinzugehen durch die enge Tür! Denn viele, sage ich euch, werden suchen hineinzugehen

und nicht stark (genug) sein.

Didache 1,1: Zwei Wege sind, einer zum Leben und einer zum Tod, ein großer Unterschied aber zwischen den beiden Wegen.

137. Unterscheidung echter und falscher Propheten

Mt 7,15-20; 12,34-35

¹⁵Habt acht vor den Pseudopropheten, die da zu euch kommen in Schafskleidern, inwendig aber sind sie räuberische Wölfe.

Lk 6,43-45

⁴³Denn es ist kein edler Baum,

[16]An ihren Früchten werdet ihr sie erkennen. Sammeln sie etwa von Hauhecheln Trauben oder von Disteln Feigen? [17]So tut jeder gute Baum edle Früchte, der faule Baum aber tut böse Früchte. [18]Nicht kann ein guter Baum böse Früchte bringen und nicht ein fauler Baum edle Früchte bringen.[+] [19]Jeder Baum, der nicht edle Frucht tut, wird ausgehauen und ins Feuer geworfen.[++] [20]Also, an ihren Früchten werdet ihr sie erkennen. [12,34]Gezücht von Schlangen, wie könnt ihr Gutes reden, die ihr böse seid? Denn aus der Überfülle des Herzens redet der Mund. [35]Der gute Mensch holt aus dem guten Schatz Gutes heraus, und der böse Mensch holt aus dem bösen Schatz Böses heraus.

der faule Frucht tut, und wiederum (ist) kein fauler Baum, der edle Frucht tut. [44]Denn jeder Baum wird an seiner eigenen Frucht erkannt; denn nicht von Hauhecheln sammeln sie Feigen, und nicht vom Dornbusch lesen sie eine Traube.

vgl. V. 43

[45]Der gute Mensch bringt aus dem guten Schatz des Herzens das Gute hervor, und der böse bringt aus dem bösen das Böse hervor. Denn aus (der) Überfülle (des) Herzens redet sein Mund.

[+]Vgl. Mt 12,33.　　[++]Vgl. Mt 3,10 = Lk 3,9 (Nr. 111).

Ignatius an die Philadelphier 2,1-2: [1]So meidet nun als Kinder des Lichtes der Wahrheit die Spaltung und die schlimmen Lehren! Wo aber der Hirte ist, da folgt als Schafe! [2]Denn viele Wölfe, die Glaubwürdigkeit vortäuschen, fangen durch schlimme Lust die Läufer Gottes weg; aber in eurer Einheit werden sie keinen Platz haben.

Didache 16,3: Denn in den letzten Tagen werden zahlreich werden die Pseudopropheten und die Verderber, und kehren werden sich die Schafe in Wölfe, und die Liebe wird kehren sich in Haß.

138. Gegen ein falsches Christentum

Mt 7,21-23

[21]Nicht jeder, der da (zu) mir sagt: „Herr, Herr!", wird hineingehen in die Königsherrschaft der Himmel, sondern der da tut den Willen meines Vaters, der in den Himmeln (ist).

[22]Viele werden sprechen (zu) mir an jenem Tage: Herr, Herr, haben wir nicht „in deinem Namen prophezeit"* und durch deinen Namen Dämonen ausgetrieben und durch deinen Namen Krafttaten getan?

[23]Und dann werde ich bekennen (vor) ihnen: Nie habe ich euch gekannt. „Weg, weichet von mir, die ihr wirkt die Gesetzlosigkeit"**.

Lk 6,46; 13,25-27

[46]Was ruft ihr mich „Herr, Herr!",

und tut nicht, was ich sage? [13,25]Seitdem aufgestanden[+]ist der Hausherr und abgeschlossen hat die Tür und ihr begonnen habt, draußen zu stehen und zu klopfen an der Tür (und) sagt: Herr, öffne uns!, und er antwortend zu euch sprechen wird: Weiß nicht von euch, woher ihr seid – [26]dann werdet ihr beginnen zu sagen: Gegessen haben wir von dir und getrunken, und auf unseren Straßen hast du gelehrt. [27]Und er wird sprechen, zu euch sagen: Ich weiß nicht, woher ihr seid. „Weg, steht ab von mir alle, Werkleute (der) Ungerechtigkeit!"**

*Jer 14,14.　　**Ps 6,9.

[+]Das griechische Wort für „aufgestanden" bedeutet auch „auferweckt worden".

139. Auf Fels oder auf Sand gebaut?

Mt 7,24-27

Lk 6,47-49

[24]Jeder nun, welcher hört diese meine Worte und sie tut,
wird gleichen einem klugen Mann, welcher gebaut hat sein Haus
auf den Felsen. [25]Und herniederfiel der Regen und kamen die Flüsse und bliesen die Winde und stürzten sich auf jenes Haus, und es stürzte nicht (ein).
Denn (sein Fundament) war gegründet auf den Felsen. [26]Und jeder, der da hört diese meine Worte und sie nicht tut, wird gleichen einem törichten Mann, welcher gebaut hat sein Haus auf den Sand. [27]Und hierniederfiel der Regen und kamen die Flüsse und bliesen die Winde und prallten auf jenes Haus, und es stürzte (ein), und es war sein (Ein)sturz gewaltig.

[47]Jeder, der da zu mir kommt und hört meine Worte und sie tut, weisen will ich euch, wem er gleich ist. [48]Gleich ist er einem Menschen, der da baut ein Haus: der grub und ging in die Tiefe und legte (das) Fundament auf den Felsen. Als aber eine Überschwemmung geschah, brach sich der Fluß an jenem Haus, und war nicht stark (genug), es zu erschüttern, weil es gut gebaut war.
[49]Der aber gehört und nicht getan hat, ist gleich einem Menschen, der gebaut hat ein Haus auf die Erde ohne Fundament:
an ihm brach sich der Fluß,
und gleich stürzte es zusammen,
und es geschah der (Zusammen)bruch jenes Hauses gewaltig.

140. Abschluß der Bergpredigt

Mt 7,28-29[+]

[28]Und es geschah, als Jesus diese Worte beendet hatte, gerieten die Volksscharen außer sich über seine Lehre; [29]denn er lehrte sie wie einer, der Macht hat, und nicht wie ihre Schriftgelehrten.
[+]Vgl. Mk 1,21-22 (Nr. 7).

Aus der Jüngerbelehrung

141. Von der Nachfolge Jesu

Mt 8,18-22

Lk 9,57-62

[18]Als aber Jesus eine Volksschar um sich sah, befahl er wegzufahren ans jenseitige Ufer. [19]Und herbei kam ein Schriftgelehrter, sprach (zu) ihm: Lehrer, folgen will ich dir, wohin immer du hingehst. [20]Und sagt (zu) ihm Jesus: Die Füchse haben Höhlen und die Vögel des Himmels Nester, der Menschensohn aber hat nicht, wo sein Haupt er neige.
[21]Ein anderer von den Jüngern aber sprach (zu) ihm: Herr, gewähre mir, zuerst hinzugehen und meinen Vater zu begraben. [22]Jesus aber sagt (zu) ihm: Folge mir, und laß die Toten begraben ihre Toten.

[57]Und dahinzogen sie auf dem Weg,
(da) sprach einer zu ihm:
Folgen will ich dir, wohin immer du hingehst. [58]Und sprach (zu) ihm Jesus: Die Füchse haben Höhlen und die Vögel des Himmels Nester, der Menschensohn aber hat nicht, wo sein Haupt er neige. [56]Er sprach aber zu einem anderen: Folge mir! Der aber sprach:
Gewähre mir, zuerst hinzugehen (und) meinen Vater zu begraben. [60]Sprach er aber (zu) ihm: Laß die Toten begraben ihre Toten, du aber geh hin, vermelde die Königsherrschaft Gottes. [61]Sprach aber auch ein anderer: Folgen

will ich dir, Herr! Zuerst aber gewähre mir, mich zu verabschieden von denen in meinem Haus. [62]Sprach aber (zu) ihm Jesus: Niemand, der die Hand an (den) Pflug legt und blickt nach dem, (was) zurück(liegt), ist brauchbar für die Königsherrschaft Gottes.

142. Furchtloses Bekennen

Mt 10,26-33

[26]Ihr sollt sie also nicht fürchten! Denn nichts ist verhüllt, was nicht enthüllt werden wird, und geheim, was nicht bekannt werden wird. [27]Was ich euch sage in der Finsternis, sprecht im Licht. Und was ihr ins Ohr hört,

predigt auf den Dächern.
[28]Und ihr sollt euch nicht fürchten vor denen, die den Leib töten, die Seele aber nicht töten können.

Fürchtet aber vielmehr den, der die Kraft hat, sowohl Seele als Leib zu verderben in (der) Hölle. [29](Ist es) nicht (so, daß) zwei Sperlinge um ein As verkauft werden? Und keiner aus ihnen wird auf die Erde stürzen ohne euren Vater. [30]Von euch aber sind auch die Haare des Hauptes alle gezählt. [31]Ihr sollt euch also nicht fürchten! Mehr als viele Sperlinge seid ihr wert. [32]Jeder also, welcher sich bekennen wird zu mir vor den Menschen, zu ihm werde auch ich mich bekennen vor meinem Vater, der in den Himmeln (ist). [33]Wer aber mich verleugnet vor den Menschen, ihn werde auch ich verleugnen vor meinem Vater, der in den Himmeln (ist).[+]

[+]Vgl. Mk 8,38 (Nr. 48).

Lk 12,2-9

[2]Nichts aber ist ganz verhüllt, was nicht enthüllt werden wird, und geheim, was nicht bekannt werden wird. [3]Deshalb wird alles, was ihr in der Finsternis sprecht, im Licht gehört werden, und was ihr ins Ohr geredet habt in den Kammern, wird gepredigt werden auf den Dächern. [4]Ich sage aber euch, meinen Freunden, ihr sollt euch nicht fürchten vor denen, die den Leib töten und danach nicht haben, etwas darüber hinaus zu tun. [5]Weisen aber will ich euch, wen ihr fürchten sollt: Fürchtet den, der nach dem Töten Macht hat, hineinzuwerfen in die Hölle. Jawohl, ich sage euch, diesen fürchtet! [6](Ist es) nicht (so, daß) fünf Sperlinge verkauft werden um zwei Asse? Und keiner aus ihnen ist vergessen vor Gott. [7]Aber auch die Haare eures Hauptes wurden alle gezählt.

Ihr sollt euch nicht fürchten! Mehr als viele Sperlinge seid ihr wert. [8]Ich sage aber euch: Jeder, der sich zu mir bekennt vor den Menschen, zu ihm wird sich auch der Menschensohn bekennen vor den Engeln Gottes.

[9]Der aber mich verleugnet vor den Menschen, wird verleugnet werden vor den Engeln Gottes.

143. Lobpreis des Vaters

Mt 11,25-30

[25]In jener Zeit antwortete Jesus, sprach: Ich preise dich, Vater, Herr des Himmels und der Erde, weil du dies geheimgehalten hast vor Weisen und Verständigen und es enthüllt hast Unmündigen. [26]Ja, Vater, weil so Wohlgefallen geschah vor dir. [27]Alles wurde mir

Lk 10,21-22

[21]In derselben Stunde frohlockte er im Geist, dem heiligen, und sprach: Ich preise dich, Vater, Herr des Himmels und der Erde, weil du dies (ganz) geheimgehalten hast vor Weisen und Verständigen und es enthüllt hast Unmündigen. Ja, Vater, weil so Wohlgefallen geschah vor dir. [22]Alles wurde mir

überliefert von meinem Vater, und niemand erkennt den Sohn, wenn nicht der Vater, und auch den Vater erkennt niemand, wenn nicht der Sohn, und wem der Sohn beschließt, (es) zu enthüllen.

²⁸Kommt her zu mir alle, ihr müde Gewordenen und Überlasteten, und *ich* will euch wieder Ruhe geben. ²⁹Nehmt mein Joch auf euch und lernt von mir, denn freundlich bin ich und bescheiden von Herzen, und „ihr werdet Ruhe finden für eure Seelen"*. ³⁰Denn mein Joch ist mild und meine Last ist leicht.

*Jer 6,16.

überliefert von meinem Vater, und niemand kennt, wer der Sohn ist, wenn nicht der Vater, und wer der Vater ist, wenn nicht der Sohn, und wem der Sohn beschließt, (es) zu enthüllen.

144. Seligpreisung der Jünger

Mt 13,16-17	Lk 10,23-24

¹⁶Eure Augen aber (sind) selig, weil sie sehen, und eure Ohren, weil sie hören. ¹⁷Amen, denn ich sage euch, daß viele Propheten und Gerechte begehrt haben zu sehen, was ihr seht, und sahen (es) nicht, und zu hören, was ihr hört, und hörten (es) nicht.

²³Und sich kehrend zu den Jüngern, zu ihnen allein, sprach er: Selig die Augen, die da sehen, was ihr seht.

²⁴Denn ich sage euch, daß viele Propheten und Könige gewünscht haben zu sehen, was *ihr* seht, und sahen (es) nicht, und zu hören, was ihr hört, und hörten (es) nicht.

Aus der Gleichnisüberlieferung

145. Gleichnis vom verlorenen Schaf

Mt 18,10-14	Lk 15,1-7

¹⁰Seht zu, daß ihr nicht verachtet einen von diesen Kleinen! Denn ich sage euch, ihre Engel in (den) Himmeln sehen jederzeit das Angesicht meines Vaters, der in (den) Himmeln (ist). [¹¹Denn gekommen ist der Menschensohn, zu retten das Verlorene.]

¹²Was dünkt euch? Wenn zuteil geworden sind einem Menschen hundert Schafe und sich eins aus ihnen verirrt, wird er nicht die neunundneunzig auf den Bergen lassen, und er zieht hin, sucht das verirrte? ¹³Und wenn (ihm) zuteil geworden ist, es zu finden, Amen, ich sage euch: Er freut sich über es mehr als über die neunundneunzig, die sich nicht verirrt haben.

¹Es waren ihm aber nahe alle Zöllner und die Sünder, ihn zu hören. ²Und laut murrten die Pharisäer und die Schriftgelehrten, sagten: Dieser nimmt Sünder auf und ißt mit ihnen!

³Er sprach aber zu ihnen dieses Gleichnis, sagte: ⁴Welcher Mensch aus euch, der hundert Schafe hat und hat verloren aus ihnen eins, läßt der die neunundneunzig nicht zurück in der Wüste und zieht dem verlorenen nach, bis er es findet? ⁵Und hat er es gefunden, legt er es auf seine Schultern, sich freuend,

⁶und kommt er nach Haus, ruft er die Freunde und die Nachbarn zusammen, sagt ihnen: Freuet

¹⁴So ist es nicht Wille eures Vaters, der in (den) Himmeln (ist), daß verlorengehe eins von diesen Kleinen.

euch mit mir, denn gefunden habe ich mein Schaf, das verlorene. ⁷Ich sage euch aber: So wird (mehr) Freude im Himmel sein über einen Sünder, der (seinen) Sinn ändert, als über neunundneunzig Gerechte, die nicht nötig haben (der) Sinnesänderung.

Thomasevangelium (Spruch Nr. 107): Jesus sprach: Das Reich ist gleich einem Hirten, der hundert Schafe hat. Eins von ihnen verlief sich, das größte. Er ließ die neunundneunzig; er suchte nach diesem einen, bis er es fand. Als er sich abgemüht hatte, sagte er zu dem Schaf: Ich liebe dich mehr als die neunundneunzig.

146. Gleichnis vom großen Gastmahl

Mt 22,1-14

Lk 14,15-24

¹⁵Es hörte aber einer der mit zu Tische Liegenden dies (und) sprach (zu) ihm: Selig, wer Brot ißt in der Königsherrschaft Gottes! ¹⁶Er aber sprach (zu) ihm:

¹Und antwortete Jesus, wiederum sprach er in Gleichnissen (zu) ihnen, sagte: ²Gleich geworden ist die Königsherrschaft der Himmel einem Menschen, einem König, welcher Hochzeit machte seinem Sohn. ³Und er entsandte seine Knechte, zu rufen die Gerufenen zur Hochzeit, und sie wollten nicht kommen.
⁴Wiederum entsandte er andere Knechte, sagte: Sprecht (zu) den Gerufenen: Siehe, mein Essen habe ich bereitet, meine Stiere und das Mastvieh sind geschlachtet, und alles (ist) bereit. Kommt zur Hochzeit! ⁵Die aber kümmerten sich nicht (darum), sie gingen weg, der eine auf seinen Acker, der andere zu seinem Geschäft. ⁶Die übrigen aber packten seine Knechte, mißhandelten (sie) und töteten (sie).

Ein Mensch, irgendeiner, machte ein großes Gastmahl und rief viele, ¹⁷und er entsandte seinen Knecht zur Stunde des Gastmahls, zu sagen den Gerufenen: Kommt, denn schon ist es bereit! ¹⁸Und auf einmal begannen alle sich zu entschuldigen.

Der erste sprach (zu) ihm: Einen Acker habe ich gekauft und bin gezwungen, hinauszugehen (und) ihn zu sehen. Ich bitte dich, halte mich für entschuldigt! ¹⁹Und ein anderer sprach: Fünf Joch Ochsen habe ich gekauft und ziehe hin, sie zu erproben. Ich bitte dich, halte mich für entschuldigt. ²⁰Und ein anderer sprach: Ein Weib hab ich gefreit, und deswegen kann ich nicht kommen.
²¹Und es kam der Knecht, meldete dies seinem Herrn. Da ward der Hausherr zornig

⁷Der König aber ward zornig und schickte seine Streitmacht, vernichtete jene Mörder, und ihre Stadt steckte er in Brand.
⁸Da sagt er zu seinen Knechten: Die Hochzeit ist zwar bereitet, die Gerufenen aber waren nicht würdig. ⁹Ziehet nun an die Ausgänge der Wege und, soviele ihr findet, ruft zur Hochzeit. ¹⁰Und jene Knechte gingen hinaus auf die Weg führten alle zusammen, die sie fanden, Böse und Gute.

und sprach zu seinem Knecht:

Hinaus, gehe schnell auf die Straßen und Gassen der Stadt und die Armen und Krüppel und Blinden und Lahmen, führe (sie) hier herein! ²²Und sprach der Knecht: Herr, geschehen ist, was du aufgetragen hast, und noch ist Platz. ²³Und sprach der Herr zum Knecht: Hinaus, gehe an

Und voll wurde der Hochzeitssaal von zu Tische Liegenden.

¹¹Der König aber ging hinein, zu beschauen die zu Tische Liegenden, sah dort einen Menschen, nicht gewandet in ein Hochzeitsgewand. ¹²Und sagt ihm: Mein Lieber, wie bist du hier hineingekommen (und) hast kein Hochzeitsgewand? Der aber verstummte. ¹³Da sprach der König zu den 'Dienern: Bindet ihm Füße und Hände, werft ihn hinaus in die Finsternis, die äußerste. Dort wird sein das Weinen und das Knirschen der Zähne*. ¹⁴Denn viele sind gerufen, wenige aber auserwählt.

die Wege und Zäune und zwinge (sie), hineinzugehen, damit mein Haus gefüllt werde.

²⁴Denn ich sage euch, daß niemand von jenen Männern, den Gerufenen, von meinem Gastmahl kosten wird.

*Vgl. Ps 112,10. – Zur Strafe der Finsternis vgl. Weish 17.

Thomasevangelium (Spruch Nr. 64): Jesus sprach: Ein Mann hatte Gäste. Und als er bereitet hatte das Mahl, sandte er seinen Knecht, damit er die Gäste einlade. Er ging zum ersten. Er sagte zu ihm: Mein Herr lädt dich ein. Er sagte: Ich habe Geld(forderungen) an Kaufleute. Sie kommen zu mir am Abend. Ich werde gehen und ihnen Aufträge geben. Ich entschuldige mich für das Mahl. – Er ging zu einem anderen. Er sagte zum ihm: Mein Herr hat dich eingeladen. Er sagte zu ihm: Ich habe ein Haus gekauft, und man bittet mich für einen Tag. Ich werde keine Zeit haben. – Er kam zu einem anderen. Er sagte zu ihm: Mein Herr lädt dich ein. Er sagte zu ihm: Ich habe ein Gut gekauft, ich gehe den Pachtzins holen. Ich werde nicht kommen können. – Er kam zu einem anderen. Er sagte zu ihm: Mein Herr lädt dich ein. Er sagte zu ihm: Mein Freund wird heiraten, und ich werde ein Mahl geben. Ich werde nicht kommen können. Ich entschuldige mich für das Mahl. Der Knecht ging. Er sagte zu seinem Herrn: Die, welche du zum Mahl geladen hast, lassen sich entschuldigen. Der Herr sagte zu seinem Knecht: Gehe hinaus auf die Straßen; die, welche du finden wirst, bringe sie, damit sie das Mahl einnehmen. Die Käufer und die Kaufleute (werden) nicht hinein (gehen) in die Orte meines Vaters.

147. Gleichnis vom guten und vom bösen Knecht

Mt 24,45-51

⁴⁵Wer nun ist der getreue Knecht, und (der) kluge, den der Herr gesetzt hat über sein Hausgesinde, ihnen die Nahrung zu geben zur rechten Zeit? ⁴⁶Selig jener Knecht, den – kommt sein Herr – er finden wird bei solchem Tun. ⁴⁷Amen, ich sage euch, daß er ihn über alle seine Güter stellen wird. ⁴⁸Wenn aber spräche jener schlechte Knecht in seinem Herzen: Zeit läßt sich mein Herr, ⁴⁹und er beginnt zu schlagen seine Mitknechte, ißt aber und trinkt mit den Berauschten,
⁵⁰wird der Herr jenes Knechtes am Tag kommen, an dem er (es) nicht erwartet, und zu einer Stunde, die er nicht kennt, ⁵¹und entzwei wird er ihn schneiden und seinen Teil mit den Heuchlern festlegen. Dort wird sein das Weinen und das Knirschen der Zähne.

Lk 12,41-46

⁴¹Sprach aber Petrus: Herr, sagst du dieses Gleichnis zu uns oder zu allen? ⁴²Und sprach der Herr: Wer nun ist der getreue Haushalter, der kluge, den der Herr stellen wird über seine Dienerschaft, zu geben zur rechten Zeit das zugemessene Getreide? ⁴³Selig jener Knecht, den – kommt sein Herr – er finden wird bei solchem Tun. ⁴⁴Wahrlich, ich sage euch, daß er ihn über alle seine Güter stellen wird. ⁴⁵Wenn aber spräche jener Knecht in seinem Herzen: Zeit läßt sich mein Herr zu kommen, und er beginnt zu schlagen die Knechte und die Mägde, zu essen und zu trinken und sich zu berauschen, ⁴⁶wird der Herr jenes Knechtes am Tag kommen, an dem er (es) nicht erwartet, und zu einer Stunde, die er nicht kennt, und entzwei wird er ihn schneiden und seinen Teil mit den Ungläubigen festlegen.

148. Gleichnis von den Talenten oder Minen[+]

Mt 25,14-30

Lk19,11-27

[14]Denn wie ein Mensch, der Reisen gehen wollte:

Er rief die (ihm) eigenen Knechte und übergab ihnen seine Habe, [15]und dem einen gab er fünf Talente, dem anderen zwei, dem anderen eins, jedem nach der ihm eigenen Kraft,

[11]Gehört aber hatten sie dies, zusätzlich sprach er (da) ein Gleichnis, weil nahe er war bei Jerusalem und sie dachten, daß sofort die Königsherrschaft Gottes aufscheinen müsse. [12]Sprach nun: Ein Mensch, ein wohlgeborener, zog in ein fernes Land, zu empfangen für sich eine Königsherrschaft und zurückzukehren. [13]Er rief aber seine zehn Knechte, gab ihnen zehn Minen

und sprach zu ihnen: Treibt Handel, während ich komme. [14]Seine Mitbürger aber haßten ihn und entsandten eine Gesandtschaft hinter ihm her, sagten: Wir wollen nicht, daß dieser König sei über uns!

und ging auf Reisen. Sogleich [16]zog hin der die fünf Talente empfangen hatte, arbeitete mit ihnen und gewann andere fünf. [17]Ebenso der die zwei (empfangen hatte), gewann andere zwei. [18]Der aber das eine empfangen hatte, ging weg, grub Erde (aus) und verbarg das Geld seines Herrn. [19]Nach langer Zeit aber kommt der Herr jener Knechte und hält Abrechnung mit ihnen.

[15]Und es geschah, als er zurückgekommen war, nachdem er empfangen hatte die Königsherrschaft, sprach er: Es sollten (zu) ihm diese Knechte gerufen werden, denen er das Geld gegeben hatte, damit er erkenne, wer was erhandelt habe. [16]Es erschien aber der erste,

[20]Und herbei kam der die fünf Talente empfangen hatte, brachte andere fünf Talente herbei, sagte: Herr, fünf Talente hattest du mir übergeben. Sieh, andere fünf Talente habe ich gewonnen. [21]Erwiderte ihm sein Herr: Wohlan, guter und getreuer Knecht, über weniges warst du getreu, über vieles will ich dich setzen. Komm hinein in die Freude deines Herrn! [22]Herbei kam auch der die zwei Talente (empfangen hatte), sprach: Herr, zwei Talente hast du mir übergeben. Sieh, andere zwei Talente habe ich gewonnen. [23]Erwiderte ihm sein Herr: Wohlan, guter und getreuer Knecht, über weniges warst du getreu, über vieles will ich dich setzen. Komm hinein in die Freude deines Herrn! [24]Herbei kam aber auch der das eine Talent empfangen hatte, sprach: Herr, ich kannte dich, daß du ein harter Mensch

sagte: Herr, deine Mine hat zehn Minen hinzuverdient. [17]Und er sprach (zu) ihm: Wohlan denn, guter Knecht, weil du in einer ganz geringen (Sache) getreu gewesen bist, sollst du Macht haben über zehn Städte. [18]Und es kam der zweite, sagte: Deine Mine, Herr, brachte fünf Minen. [19]Er sprach aber auch zu diesem: Und du, werde (Herr) über fünf Städte! [20]Und der andere kam, sagte: Herr, siehe da deine Mine, die hielt ich verwahrt in einem Schweißtuch; [21]denn ich fürchtete dich, weil du ein strenger Mensch

bist, erntest, wo du nicht gesät hast, und sammelst da, wo du nicht ausgestreut hast. ²⁵Und ich fürchtete mich, ging weg, verbarg dein Talent in der Erde. Sieh, da hast du das deine! ²⁶Antwortete aber sein Herr, sprach (zu) ihm: Böser und fauler Knecht, du wußtest, daß
ich ernte, was ich nicht gesät habe, und da sammle, wo ich nicht ausgestreut habe. ²⁷Du mußtest also hinlegen mein Geld den Bankleuten, und, (wieder)gekommen, hätte *ich* zurückerhalten das Meinige mit Zinsen.

²⁸Nehmt also von ihm das Talent und gebt (es) dem, der die zehn Talente hat!

²⁹Denn dem der hat, jedem, wird gegeben werden, und er wird Überfluß haben. Dem aber, der nicht hat, wird auch das, was er hat, genommen werden von ihm.

³⁰Und den unnützen Knecht, werft ihn hinaus in die Finsternis, die äußerste. Dort wird sein das Weinen und das Knirschen der Zähne.

+ Vgl. Mk 13,34 (Nr. 85).

bist, nimmst, was du nicht hingelegt hast, und erntest, was du nicht gesät hast.

²²Sagt er ihm:
Aus deinem Munde will ich dich richten, böser Knecht, du wußtest, daß *ich* ein strenger Mensch bin, nehmend, was ich nicht hingelegt habe, und erntend, was ich nicht gesät habe. ²³Und warum hast du nicht gegeben mein Geld auf eine Bank? und *ich*, (wieder)gekommen, hätte es mit Zinsen eingefordert. ²⁴Und (zu) den Dabeistehenden sprach er:
Nehmt von ihm die Mine und gebt (sie) dem, der die zehn Minen hat. ²⁵Und sie sprachen zu ihm: Herr, er hat (bereits) zehn Minen. ²⁶Ich sage euch:
Jedem, der hat, wird gegeben werden,
        von dem aber, der nicht hat, wird auch was er hat genommen werden. ²⁷Doch diese meine Feinde, die nicht gewollt haben, daß ich König sei über sie, führt hierher und schlachtet sie vor mir ab!

Nazaräerevangelium: Da aber das auf uns gekommene, in hebräischen Buchstaben (geschriebene) Evangelium die Drohung nicht gegen den erhebt, der (das Talent) verborgen hatte, sondern gegen den, der ausschweifend gelebt hatte – denn er (der Herr) hatte drei Knechte: einen, der das Vermögen des Herrn mit Huren und Flötenspielerinnen durchbrachte, einen, der den Gewinn vervielfältigte und einen, der das Talent verbarg; daraufhin sei der eine (mit Freuden) angenommen, der andere getadelt, der andere aber ins Gefängnis geworfen worden –, so erwäge ich, ob nicht bei Matthäus die Drohung, die nach dem Wort gegen den Nichts-tuer ausgesprochen ist, nicht diesem gilt, sondern infolge eines Rückgriffs dem ersten, der mit den Trunkenen geschmaust und getrunken hat (Eusebius, Theophanie zu Mt 25,14-30).

149. Der Hauptmann von Kafarnaum und sein Knecht

Mt 8,5-13	Lk 7,1-10	Joh 4,46-54
	¹Nachdem er vollendet hatte alle seine Aussprüche vor den Ohren des Volkes, kam er hinein nach Kafarnaum.	⁴⁶Er kam nun wiederum nach Kana in Galiläa, wo er das Wasser (zu) Wein gemacht hatte.
⁵Als er aber hineinkam nach Kafarnaum, kam herbei (zu) ihm ein Hundertschafts-führer, ruft ihn zu Hilfe ⁶und sagt: Herr, mein Knecht liegt darnieder im Haus gelähmt, furchtbar gequält.	²Eines Hundertschafts-führers Sklave aber war übel dran, im Begriff zu sterben, der war ihm wertvoll.	Und da war ein königlicher (Beamter), dessen Sohn war krank in Kafarn-aum.

³Gehört hatte er aber über Jesus (und) entsandt zu ihm Älteste der Juden, ihn bittend, daß er komme (und) errette seinen Sklaven. ⁴Die aber, angelangt bei Jesus, riefen ihn inständig zu Hilfe, sagten (daß): Würdig ist er, daß du ihm dies gewährst. ⁵Denn er liebt unsere Nation, und die Synagoge, er selbst hat sie uns gebaut. ⁶Jesus aber zog mit ihnen. Schon war er aber nicht (mehr) weit entfernt vom Haus, da schickte Freunde der Hunderschaftsführer, sagt ihm: Herr, bemühe dich nicht! Denn nicht wert bin ich, daß du unter mein Dach hineinkommst. ⁷Deshalb habe ich mich auch nicht für würdig gehalten, zu dir zu kommen. Aber sprich (durch) ein Wort, und heil soll werden mein Knecht. ⁸Denn auch ich bin ein Mensch unter (Befehls)gewalt gestellt, habe unter mir Soldaten und sage diesem: Zieh hin! und er zieht hin, und einem anderen: Komm! und er kommt, und meinem Sklaven: Tu dies! und er tut (es). ⁹Als aber Jesus das hörte, bewunderte er ihn, und sich kehrend zu der ihm nachfolgenden Volksschar, sprach er: Ich sage euch, nicht einmal in Israel habe ich einen solchen Glauben gefunden.

⁴⁷Dieser hatte gehört, daß Jesus gekommen sei aus Judäa nach Galiäa. Er ging zu ihm hin und bat (ihn), daß er hinabsteige und heil mache seinen Sohn. Denn er war im Begriff hinzuscheiden.

⁴⁸Sprach nun Jesus zu ihm: Wenn ihr nicht Zeichen und Wunder seht, glaubt ihr nicht. ⁴⁹Sagt zu ihm der königliche (Beamte): Herr, steig hinab,

⁷Sagt er ihm: *Ich* komme (und) werde ihn behandeln.

⁸Antwortete aber der Hundertschaftsführer, meinte: Herr, ich bin nicht wert, daß du unter mein Dach hineinkommst.

Aber sprich nur (durch) ein Wort, und heil wird werden mein Knecht. ⁹Denn auch ich bin ein Mensch unter (Befehls)gewalt, habe unter mir Soldaten und sage diesem: Zieh hin! und er zieht hin, und einem anderem: Komm! und er kommt, und meinem Sklaven: Tu dies! und er tut (es). ¹⁰Als aber Jesus (das) hörte, bewunderte er (ihn) und sprach zu den Nachfolgenden: Amen, ich sage euch, bei niemand habe ich einen solchen Glauben in Israel gefunden.

bevor hinscheidet mein Kind.

13,28-29

²⁸Dort wird sein das Weinen und das Knirschen der Zähne, wenn ihr sehen werdet Abraham und Isaak und Jakob und all die Propheten in der Königsherrschaft Gottes, euch aber hinausgeworfen nach draußen. ²⁹Und kommen werden sie „vom Aufgang und (vom) Untergang und vom Norden und (vom) Sü-

vgl.V.12

¹¹Ich sage euch aber, daß viele „vom Aufgang und (vom) Untergang" kommen werden,

und zu Tische liegen werden sie mit Abraham und Isaak und Jakob in der Königsherrschaft der Himmel. [12]Die Söhne der Königsherrschaft aber werden hinausgeworfen in die Finsternis, die äußerste. Dort wird sein das Weinen und das Knirschen der Zähne. [13]Und Jesus sprach zu dem Hundertschaftsführer: Geh, wie du geglaubt hast, soll dir geschehen.

Und geheilt ward der Knecht

in jener Stunde.

den"*, und zu Tische liegen werden sie

in der Königsherrschaft Gottes.

vgl. 13,38

[10]Und als die (Aus)geschickten in das Haus zurückkehrten, fanden sie den Sklaven gesund.

[50]Sagt zu ihm Jesus: Zieh hin, dein Sohn lebt. Es glaubte der Mensch dem Worte, das Jesus zu ihm gesprochen hatte, und er zog hin. [51]Schon aber während er hinabstieg, kamen ihm die Sklaven entgegen, sagten, daß sein Knabe (Knecht) lebe. [52]Er erkundete nun die Stunde von ihnen, in der es ihm besser gegangen war. Sie sprachen nun zu ihm: Gestern zur siebten Stunde verließ ihn das Fieber. [53]Nun erkannte der Vater, daß in jener Stunde, in der Jesus (zu) ihm gesprochen hatte: Dein Sohn lebt! (das Fieber gewichen war). Und er wurde gläubig, er selbst und sein Haus insgesamt. [54]Dies aber wiederum tat Jesus als zweites Zeichen, gekommen aus Judäa nach Galiläa.

*Jes 49,12; 59,19; Mal 1,11.

„Synoptische" Übungen zu den Kindheitsgeschichten

Der Vergleich zwischen den Kindheitsgeschichten des Matthäus- und Lukasevangeliums (und einem alttestamentlichen Beispiel) kann zeigen, wie sich literarisch unabhängige Texte gleicher Formen und Motive bedienen.

150. Die Stammbäume Jesu

Mt 1,1-17		Lk 3,23-38
[1]Buch (der) Abstammung Jesu Christi,		[23]Und selber war Jesus, als er an-
(des Sohnes) Davids, (des) Sohnes Abrahams.	*(umgekehrte Reihe)*	fing, etwa dreißig Jahre, war Sohn,
[2]Abraham zeugte den Isaak,	[16]Josef	wie man annahm, Josefs,
Isaak aber zeugte den Jakob,	Jakob	des Eli,
Jakob aber zeugte den Juda und	[15]Mattan	[24]des Mattat,
dessen Brüder,	Eleazar	des Levi,
[3]Juda aber zeugte den Fares und	Eliud	des Melchi,
den Zara aus der Tamar,	[14]Achim	des Jannai,
Fares aber zeugte den Hesrom,	Sadok	des Josef,
Hesrom aber zeugte den Aram,	Azor	[25]des Mattathias,
[4]Aram aber zeugte den Aminadab,	[13]Eliakim	des Amos,
Aminadab aber zeugte den Naasson,	Abiud	des Nahum,
Naasson aber zeugte den Salmon,		des Hesli,
[5]Salmon aber zeugte Boes		des Naggai,
aus der Rachab,		[26]des Maat,
Boes aber zeugte den Jobed		des Mattathias,
aus der Rut,		des Semein,
Jobed aber zeugte den Jessai,		des Josef,
[6]Jessai aber zeugte den David,		des Joda,
den König,		[27]des Johanan,
David aber zeugte den Solomon		des Resa
aus der des Urias,	Zorobabel	des Zorobabel,
[7]Solomon aber zeugte den Roboam,	[12]Salatiel	des Salatiel,
Roboam aber zeugte den Abia,	Jechonias	des Neri,
Abia aber zeugte den Asaf,		[28]des Melchi,
[8]Asaf aber zeugte den Josafat,		des Addi,
Josafat aber zeugte den Joram,		des Kosam,
Joram aber zeugte den Ozias,		des Elmadam,
[9]Ozias aber zeugte den Joatam,		des Er,
Joatam aber zeugte den Achaz,		[29]des Jesus,
Achaz aber zeugte den Hezekias,	[11]Josias	des Eliezer,
[10]Hezekias aber zeugte den Manasse,	[10]Amos	des Jorim,
Manasse aber zeugte den Amos,	Manasse	des Mattat,
Amos aber zeugte den Josias,	Hezekias	des Levi,
[11]Josias aber zeugte den Jechonias	[9]Achaz	[30]des Symeon,
und dessen Brüder während der	Joatam	des Juda,
Umsiedlung nach Babylon.	Ozias	des Josef,
[12]Nach der Umsiedlung nach Babylon	[8]Joram	des Jonam,
aber:	Josafat	des Eliakim,
Jechonias zeugte den Salatiel,	Asaf	[31]des Melea,
Salatiel aber zeugte den Zorobabel,	[7]Abia	des Menna
[13]Zorobabel aber zeugte den Abiud,	Roboam	des Mattata

Abiud aber zeugte den Eliakim,
Eliakim aber zeugte den Azor,
[14]Azor aber zeugte den Sadok,
Sadok aber zeugte den Achim,
Achim aber zeugte den Eliud,
[15]Eliud aber zeugte den Eleazar,
Eleazar aber zeugte den Mattan,
Mattan aber zeugte den Jakob,
[16]Jakob aber zeugte den Josef, den
Mann Marias, aus der gezeugt wurde
Jesus, der da heißt „Christus".[+]

Solomon
[6]David
Jessai
[5]Jobed
Boes
Salmon
[4]Naasson
Aminadab

Aram
[3]Esrom
Fares
Juda
[2]Jakob
Isaak
Abraham

des Natam,
des David,
[32]des Jessai,
des Jobed,
des Boos,
des Sala,
des Naasson,
[33]des Aminadab,
des Admin,
des Arni,
des Esrom,
des Fares,
des Juda,
[34]des Jakob,
des Isaak,
des Abraham,
des Tara,
des Nachor,
[35]des Seruch,
des Ragau,
des Falek,
des Eber,
des Sala,
[36]des Kainam,
des Arfaxad,
des Sem,
des Noach,
des Lamech,
[37]des Matusala,
des Henoch,
des Jaret,
des Maleleel,
des Kainam,
[38]des Enos,
des Set,
des Adam,
(des) Gottes.

[17]All nun die Geschlechter von Abraham bis David:
vierzehn Geschlechter,
und von David bis zur Umsiedlung nach Babylon:
vierzehn Geschlechter,
und von der Umsiedlung nach Babylon bis zu Christus:
vierzehn Geschlechter.

[+]Der Vers Mt 1,16 weist in der handschriftlichen Überlieferung die verschiedensten Varianten auf. Viele Textzeugen bezeichnen Josef als den „Verlobten" Marias und diese ausdrücklich als „Jungfrau". So hat die älteste syrische Übersetzung (der sogenannte Syrosinaiticus) folgenden Wortlaut: „Jakob aber zeugte den Josef, Josef aber, dem verlobt war (die) Jungfrau Maria, zeugte Jesus, der da heißt Christus."

151. Ankündigung der Geburt Simsons und des Täufers Johannes

Ri 13,2-6.8-9.17-18	Lk 1,5-20

²Nun war da ein Mann namens Manoah, von Zorea aus dem Geschlecht der Daniten; dessen Weib war unfruchtbar und hatte keine Kinder.

⁵Es geschah in den Tagen des Herodes, des Königs von Judäa, (da lebte) ein Priester mit Namen Zacharias aus der (Wochen)abteilung Abia, und ein Weib war ihm (eigen) aus den Töchtern Aarons, und ihr Name Elisabet. ⁶Es waren aber beide gerecht vor Gott, wandelten sie doch in allen Geboten und Rechtssatzungen des Herrn untadelig. ⁷Und es war ihnen kein Kind (beschert), weil Elisabet unfruchtbar war und beide (schon) vorgeschritten in ihren Tagen waren.

³Und der Engel des Herrn erschien dem Weib und sprach zu ihm: Siehe, du bist unfruchtbar und hast keine Kinder; aber du wirst schwanger werden und wirst einen Sohn gebären. ⁴So hüte dich nun, „Wein oder sonst berauschendes Getränk zu trinken"* und irgend etwas Unreines zu essen! ⁵Denn siehe, du wirst schwanger werden und wirst einen Sohn gebären. Auf dessen Haupt soll kein Schermesser kommen; denn der Knabe soll ein Gottgeweihter sein vom Mutterschoß an, und er wird anfangen, Israel aus der Hand der Philister zu erretten. ⁶Da ging das Weib hinein und es sagte ihrem Mann und sprach: Es kam ein Gottesmann zu mir; der sah aus wie der Engel Gottes, gar furchtbar. Ich fragte ihn, woher er komme, und er sagte mir nicht, wie er heiße ... ⁸Da betete Manoah zum Herrn und sprach: Ach, Herr! Der Gottesmann, den du gesandt hast, möge doch noch einmal zu uns kommen und uns belehren, wie wir es mit dem Knaben, der geboren werden soll, zu halten haben. ⁹Gott erhörte die Bitte Manoahs, und der Engel Gottes kam noch einmal ... ¹⁷Da sprach Manoah zum Engel des Herrn: Wie heißest du? – daß wir dich ehren können, wenn dein Wort eintrifft. ¹⁸Der Engel des Herrn erwiderte ihm: Warum fragst du nach meinem Namen? – er ist wunderbar!

⁸Es geschah aber, als er in der Ordnung seiner Abteilung Priesterdienst vor Gott leistete, ⁹daß er gemäß dem Brauch des Priesterdienstes ausgelost wurde, das Räucheropfer beim Eintritt in den Tempel des Herrn darzubringen. ¹⁰Und die ganze Volksmenge war im Gebet, draußen, zur Stunde des Räucheropfers. ¹¹Es erschien ihm aber ein Engel des Herrn, der stand zur Rechten des Räucheropferaltares. ¹²Und ganz aufgeregt war Zacharias, als er ihn sah, und Furcht überfiel ihn. ¹³Da sprach der Engel zu ihm: Fürchte dich nicht, Zacharias, denn dein Flehen ward erhört, und dein Weib Elisabet wird dir einen Sohn gebären, und du wirst seinen Namen „Johannes" rufen. ¹⁴Und Freude wird sein und Jubel, und viele werden sich über seine Geburt freuen. ¹⁵Denn er wird groß sein vor dem Herrn, und „Wein und berauschendes Getränk wird er nicht trinken"*, und mit heiligem Geist wird er erfüllt werden vom Leib seiner Mutter an, ¹⁶und viele von den Söhnen Israels wird er dem Herrn zukehren, ihrem Gott. ¹⁷Und er selbst wird vorhergehen vor ihm im Geist und in der Kraft des „Elija, zuzukehren die Herzen der Väter zu den Kindern"** und Ungehorsame zur Denkungsart von Gerechten, dem Herrn ein wohlgerüstetes Volk zu bereiten. ¹⁸Und Zacharias sprach zum Engel: Woran werde ich dies erkennen?*** Denn ich bin ein alter Mann, und mein Weib ist vorgeschritten in ihren Tagen.****

¹⁹Und der Engel antwortete und sprach zu ihm: Ich bin Gabriel*****, der seinen Stand hat vor Gott, und ich ward gesandt, zu dir zu reden und dir diese frohe Botschaft zu künden. ²⁰Und siehe, du wirst stumm sein und nicht reden können bis zum Tage, an dem dies geschieht, dafür, daß du nicht meinen Worten geglaubt hast, die sich zu ihrer Zeit erfüllen werden.

*Num 6,2-5. **Mal 4,5-6. ***vgl. Gen 15,8; Ri 6,17. **** vgl. Gen 18,11-12. *****Dan 8,16;9,21.

152. Ankündigung der Geburt Jesu

Mt 1,18-25

[18]Die Abstammung Jesu Christi aber war so: Als seine Muter Maria mit Josef verlobt war und bevor sie zusammengekommen waren, da fand es sich, daß sie schwanger war aus dem heiligen Geist. [19]Josef aber, ihr Mann, war gerecht und wollte sie nicht öffentlich bloßstellen; er hatte deshalb beschlossen, sie heimlich wegzuschicken. [20]Während er dies aber noch überlegte, siehe, da erschien ihm ein Engel des Herrn im Traum und sagte: Josef, Sohn Davids, du sollst dich nicht fürchten, Maria, dein Weib, zu dir zu nehmen. Denn was aus ihr geboren wurde, ist aus heiligem Geist. [21]Sie wird aber einen Sohn gebären, du wirst seinen Namen „Jesus" rufen: denn er selbst wird sein Volk von seinen Sünden retten. [22]Dies Ganze aber ist geschehen, damit erfüllt würde, was vom Herrn durch den Propheten gesprochen ward, der da sagt: [23]„Siehe, die Jungfrau wird schwanger werden, und sie wird einen Sohn gebären, und sie werden seinem Namen ‚Emmanuel' rufen"*, das heißt übersetzt: „Mit uns ist Gott".

[24]Als aber Josef vom Schlaf erwacht war, tat er, wie ihm der Engel des Herrn aufgetragen hatte, und er nahm sein Weib zu sich. [25]Und er erkannte sie nicht, bis sie einen Sohn geboren hatte; und er rief seinen Namen „Jesus".

Lk 1,26-38

[26]Im sechsten Monat aber ward der Engel Gabriel von Gott entsandt in eine Stadt Galiläas mit Namen Nazaret [27]zu einer Jungfrau, die verlobt war mit einem Mann mit Namen Josef, aus dem Hause Davids, und der Name der Jungfrau war Maria. [28]Und er ging zu ihr hinein und sprach: „Gruß dir, Begnadete, der Herr sei mit dir! [29]Die aber ward über das Wort ganz aufgeregt und überlegte, was für ein Gruß dies wohl sei. [30]Und der Engel sprach zu ihr: Fürchte dich nicht Maria! Denn du hast Gnade gefunden bei Gott. [31]Und siehe, du wirst im Leib empfangen und einen Sohn gebären und seinen Namen wirst du „Jesus" rufen. [32]Dieser wird groß sein und „Sohn des Höchsten" gerufen werden, und Gott, der Herr, wird ihm „den Thron Davids", seines Vaters, geben. [33]„Er wird König sein" über das Haus Jakob „in Ewigkeit"**, und seiner Königsherrschaft wird kein Ende sein. [34]Maria aber sprach zum Engel: Wie wird dies sein, da ich keinen Mann erkenne? [35]Und der Engel antwortete und sprach zu ihr: Heiliger Geist wird über dich kommen, und Kraft des Höchsten wird dich überschatten. Deshalb wird auch das (aus dir) geborene Heilige „Sohn Gottes" gerufen werden. [36]Und siehe, Elisabet, deine Verwandte, auch sie hat einen Sohn empfangen in ihrem Alter, und dieser Monat ist schon der sechste für sie, die „Unfruchtbare" gerufen wurde. [37]Denn „kraftlos wird sein bei Gott kein Wort"***. [38]Maria aber sprach: Siehe, ich bin eine Magd des Herrn. Mir geschehe nach deinem Wort. Und der Engel ging von ihr weg.

*Jes 7,14. ** vgl. Jes 9,6-7; 2 Sam 7,12-16. *** Gen 18,14.

153. Geburt und Anerkennung Jesu

Mt 2,1-12

¹Nachdem aber Jesus in Betlehem geboren war, (einem Ort) Judäas, in den Tagen des Königs Herodes, siehe, da kamen Sternkundige vom Morgenland nach Jerusalem; ²sie sagten: Wo ist der (jüngst) geborene König der Juden?* Denn wir haben seinen Stern im Morgenland gesehen, und wir sind gekommen, ihm zu huldigen. ³Das hörte aber der König Herodes, und er erschrak, und ganz Jerusalem mit ihm. ⁴Und er versammelte all die Hohenpriester und Schriftgelehrten des Volkes und erkundigte sich bei ihnen, wo der Christus (=Messias) geboren werden sollte. ⁵Die aber sprachen zu ihm: In Betlehem, (einem Ort) in Judäas; denn so steht geschrieben durch den Propheten:
⁶„Und du Betlehem", Land Juda,
keineswegs „bist du die geringste unter den Fürsten(städte) Judas;
denn aus die wird ein Fürst hervorgehen"*,
„der mein Volk Israel weiden wird"**.
⁷Da rief Herodes heimlich die Sternkundigen und erkundete von ihnen genau die Zeit, da der Stern erschienen war; ⁸und er schickte sie nach Betlehem und sprach: Zieht hin und forschet genau nach dem Kind. Sobald ihr es aber gefunden habt, meldet es mir, damit auch ich komme und ihm huldige. ⁹Die aber hörten auf den König und zogen hin. Und siehe, der Stern, den sie im Morgenland gesehen hatten, ging vor ihnen her, bis er [nach Betlehem] kam und stillstand über der Stelle, wo das Kind war. ¹⁰Als sie aber den Stern sahen, freuten sie sich mit gewaltiger Freude gar sehr. ¹¹Und sie gingen in das Haus, sahen das Kind mit Maria, seiner Mutter, und fußfällig huldigten sie ihm. Und sie taten ihre Schätze auf und brachten ihm „Geschenke"***dar, „Gold und Weihrauch"**** und „Myrrhe"*****. ¹²Und im Traum belehrt, nicht wieder zu Herodes zurückzukehren, entfernten sie sich auf einem anderen Weg in ihr Land.

Lk 2,1-20

¹Es geschah aber in jenen Tagen: Ein Erlaß kam vom Kaiser Augustus: der ganze Erdkreis sollte aufgeschrieben werden. ²Diese erste Aufschreibung geschah, als Quirinius den Oberbfehl über Syrien innehatte. ³Und alle zogen hin, sich aufschreiben zu lassen, jeder in seine Stadt. ⁴Aber auch Josef stieg hinauf von Galiläa aus der Stadt Nazaret nach Judäa in die Davidsstadt, die „Betlehem" gerufen wird, weil er aus dem Hause und der Vaterschaft Davids war, ⁵um sich mit Maria, seiner Verlobten, aufschreiben zu lassen, die schwanger war.
⁶Es geschah aber, während sie dort waren, da erfüllten sich die Tage, daß sie gebären sollte, ⁷und sie gebar ihren Sohn, den Erstgeborenen, und wickelte ihn in Windeln und legte ihn in eine Futterkrippe, weil für sie kein Platz in der Herberge war.
⁸Und Hirten waren in der Gegend, die auf freiem Feld lebten und Nachtwache bei ihrer Herde hielten. ⁹Und ein Engel des Herrn trat zu ihnen, und die Herrlichkeit des Herrn umleuchtete sie, und sie fürchteten sich mit gewaltiger Furcht. ¹⁰Und der Engel sprach zu ihnen: Ihr sollt euch nicht fürchten! Denn siehe, als Frohbote melde ich euch eine gewaltige Freude, die dem ganzen Volk sein wird, ¹¹weil euch heute ein Retter geboren ward, der ist Christus, der Herr, in der Stadt Davids. ¹²Und dies (sei) euch zum Zeichen: Ihr werdet ein Kind finden, in Windeln gewickelt und in einer Futterkrippe liegend. ¹³Und auf einmal war mit dem Engel eine Menge der himmlichen Heerschar, die lobten Gott und sagten: ¹⁴Herrlichkeit in den Höhen sei Gott, und auf Erden Friede unter den Menschen des Wohlgefallens! ¹⁵Und es geschah, als die Engel von ihnen hinweggegangen waren in den Himmel, da redeten die Hirten zueinander: Laßt uns doch hingehn bis nach Betlehem und laßt uns dies geschehene Wort sehn, das der Herr uns kundgetan hat. ¹⁶Und sie gingen schleunigst und fanden Maria und Josef und das Kind in der Futterkrippe. ¹⁷Als sie es aber sahen, taten sie

kund von dem Wort, das zu ihnen über diesen Knaben geredet worden war. [18]Und alle, die es hörten, wunderten sich über das, was von den Hirten zu ihnen geredet wurde. [19]Maria aber verwahrte alle diese Worte, sie erwägend in ihrem Herzen. [20]Und die Hirten kehrten zurück, verherrlichten und lobten Gott für alles, was sie gehört und gesehen hatten, wie zu ihnen geredet worden war.

*Mich 5,2   **2 Sam 5,2.   ***Ps 70,10.   .****Jes 60,6.   *****Ps 45,9; Hld 3,6.

154. Die Kindheit Jesu nach Matthäus und Lukas

Mt 2,13-23

[13]Nachdem sie sich aber entfernt hatten, siehe, da erscheint ein Engel des Herrn im Traum dem Josef und sagt: Wach auf, nimm das Kind und seine Mutter und flieh nach Ägypten und bleib dort, bis ich es dir sage; denn bestimmt wird Herodes das Kind suchen, um es zu töten. [14]Der aber wachte auf, nahm das Kind und seine Mutter, in der Nacht, und entfernte sich nach Ägypten. [15]Und er blieb dort bis zum Ende des Herodes, damit erfüllt würde, was vom Herrn gesprochen ward durch den Propheten, der da sagt: „Aus Ägypten habe ich meinen Sohn berufen."*
[16]Da sah Herodes, daß er von den Sternkundigen hintergangen worden war, und er wurde sehr wütend. Und er entsandte (Soldaten), die alle Kinder umbringen sollten, in Betlehem und in allen ihren Bezirken, von zwei Jahren an und darunter, gemäß der Zeit, die er genau von den Sternkundigen erkundet hatte. [17]Da wurde erfüllt, was gesprochen ward durch Jeremias, den Propheten, der das sagt:
[18]„Eine Stimme hört man in Rama,
Weinen und Wehklagen gar viel,
Rachel beweint ihre Kinder,
und wollte sich nicht trösten lassen,
weil sie nicht (mehr) sind."**

[19]Nachdem aber Herodes ein Ende genommen hatte, siehe, da erscheint ein Engel des Herrn im Traum dem Josef in Ägypten [20]und sagt: Wach auf, nimm das Kind und seine Mutter und zieh in das Land Israel; denn gestorben sind die dem Kind nach dem Leben trachten. [21]Der

Lk 2,21-39

[21]Und als sich die acht Tage erfüllt hatten, um ihn zu beschneiden, da wurde sein Name „Jesus" gerufen – der gerufen war vom Engel, bevor er im Mutterleib empfangen war.
[22]Und als „sich erfüllt hatten die Tage ihrer Reinigung" (Lev 12,6) nach dem Gesetz des Mose, brachten sie ihn hinauf nach Jerusalem, ihn darzustellen dem Herrn, [23]wie geschrieben steht im Gesetz des Herrn: "Alles Männliche, das den Mutterschoß durchbricht, soll ‚heilig dem Herrn' gerufen werden" (Ex 13,2. 12.15), [24]und ein Opfer zu geben nach dem, was gesagt ist im Gesetz des Herrn: „ein Paar Turteltauben oder zwei junge Tauben" (Lev 12,8).

[25]Und siehe, ein Mann war in Jerusalem, sein Name Simeon, und dieser Mensch war gerecht und fromm, wartend auf den Trost Israels, und heiliger Geist war auf ihm. [26]Und es war ihm vom heiligen Geist geweissagt worden, er solle den Tod nicht sehen, bevor er den Christus des Herrn gesehen habe. [27]Und er ging, im Geist, in das Heiligtum. Und in dem (Augenblick) brachten die Eltern den Knaben Jesus hinein, um zu tun, was nach dem betreffenden Gesetz Brauch war, [28]und er nahm es in die Arme und pries Gott und sprach: [29]Jetzt entläßt du deinen Knecht, o Gebieter, nach deinem Wort in Frieden; [30]denn „gesehen haben" meine Augen „dein Heil"****, [31]das du bereitest hast im Angesicht aller Völker, [32]ein „Licht zur Offenbarung des Volkes"***** und die Herrlichkeit deines Volkes Israel.

aber wachte auf, nahm das Kind und seine Mutter und ging hinein in das Land Israel. [22]Als er aber hörte, daß Archelaus König über Judäa sei anstelle seines Vaters Herodes, fürchtete er sich dort hinzugehen. Aber im Traum belehrt, begab er sich in das Gebiet von Galiläa, [23]und gekommen ließ er sich in einer Stadt nieder, die Nazaret hieß, damit erfüllt würde, was gesprochen ward durch die Propheten, daß man ihn einen „Nazoräer"*** rufen werde.

[33]Und sein Vater und die Mutter wunderten sich über das, was über ihn geredet wurde. [34]Und Simeon pries sie, und er sprach zu Maria, seiner Mutter: Siehe, dieser ist gesetzt zum Fall und zur Auferstehung vieler in Israel und zum Zeichen, dem widersprochen wird – [35]aber auch deine eigene Seele wird ein Schwert durchdringen –, damit die Gedanken aus vielen Herzen offenbar werden. [36]Und es war Hanna eine Prophetin, eine Tochter Fanuels, aus dem Stamme Aser; die war weit vorgeschritten an Tagen, hatte mit einem Mann gelebt sieben Jahre nach ihrer Jungfrauschaft, [37]und sie war Witwe, an die vierundachtzig Jahre alt; sie entfernte sich nicht vom Heiligtum. Mit Fasten und Beten diente sie Gott Tag und Nacht. [38]Und zur selben Stunde trat sie herzu, bekannte Gott ihren Dank und redete von ihm zu allen, die auf die Erlösung Jerusalems warteten. [39]Und als sie alles beendet hatten, was nach dem Gesetz des Herrn (vorgeschrieben war), kehrten sie zurück nach Galiläa in ihre Stadt Nazaret.

*Hos 11,1. **Jer 31,15. ***Jes 11,1? **** Jes 40,5;52,10. ***** Jes 42,6; 9,6.

Stellenregister

Neues Testament (außer Markusevangelium)

15,7 86
21 97
16,2 97
23 86
32 107
18,1 107.110
2–12 110–112
11 110
12–24 114
17.25–28 114–116
29–38 117–118
39–40 120
19,1–16 120–121
16a 120
17–24 122–123
25–27 126–127

28–30 125–126
38–42 127–128
20,1–18 131
19–31 133–134
21,1–14 27

Apostelgeschichte
1,9–12 135–136
13 37
15–20 116–117
6,14 114
20,35 141

Römerbrief
13,8–10 92
9 77

1. Korintherbrief
7,10–11 75
10,16–17 107
11,23–26 106–107
15,3–8 133

Galaterbrief
5,14 92

1. Thessalonicherbrief
4,16 100

2. Thessalonicherbrief
2,3–4 98
8–10 99

1. Timotheusbrief
2,5–6 80

Jakobusbrief
2,8 92
5,12 141

2. Petrusbrief
1,16–18 68

Richter
13,2–6.
8–9.
17–18 160

Außerkanonische Schriften

1. Clemensbrief (ein Schreiben der römischen Gemeinde – um 95 – an die durch innere Streitigkeiten zerrüttete Gemeinde von Korinth).

23,3–5	100
4–5a	44

Ignatiusbriefe (während seiner Reise nach Rom – um 110 – schrieb der Martyrerbischof Ignatius von Antiochien an die meisten kleinasiatischen Gemeinden, um sie zu innerer Einheit und Festigkeit im Glauben aufzurufen).

IgnEph 17,1	104
IgnPhilad 2,1–2	148

Didache (oder „Zwölfapostellehre", wahrscheinlich Anfang des 2. Jahrhunderts in Syrien entstanden; enthält katechetische Belehrungen und Vorschriften zur Gemeindeordnung).

1,1.2	147
8,1	144
8,2–3	143
9,5	146
10,5	100.143
10,6	83
11,7	39
12,1	83
14,2	140
16,3	148
16,3–5	97
16,6–8	100

Oden Salomos (eine aus der ersten Hälfte des 2. Jahrhunderts stammende Sammlung von Hymnen und Liedern, die zum Teil gnostischen Einfluß verrät).

24,1–2	23

Justin („Philosoph und Martyrer", schrieb um 155 eine an Kaiser Antonius Pius gerichtete Verteidigungsschrift für das Christentum).

Apol 1,66,3	107

Hermas (verfaßte um 150 in Rom eine apokalyptisch-katechetische Schrift, den „Pastor" oder „Hirt", so genannt nach der Hirtengestalt des Offenbarungsengels)

Mand(ata = Gebote) IV,1,6	141

Petrusevangelium (ein vermutlich in Syrien um 150 entstandenes apokryphes Evangelium, von dem nur ein größeres Bruchstück erhalten ist; es ist das Musterbeispiel einer falschen Apologetik, die den Glauben durch massive „historische" Beweise sichern will).

3–5	129
6–9	120
10–14	124
15–20	126
21–24	129
35–44	131
50–57	131

Judenchristliche Evangelien (von den verschiedenen judenchristlichen Evangelien sind nur kleinere Bruchstücke, meist als Zitate bei den Kirchenvätern, erhalten; über Zahl, Art und Namen dieser erst aus dem 2. Jahrhundert stammenden Schriften gehen die Meinungen der Gelehrten noch weit auseinander).

Hebräerevangelium	23.140.147
Nazaräerevangelium	23.35.77.140.143.155
Ebionäerevangelium	23.39.139

Gnostische Evangelien (das „Thomasevangelium", eine Spruchsammlung von 114 Jesusworten meist synoptischen Typs, aber mit gnostischem Einschlag, wurde 1945 in Nag-Hamadi aufgefunden; vom „Ägypterevangelium" und dem „Evangelium" des Ketzers Basilides sind nur einzelne Zitate bei Kirchenschriftstellern erhalten).

Thomasevangelium	33.39.40.44.65.67.72.75.78.
	86.90.92.138.139.142.
	144.145.146.152.153
Ägypterevangelium	139
Evangelium des Basilides	146

Papyrusfragmente apokrypher Evangelien

Papyrus Egerton 2	90
Oxyrhynchos-Papyrus 1224	72

Inhaltsverzeichnis